21世纪学前教师教育系列教材

学前融合教育

主　编　周念丽
副主编　张　薇　夏　峰

中国人民大学出版社
·北京·

图书在版编目（CIP）数据

学前融合教育/周念丽主编；张薇，夏峰副主编
. --北京：中国人民大学出版社，2023.9
21 世纪学前教师教育系列教材
ISBN 978-7-300-31788-5

Ⅰ.①学… Ⅱ.①周… ②张… ③夏… Ⅲ.①学前教育-幼儿师范学校-教材 Ⅳ.①G61

中国国家版本馆 CIP 数据核字（2023）第 098359 号

21 世纪学前教师教育系列教材
学前融合教育
主　编　周念丽
副主编　张　薇　夏　峰
Xueqian Ronghe Jiaoyu

出版发行	中国人民大学出版社		
社　　址	北京中关村大街 31 号	**邮政编码**	100080
电　　话	010－62511242（总编室）		010－62511770（质管部）
	010－82501766（邮购部）		010－62514148（门市部）
	010－62515195（发行公司）		010－62515275（盗版举报）
网　　址	http://www.crup.com.cn		
经　　销	新华书店		
印　　刷	中煤（北京）印务有限公司		
开　　本	787 mm×1092 mm　1/16	**版　　次**	2023 年 9 月第 1 版
印　　张	14.5	**印　　次**	2023 年 9 月第 1 次印刷
字　　数	292 000	**定　　价**	39.00 元

前言

当审读完本书的最后一个字时，一种释然翩翩而至，但另一种怅然却也悄悄袭来：三年的艰难写作，终于暂告一个段落。

回顾从探索学前融合教育到完成本书的经历，有三个阶段的心理路程。

第一阶段是“昨夜西风凋碧树，独上高楼，望尽天涯路”，这个阶段是苦苦寻求和探知求学阶段。

1999 年 6 月，因为听了日本名古屋大学荫山英顺教授在华东师范大学所做的关于自闭症儿童的演讲，我便开始了探索学前特殊儿童发展与教育之路。当时为数不多的接收特殊幼儿的幼儿园都是以“随班就读”的形式进行，但是普通的幼儿园以什么样的理念和形式接收特殊幼儿，才能使之最大程度地获得发展？学习《萨拉曼卡宣言》（The Salamaca Statement）“融合教育”的核心理念之后，我于 2000 年在一次学术会议上，大胆提出了“学前融合教育”的概念，但因为种种问题，当时缺乏研究来验证这个概念的科学性和适宜性。就在寻求探索学前融合教育真谛的苦旅中，我获得了去美国亚利桑那州立大学和乔治敦大学以及日本名古屋大学访学的机会，得以深入学习和实践有关“学前融合教育”的理论和方法。恩师南希·艾森伯格（Nancy Eisenberg）、托比·朗（Toby Long）和荫山英顺三位教授都给了我极大的启发，使我获益匪浅。

第二阶段是“衣带渐宽终不悔，为伊消得人憔悴”，这是一个为实践“学前融合教育”而努力不懈的阶段。

将访学获得的理论与方法付诸实践绝非易事。一线教师对“学前融合教育”概念的生疏、对我身处学前教育系却在研究学前特殊儿童的发展与教育的不理解，都曾让我陷于无奈。但幸好有一大批志同道合者携手砥砺前行！难忘与上海市教育学会的陈东珍老师、上海市教委的蔡蓓瑛老师、上海市曲阳路第二幼儿园的王熙珍老师等通宵达旦地研讨；难忘与兰溪路幼儿园历任园长张霞萍、沙英姿、周骏蔚和倪嘉倩带领全园团队研磨实践；难忘与黄浦区学前特殊教育指导中心俞丛晓主任、启音幼儿园韩秀华园长等探讨课程。更为难忘的是，与长宁区特殊教育指导中心夏峰主任和长宁区虹古路第三幼儿园张薇园长率领的团队，与数十所幼儿园的园长、教师以及几十名家长一起，四年来不管是线下还是线上，风霜雨雪中共同摸索着学前融合教育实践之路，眼泪与欢笑常伴左右。

第三阶段是“众里寻他千百度，蓦然回首，那人却在，灯火阑珊处”，这是一个初步收获成果的阶段。

通宵达旦的研讨，迎来了《上海市学前特殊教育课程指南》的颁布；研磨实践，兰溪路幼儿园申请到了市级课题；而我们四年来的摸索实践，则凝结成了本书。

本书既可作为职前各高校开设学前融合教育专业的教材，又可作为实施学前融合教育的普通幼儿园以及学前特殊教育机构的教师们的职后培训教材，甚至可作为有特殊教育需要的幼儿家长的参考性阅读资料。

希望本书让我们所有学习学前融合教育的职前学生和入职后的教师，都能够本着“每个幼儿都是积极主动的学习者”的儿童观，对每一位有特殊教育需要的幼儿都能一视同仁，与对待普通幼儿一样，也能充分发挥特殊幼儿在学前融合教育中的主体性，激发他们的内驱力。

希望本书让我们所有学习学前融合教育的职前学生和入职后的教师，都能够灵活运用书中提及的实施学前融合教育的各项具体策略，学以致用、知行合一，使学前融合教育立体丰富起来。

希望本书让我们所有学习学前融合教育的职前学生和入职后的教师，都能够与全体幼儿的家长，特别是与有学前特殊教育需要的幼儿家长形成强有力的联盟，通过家园共育，塑造幼儿宽容、接纳和奋斗不懈的闪光灵魂！

本书的框架制定、书稿审定工作均由本人担任。第一章、第三章和第四章的撰写任务亦由本人承担；第二章由原上海市长宁区特殊教育指导中心文宇云撰写；第五章由上海市长宁区虹古路第三幼儿园张薇撰写；第六章中生活活动相关内容由上海市长宁区新实验幼儿园张倩撰写，游戏活动相关内容由原上海市长宁区虹古路第三幼儿园蔡丽丽撰写，学习活动相关内容由原上海市长宁实验幼儿园史雯撰写，运动活动相关内容由上海市长宁区虹古路第三幼儿园张月华撰写；第七章中健康领域及艺术领域相关内容由上海市长宁区天山幼儿园俞海颖撰写，语言领域相关内容由上海市长宁区仙霞路第二幼儿园陈玲撰写，社会领域相关内容由原上海市长宁实验幼儿园史雯撰写，科学领域相关内容由上海市长宁区虹桥幼儿园陈伟芳撰写；第八章由原上海市长宁区特殊教育指导中心苏林阳撰写；附录“学前融合教育课程建构与实践案例——幸福之家融合幼儿园”由山东省青岛市市北区幸福之家融合幼儿园刘树芹园长带领团队撰写，本书原汁原味地呈现了他们所撰写的案例，在此对该团队也深表感谢！

非常感谢中国人民大学出版社全力支持本书出版，真切感谢本书编辑王雪颖老师以坚忍和宽容，给予我们整整三年时间来精雕细刻本书。诚挚感谢上海市长宁区特殊教育指导中心夏峰主任的信任和课题组全体成员的努力，让我们的心血变成可视的文字结晶。深挚感谢我的女儿张瀛舟：在承受突如其来考验时的相依为命、在我骨折后的生活照料，特别是2022年初接受手术后的坚忍，让我得以在病房中一边陪伴照护，一边奋笔疾书。

本书虽然是历经20年的思考和实践的结晶，是四年研讨琢磨的成果、三年集体创作的果实，但因借鉴的书籍数量有限，以及我们对实践的提炼和反思不足，挂一漏万之处在所难免，还恳请学前教育同人和读者给予批评指正！

周念丽

初写于2022年6月5日于瀛丽小居

审校于2023年9月2日

目录

第一章

学前融合教育综论

本章导读

作为本书的开篇之作，本章力争起到导引和激发思考的作用。

本章的三节内容，将分别辨析学前融合教育和学前特殊儿童的概念，从人文和经济两个视角同时审视学前融合教育所具有的独特价值，还将辨析支撑学前融合教育实施的哲学、心理和文化基础。

学前融合教育，在我国方兴未艾。虽然我国学者在学前融合教育探索之路上走过了近30年的路程，但在学前教育范围内，其普及度和影响力还不甚显著。撰写本书，旨在使学前融合教育更加深入人心，因为学前融合教育是促进学前儿童，特别是学前特殊儿童发展的重要路径，同时，学前融合教育也是一个国家教育改革闪耀人性光辉的重要篇章。

本章作为开篇之作，将围绕学前融合教育的核心概念、重要价值、实施基础进行阐释，希望读者能在对本章的通览中对学前融合教育有全面立体的了解，便于以后指导教学实践。

第一节　核心概念之析

本节将撷取两个最重要的概念进行分析：何谓“学前融合教育”？“学前特殊儿童”包含了哪些对象？

一、学前融合教育

学前融合教育是指有特殊需要的 0～6 岁儿童能真正和其他普通同伴一起接受学前教

育机构的保育和教育①。定义背后蕴藏的是一些理念的辨析和视角的聚焦。

（一）理念的辨析

“回归主流”与“学前融合”是同义词还是有细微区别？其实这两个概念在哲学理念上是有差别的，我们有必要先对这两个概念进行辨析。

“回归主流”，这里的“主流”是指普通人的生活学习。“回归”强调学前特殊儿童必须“准备好”被一体化安置到主流中，重点是放在帮助这些学前特殊儿童满足现有的环境所要求的期望值。学前特殊儿童以往常常被看作教室里的一个来访者，他原本应该被安置到特殊班。

“学前融合”，强调学前特殊儿童是普通班中的一名成员，学前融合教育的重点是根据这些特殊儿童身心发展的需要提供必要的支持，使之可以在正在进行的教室活动中，以一种有意义的方式参与进来。这些支持包括课程、教材和教学活动的调整，同时进一步提高支持性服务，比如言语治疗和物理治疗。

（二）理念的重点

学前融合教育是一个环境的设置抑或是一种简单的安置？在此做出解答。

1. 学前融合教育是让幼儿获得归属感

学前融合教育究其实质，是让学前儿童特别是学前特殊儿童获得归属感，而不仅仅是设置一个空间环境，也不仅仅是一系列的教学策略。学前融合教育让有特殊需要的学前儿童和其他普通同伴一起参加托幼机构中的一切活动，包括生活活动、游戏活动、体育活动和集体教学活动。通过这些活动，每个学前特殊儿童都能被接纳并获得同伴的支持，与此同时，在教育过程中，每个幼儿也在助人和接受帮助中满足归属的需要。

2. 学前融合教育是“三领域”的关联

所谓“三领域”，是指“成员资格”“同伴关系”“发展结果”。

“成员资格”领域关注个体儿童通过与班级内群体的互动获得班级一员的资格。这个领域要求教师和幼儿以及家长都愿意为学前特殊儿童提供融合支持，以帮助他们获得成员资格。

“同伴关系”领域关注的是儿童在与同伴的关系中所扮演的不同角色。比如学前特殊儿童在与同伴的互动中是否大部分时间都是在接受帮助？学前特殊儿童是否有机会担任助人的角色？互动的游戏类型或友谊类型是否是互惠的？

“发展结果”领域关注的是学前特殊儿童成长结果：参与班级活动后的行为变化、社会沟通行为的变化、功能性技能的变化、入学前准备技能的变化等等。

上述三个领域为教师和家长提供了学前融合教育的计划和目标框架。

---

① 周念丽．学前融合教育的比较与实证研究［M］．上海：华东师范大学出版社，2008.

（三）视角的聚焦

学前融合教育工作者除了辨析上述理念，还将视角锁定在以下三个方面。

1. 以家庭为中心的视角

因为学前儿童在家庭中的时间更长，且受家长的影响更大，所以学前融合教育的主战场不仅是在托幼机构中，更应在学前特殊儿童的家庭中。学前融合教育的活动设计以及教育干预都应以家庭为中心或以家庭为焦点。设计实践活动时应该让学前特殊儿童和家庭一起（with）参与，而不单是为了（for）学前特殊儿童和家庭（这个目的）。以家庭为中心的视角是将学前特殊儿童视作一个动态的家庭系统的一部分，而不是游离在外的单独存在。

2. 多元文化的视角

中国是一个由56个民族组成的大家庭。每个地区或具有不同文化背景的学前特殊儿童家庭都具有自己的特性，其中包括语言、文化等差异，还有每个家庭独一无二的历史和传统。这一点随着我们的社会变得越来越多元、家庭背景变得越来越独特而显得特别重要。在学前融合教育实施过程中，须从多元文化的视角，认识并尊重学前特殊儿童及其家庭的不同语言和文化背景以及独特的需要和价值系统。这种对多元文化的尊重应该贯彻到每一个日常教育活动中，每一个教育活动应该具有文化敏感性和多样性。

3. 跨学科参与视角

鉴于学前融合教育针对的对象具有独特性，跨学科参与视角是必要的。基于这样的视角，在学前融合教育中应该由不同学科的专家组成团队来形成合力，这些学科包括言语治疗、听力、职业治疗、物理治疗、护理、医疗、营养、心理学和社会工作等。团队成员不仅要发展各自学科内的专业知识，还要不断发展与其他学科专家合作的知识和技能。

4. 发展适宜性的视角

在学前融合教育中，须特别关注学前特殊儿童以及普通幼儿的发展，因此，发展适宜性视角尤为重要。发展适宜性视角的实践概念就是针对每一个学前特殊儿童都有合适的个性化教育计划和与之匹配的干预方法。这一视角要求实施学前融合教育的实践工作者和研究的学者都要充分考虑每一个学前特殊儿童与普通幼儿的学习需要，为他们创设合适的环境。

二、学前特殊儿童

本书言及的学前特殊儿童的概念有狭义和广义之分。

（一）狭义的学前特殊儿童

狭义的学前特殊儿童主要是指发展迟缓和有障碍的幼儿。用“发展迟缓”和“障碍”来代替原先学前残疾儿童的说法，体现了这样一个理念：不同类型的学前特殊儿童也和普通的学前儿童一样具有生长和发展的潜能。这也强调了那些在一个方面或几个方面有障碍的学前特殊儿童与普通儿童之间的共同性大于差异性。绝大多数的学前特殊儿童尽管发展速度不同，但都是按照同样的顺序在发展。

在此简单介绍五类适宜接受学前融合教育的特殊幼儿类型，具体的分类在本书第五章还有更详尽的介绍。

1. 视觉障碍幼儿

视觉障碍幼儿有盲童和弱视儿两大类。

盲童，是指最大矫正视力的视敏度低于 20/200 的幼儿。全盲幼儿的视觉损伤严重到不能阅读印刷品，需要通过触摸点字盲文和借助听力才能阅读。如果幼儿不能对视觉范围内的客体和人做出相应的反应，就可以定为盲童。弱视儿，最大矫正视力的视敏度在 20/70 与 20/200 之间。在学习过程中，其残余视力可以在特别的条件下阅读专用的大字印刷品。

很难从一开始就发现学前儿童有视力障碍，往往是等到他们开始学习读写时，才能察觉这一现象。

在学前融合教育中，通常接纳弱视儿。

2. 听力障碍幼儿

听力障碍包含聋和听力损伤两大类，聋和听力损伤常常是根据听力丧失的时间和丧失程度来区分的。

根据国际标准化组织的标准，全聋幼儿两耳的听力损失在 90 分贝以上，或者完全失去音感，即使戴上助听器也不能较好地听清语音。根据发病时间，可以分为“先天聋”和“后天聋”两种。“先天聋”是指个体出生以前就已丧失听力，“后天聋”则是指个体出生时有正常的听力，但后来因某种外伤或疾病而丧失听力。如果是在儿童的语言期之后丧失听力，听力障碍的程度就要好一些。那些在丧失听力之前获得一些语言，哪怕是非常有限的语言的儿童，也会比那些出生后就没有语言听觉经验的学前儿童要好得多。

根据世界卫生组织（1997 年）制定的标准，平均听力损失介于 26～40 分贝为轻度听力损失；平均听力损失介于 41～60 分贝为中度听力损失；平均听力损失介于 61～80 分贝为重度听力损失；平均听力损失大于等于 81 分贝为极重度听力损失。

哪怕是轻度的听力障碍，如果没能得到及时的矫治和康复，都会给学前儿童的发展带来许多不利的影响。聋和严重的听力损伤会对学前儿童的教育造成严重的负面影响，深刻影响他们的认知和语言发展。

随着人工耳蜗技术的普及，几乎所有的听障幼儿都能进入实施学前融合教育的机构。

3. 智力障碍幼儿

智力障碍幼儿的智力水平显著低于普通幼儿的平均智力水平。如智商在 70 分以下，就会被认为是显著低于平均水平。智力障碍的发病通常在发育年龄阶段，智力障碍幼儿大都同时伴随一定程度的异常行为和心理疾病，在日常社会生活适应方面具有明显的障碍。在日常生活中常表现为动作、语言发育迟缓，不善人际交往。人们越来越重视智力障碍儿童的社会适应障碍问题，因为社会适应障碍直接影响他们个人发展。

4. 自闭症幼儿

自闭症幼儿存在着不同程度的社会交往障碍、交流和言语表达障碍、兴趣狭窄和刻板行为。

（1）社会交往障碍。

自闭症幼儿在社会交往方面存在明显缺陷。他们通常回避与人的目光接触，对人的声音缺乏兴趣和反应，呼之常无反应，对父母很少表现出依恋，缺乏与同龄儿童交往或游戏的兴趣，较难以适当的方式与同龄儿童交往，不能与同龄儿童建立伙伴关系，不会与他人分享快乐，遇到不愉快或受到伤害时也不会向他人寻求安慰。

（2）交流和言语表达障碍。

自闭症幼儿体现在非言语交流障碍方面，是常以哭或尖叫表示他们的不舒适或需要。稍大后当有需要时会拉着大人的手走向他想要的东西，但缺乏相应的面部表情，表情也常显得漠然，很少用点头、摇头、摆手等动作来表达自己的意愿。体现在言语交流障碍方面，自闭症幼儿会有语言理解障碍，无法表述有意义的语词，即使有也是简单模仿的两个字左右的语词，也有部分自闭症幼儿在 2～3 岁曾有表达性言语，但以后逐渐减少，甚至完全消失。有口头言语表达能力缺陷的自闭症幼儿常常存在模仿言语、刻板重复言语，语法结构、人称代词常用错，语调、语速、节律、重音异常等情况。有些自闭症幼儿虽然会背儿歌、背广告词，但却不知道其意义。

（3）兴趣狭窄和刻板行为。

自闭症幼儿通常对车轮、瓶盖等圆的可旋转东西特别感兴趣。他们的行为方式也常常很刻板，常用同一种方式做事或玩玩具，要求物品放在固定位置，出门非要走同一条路线，长时间只吃少数几种食物等。有些自闭症幼儿还会出现刻板重复的动作和奇特怪异的行为，如重复蹦跳、将手放在眼前凝视、扑动或用脚尖走路等。

5. 脑瘫幼儿

脑瘫，全称脑性瘫痪。脑瘫幼儿主要有中枢性运动障碍以及姿势异常，还可伴有智力低下、癫痫、感知觉障碍、语言障碍及精神行为异常等。

在临床分型上主要有以锥体系受损为主的痉挛型、以锥体外系受损为主的不随意运动型、强直型和共济失调型以及肌张力低下型等。

当前对于脑瘫幼儿脑损伤早期康复筛查和干预已经有了一些深入的研究，提高脑瘫幼儿生存质量是最重要的措施。在学前融合教育中，要从社会、家庭和个人等多个角度进行教育策略的分析和讨论，必须把他们作为一个有机的整体或系统来研究。

（二）广义的学前特殊儿童

学前融合教育的对象除了上述狭义的学前特殊儿童，还包括有发展性正常偏差的幼儿。这类幼儿既不像狭义学前特殊儿童那样从外显行为上一目了然，又与普通幼儿的正常行为不易区分，因此托幼机构一线工作者在理解和支持这类幼儿的发展上有更大挑战。虽然本书后面所提及的学前特殊儿童大都指狭义的，但未雨绸缪，便于托幼机构一线教师了解和应对，在此将说明广义学前特殊儿童的发展性偏差及其相关表现。

1. 与普通幼儿发展的区别

有发展性正常偏差的幼儿与发展性正常的幼儿的区分应该主要体现在行为发生的频次和持续的时间上。一些行为出现得过频、过度或者过少、过弱，都可能是有发展性偏差的表现。恰当或不恰当的行为的分界点在哪里？这不是一个容易回答的问题。因为几乎所有正常发展的幼儿都曾经发过脾气，有过无端的恐惧，没有幼儿不曾闹过情绪或发生过攻击性行为，幼儿对陌生的、感到恐惧的、没法理解的情境做出消极的或攻击性的反应是很正常的，通常这些反应是暂时性的，因为一旦熟悉了新的情境并获得了自信，这些不适当的行为就会消失。然而，有发展性正常偏差的幼儿却以超常的时间和强度持续表现出这些行为。

2. 具体分类及相关表现

根据一线实践情况，本书将聚焦个性、行为和社会性等方面出现发展性正常偏差的广义学前特殊儿童。为了便于理解，用图 1-1-1 呈现这三种广义学前特殊儿童出现发展性正常偏差的领域及其具体表现。

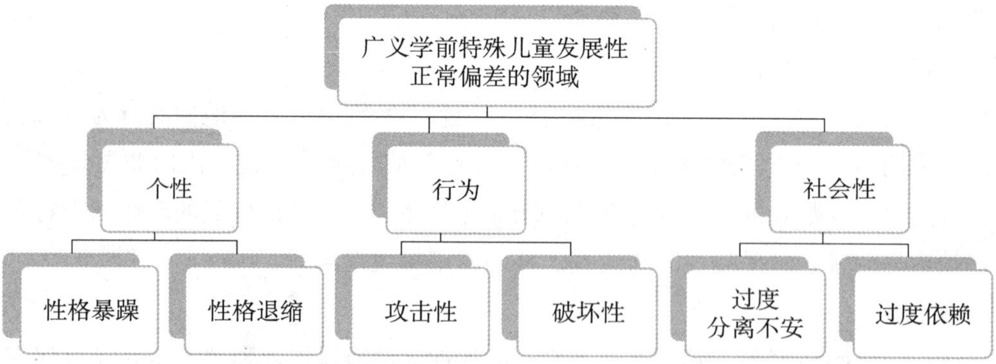

图 1-1-1　广义学前特殊儿童出现发展性正常偏差的领域及其具体表现

（1）个性方面有发展性正常偏差的幼儿。

如图 1-1-1 所示，在此将聚焦“性格暴躁”和“性格退缩”两类幼儿。

“性格暴躁”幼儿，指高频地无端发脾气，且发脾气时全然不听哄劝，常常伴有声嘶力竭的哭喊，甚至出现屏气发作的幼儿。起因往往是家长无条件地满足其各种要求，一旦有不能满足需要或是家长用冷处理的方式忽略他们时，他们就会有怒气，甚至还伴随暴力。到幼儿园后，由于这些幼儿形成了经常发脾气的坏习惯，一旦与同伴发生争执或愿望得不到满足，也会出现激烈地发脾气而不听哄劝的情况。

幼儿之所以会有发脾气的情况，是因为他们有两种想法：要突破大人的约束，达成自己的心愿，就必须更厉害地发脾气，持续时间必须更长；大人的心理防线最终会被突破，最终会向他们让步。对此，通过家园互动，家长与幼儿园教师应保持沟通协商、立场一致，通过日常的延迟满足和适当冷处理方式，来改变这部分幼儿爱发脾气的坏习惯。

与性格暴躁幼儿形成对比的是性格退缩的幼儿。这些幼儿大部分时间都是独处，当其他幼儿靠近的时候他们会走开。在结构化的大集体活动中，他们可能人在这里但是心在别处，老师提问后从不举手主动发言。与那些外向的幼儿相比，教师给予性格退缩幼儿的关注很少，他们的行为很容易被忽略，这与有破坏性行为的幼儿刚好相反。然而这些性格退缩的幼儿可能面临着更危险的发展问题。

幼儿性格退缩原因极为复杂。除了幼儿性格特别内向，教师们在融合教育实践中遇到的这类幼儿大都受一些社会因素影响。如：家里遭变故（如经历父亲或母亲的离去），家庭成员中有人得重病；或者搬了新家，受到邻里行为比较怪异的幼儿的影响，甚至受到其他幼儿的恐吓或欺负；还有可能是父母由于害怕幼儿受伤或生病给予这些幼儿过度的保护。而有些性格退缩的幼儿仅仅是因为害羞。所有的幼儿都会有害羞的时候，但有些幼儿则让害羞成了习惯。无论什么原因，教师通常都能找到帮助幼儿更积极参与活动的方法。

（2）行为方面有发展性正常偏差的幼儿。

在此主要聚焦有发展性正常偏差的幼儿常见的“攻击”和“破坏”两种行为。

有“攻击性”行为的幼儿是指高频且持续发生攻击性行为的幼儿。他们经常会因争夺玩具或因不满而用肢体或口头言语去威吓或惊吓同伴，由此会让其他幼儿觉得不安甚至害怕而无法与之共同游戏。原因之一可能是这类幼儿经常看带有攻击性行为的电视节目或者经常接触有攻击性行为的场面。其二可能是家庭中经常有家暴，也会让幼儿在模仿中习得这种攻击性行为。因此，在学前融合教育中，有必要从源头开始清除污染，将幼儿的这种高频发生的攻击性行为扼杀在摇篮中。

有“破坏性”行为的幼儿是指在托幼机构中不分场合地高频制造不恰当噪声、做鬼脸、随意打断别人说话或在教室里漫无目的地到处乱跑的幼儿。这些幼儿会无故推倒其他幼儿的沙雕、积木，在水桌上弄湿他们的衣服和头发等，这样的事情数不胜数。固然，狭义学前特殊儿童会经常出现这些情况，但有发展性正常偏差的普通幼儿身上也会出现这种情况。究其原因，是这些幼儿常常被人忽略而欲通过异常举动来引起他人注意。这些幼儿已经认识到或体验到他们的破坏性行为能让成人注意他们。这些幼儿通常自尊感较低，在生活中感受到各种不同的压力。有研究表明，幼儿由于其不恰当行为得到教师注意的次数是他们表现良好时得到关注的七倍。在学前融合教育中，教师能更多地关注和关心那些自尊程度低、自控能力差的幼儿，或能防患于未然，降低这些有破坏性行为幼儿发生此类行为的频率。

（3）社会性方面有发展性正常偏差的幼儿。

在此将聚焦托幼机构较常见的过度分离不安和过度依赖两类幼儿。

分离焦虑，是每一个婴幼儿都会感受到的一种情绪，但在此所言的过度分离不安幼儿是指那些在入园或与养育者分开时表现出极度恐惧、持续哭闹的幼儿。这种过度分离不安往往会持续一个月甚至更久。追溯其因，大概有两个：不安定的生活和很少与外界接触。不安定的生活是指有多人带养或到处迁移。研究表明，一个有许多照看者的幼儿，其对陌生人的不安超过只有一个形成安全依恋的成人照看的孩子。在一个经常动荡和走马灯一样换照看者的家庭里，这些幼儿会更容易有强烈的分离焦虑。还有一种是由祖辈带养、几乎与外界隔绝的幼儿，因为缺乏与外界接触的经验，一旦到了托幼机构这种陌生环境，也容易有过度分离不安的表现。因此，在学前融合教育中，通过良好的家园互动，尽可能保持稳定的照看者、多让幼儿与外界接触，都将有助于减缓和降低幼儿的过度分离不安。

过度依赖幼儿是指在幼儿园总围着老师转，总爱黏在老师身边，生活上还要依赖老师帮忙喂饭、穿衣的幼儿。这些幼儿之所以表现出过度依赖：一是由祖辈带养，自己的妈妈不在身边而容易将老师当成妈妈；二是这些幼儿能力较弱，又想引起教师的注意。在学前融合教育中，应该帮助这些幼儿与所有教师建立亲密关系，最终与每个小朋友建立关系，以此逐渐培养这些幼儿的独立能力。教师应该关心的不是减少给予关注的量，而是什么时候给予关注才能够帮助幼儿进步而不是妨碍其发展。

综上所述，本节辨析了学前融合教育的概念及理念，从狭义和广义两个视角对学前特殊儿童进行了分门别类的阐述。

第二节　重要价值之观

为何我们希望举全国托幼机构之力来实施学前融合教育？其实施的价值何在？本节将聚焦学前融合教育的价值展开讨论。

一、人文价值

本着学前融合教育的实施理念是“以人为本”，其人文价值主要体现在以下两个方面：

(一) 能改善学前特殊儿童的人际环境

我们首先需看学前特殊儿童特别是狭义的学前特殊儿童所处环境的特点，继而审视改善这种环境的意义。

1. 狭义的学前特殊儿童所处人际环境的特点

狭义的学前特殊儿童往往会遭遇两种人际环境：一是被冷落忽视；二是被过度宠溺。

(1) 被冷落忽视的人际环境。有些特殊幼儿的父母，因受传统观念的束缚，要么遗弃孩子，要么虐待孩子。有的家长虽然没有身体虐待，但经常使用冷暴力，对自己的孩子不看不顾，同时由于自卑心理，平时从不带孩子外出与他人交流，这些学前特殊儿童的人际环境极为贫瘠。

(2) 被过度宠溺的人际环境。与被冷落忽视的学前特殊儿童形成鲜明对比的是，有些学前特殊儿童处于被家长过度宠溺的人际环境。有些学前特殊儿童家长有一种负疚心理，觉得自己有愧于孩子，因此对孩子的所有要求，即使是无理要求也都有求必应，任何事情都由大人包办代替。由此，这些学前特殊儿童所处的人际环境是没有规则、没有要求的人际环境。

2. 学前融合教育的价值体现

学前融合教育对被冷落忽视幼儿的价值将会体现在让他们感受到人间温暖。通过托幼机构教师和同伴的良好互动，以及通过家园互动改善家长的育儿方式增加亲子间的亲密关系，可以让这些学前特殊儿童感知、感受到关爱之心，进而增强这些幼儿的自尊和自信心。

在学前融合教育中，适宜和适度的教育方法会对那些被过度宠溺的特殊幼儿产生积极影响。因为有序的活动安排，会使他们习得生活常规；教师的适当要求，刚柔相济、恩威并重，则能使这些特殊幼儿既感受到温暖，又学会控制自己的情绪。

(二) 能提升学前特殊儿童的生活质量

良好的人际互动，能提升学前特殊儿童的生活质量，这不仅体现在其智商的提升，还体现在对社会的适应上。

表 1-2-1 呈现的是根据斯基尔斯（Harold Skeels）等人于 20 世纪 70 年代末所进行的追踪式研究结果梳理而成的内容。

表 1-2-1　斯基尔斯等人的追踪式研究的结果梳理

组别	月龄范围（人数）	起始智商	人际交往形式（时间长度）	再测智商
人际交往组	7～30 个月（13 人）	平均 64 分	特教学校的大龄儿童与之游戏 6～22 个月	提升 7～58 分
无人际交往组	12～22 个月（12 人）	平均 87 分	留在孤儿院，无人际互动 21～43 个月	下降 8～45 分

资料来源：何华国．特殊幼儿的早期疗育［M］．台北：五南图书出版股份有限公司，2006.

从表1-2-1中可见，即使是与特殊学校的哥哥姐姐一起游戏，经过半年乃至近两年的时间，这些特殊婴幼儿的智商都有不同程度的提高；反之，留在孤儿院没有良好人际互动的特殊幼儿，尽管基线测试时其智商高于游戏组，但在2～4年的时间中，他们的智商无增反减，令人唏嘘。

除了智商，早期有无人际交流的经历，还会影响这些特殊婴幼儿日后的社会生活。斯基尔斯对表中提及的两组特殊幼儿的追踪调查情况更令人吃惊。从孤儿院转到特教学校的13个孩子全部都能够自立谋生，一个也没被公立或私立救济机构收留。其中有11个结婚，9个已生儿育女。但另外一组原先智商较高仍然留在孤儿院的12个孩子情况则截然不同，有1个在少年时就死去，6个由国立收容所监护，其中1个是在精神病院，另外4个在特教机构；不在国立收容所监护的5个人中，只有2人结婚，其中1人还离婚了。

虽然这只是一个纵向研究，难免有一些偶然因素的影响，但从该研究可以推测学前融合教育因其丰富的人际交往环境，应被视作夯实特殊幼儿的人生发展基础的重要因素，亦能提升他们整个人生的生活质量。

二、经济价值

狭义的学前特殊儿童，因为其发展障碍，上至国家、社会下至家庭，都会为他们的成长与发展付出巨大的经济代价。仅以自闭症为例，根据美国的统计，政府为一个自闭症患者所支付的终生服务或支持其发展的费用约为320万美元，国家为所有的自闭症患者支付的终生服务或支持其发展的费用达350亿美元①。其实，学前特殊儿童的家庭根据自己孩子的障碍程度和类型，都会承受不同的经济压力。因此，探索学前融合教育，从经济方面来说，对特殊幼儿家庭至关重要。

（一）家长承受经济压力的实证研究

在此以笔者的研究为例，来粗略了解一下学前特殊儿童家庭的经济承受情况。

笔者从"社会成本"的视角，2010年曾对上海的自闭症幼儿家庭进行过一次实证调查。在研究中，根据甘兹（Ganz，2008）的研究，将自闭症幼儿家庭所承担的社会成本分为"照顾成本"和"发展成本"两大类，图1-2-1和图1-2-2分别显示了家长需承担的两类社会成本的具体内容。

从图1-2-1可知，自闭症幼儿的家长为了孩子，有的甚至放弃高薪工作，只为有时间来照顾他们，离异家庭的单亲家长会更艰辛地独自挑起照顾的重担。这些都意味着特殊幼儿家庭比一般家庭要承担更多的"照顾成本"。

① Ganz M L. The costs of autism [M] //Moldin S O，Rubenstein J L R. Understanding autism：from basic neuroscience to treatment. London and New York：Taylor & Francis Group，2006.

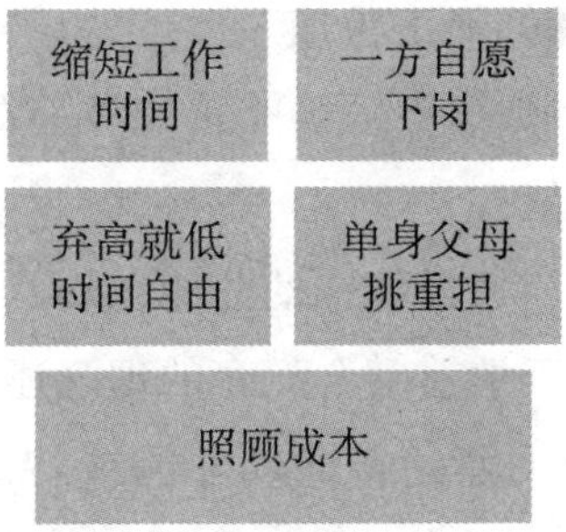

图 1-2-1　自闭症幼儿的家长所需承担的“照顾成本”

图 1-2-2　自闭症幼儿的家长所需承担的幼儿“发展成本”

图 1-2-2 显示了自闭症幼儿的家长所需承担的“发展成本”，主要是指用于孩子的医疗和教育成本。没有实施学前融合教育前，大多数普通幼儿园都拒收有发展障碍的学前儿童，因此，这里所列的教育费用是指干预机构或全特殊儿童机构的学费。表 1-2-2 显示的是 2010 年一个自闭症幼儿家庭大概需要支出的社会成本。

表 1-2-2　某自闭症幼儿家庭一年支出的社会成本（2010 年）

社会成本内容	费用估算
照顾成本每月 2 000 左右	24 000 元
医学诊断一次 1 000 元，每年 1 次	1 000 元
医学干预一次 150 元，每月 4 次	7 200 元
言语治疗一次 100 元，每月 4 次	4 800 元
心理干预一次 60 元，每月 4 次	2 880 元
聘请家教一次 100 元，每月 4 次	4 800 元
自闭症机构学费每月约 1 800 元	21 600 元
共计	66 280 元

当时上海市职工年平均收入水平约为人民币 46 757 元，而表 1-2-2 显示的一个自闭症儿童家庭所需付出的照顾成本和发展成本估算已超出年平均收入水平，家长的经济压力由此可见一斑。

狭义的学前特殊儿童的家庭为孩子承担的每年所需的经济支出，往往会让家长超负荷工作。在被精神压力压得无法喘气之时，还得背负十分沉重的经济负担。由于不堪重负，有些家庭出现了夫妻离异的情况，甚至有的年轻父母因长期承受巨大的心理和经济负担而早逝。为此，学前融合教育应当通过发展帮助幼儿的途径为特殊幼儿家庭从长远上减轻经济压力。

（二）学前融合教育可能发挥的经济价值

学前融合教育虽然不可能直接去补贴学前特殊儿童的家庭，但通过其保教形态和实践，也可以发挥其独特的经济价值。

一是能减少家长的照顾成本。如果特殊幼儿能在幼儿园接受全日制保教，就不需要家长付出巨大的照顾成本。以前由于学前融合教育的理念还不甚普及，公办普惠的普通托幼机构拒绝接收特殊幼儿，而不少民办的普通幼儿园或特殊教育机构收费高，家长难以负担，由此造成学前发展障碍儿童无园可去或有园难进，家长不得不辞去工作或缩短工作时间来照顾这些孩子。如果我国的幼儿园真正做到对学前特殊儿童入园“零拒绝”，家长的照顾成本就会大幅降低。

二是可减少孩子的发展成本。学前特殊儿童的家长为了给孩子进行干预治疗，在医疗机构或干预机构花了很多费用。而真正好的学前融合教育，应该是医教结合，即专业治疗师和教师一起进行日常保教和个别化干预。由此可降低家长专门到医疗机构问诊寻医的费用。与此同时，配备的专业语言、运动等治疗师，虽然可能不是每所园都有一个，但他们可以巡回指导，为这些有发展障碍的学前特殊儿童进行疗育，也能为家长节约不少发展成本。

综上所述，学前融合教育兼具人文和经济价值，在我国全面实施学前融合教育甚为必要。

第三节　实施基础之思

学前融合教育的实践，是一个外显的过程，但要能支撑其实践，须有丰厚的哲学、心理学和文化基础。

一、哲学基础

哲学，是对世界基本和普遍问题进行研究的学科。古今中外的哲学家如星辰密布，研究成果也是汗牛充栋。在此，结合胡适在其《中国哲学史大纲》中的“凡研究人生切要的问题，从根本上着想，要寻一个根本的解决，这种学问，叫作哲学”的定义，对学前融合教育中最切要的学前儿童观及学前融合教育的问题加以讨论。

人的自然性、社会性和主体性之间有着密切的联系，前者是后者发展的基础，是依次递进的过程，而不是机械的相加。人的自然性和社会性为人的主体性发展创造条件，同时又制约着主体性的完全自由发展，是人的受动性因素；人的主体性是人的主动性因素。针对人性结构的三个层次，学前融合教育的哲学基础就在于，尊重学前特殊儿童的自然本性，发展学前特殊儿童的社会属性，提升学前儿童的主体性。

（一）尊重学前特殊儿童的自然本性

尊重学前儿童特别是学前特殊儿童的自然本性就是将他们视为自然个体的客观存在。

首先，所有学前融合教育关联者都应该认识到学前特殊儿童发展障碍的客观存在。朴永馨先生认为："残疾，是人类发展进程中不可避免要付出的一种社会代价。残疾，是人类进化和社会发展历史上发生过、发生着和将来还要发生的一种现象，是客观存在。残疾人有人的尊严和权利，有参与社会生活的愿望和能力，同样是社会财富的创造者。他们的问题同样是关系到实现公民权利和解放、关系发展生产力的问题。"① 既然是客观存在，就不能通过特殊的手段将其抽离日常的生活空间，将学前儿童与学前特殊儿童生活空间隔离开来。真正的学前融合教育正是在教育的场域中将二者统合在共同空间。

其次，所有学前融合教育关联者都应该知晓学前特殊儿童是强项与弱项的组合体。狭义的学前特殊儿童可能出现失明、失聪、失智，但他们可能也会有一定的优势领域。学前融合教育可以让普通幼儿看到特殊幼儿的强项，从而改变对特殊幼儿的认识及态度；这可以让特殊幼儿在普通班级中与普通幼儿正常交往，为他们以后融入社会奠定基础。

最后，所有学前融合教育关联者都应该知晓学前特殊儿童自身的发展障碍。学前特殊儿童须勇敢地面对自己的发展障碍，如视觉障碍、听觉障碍、智力障碍等，只有这样，他们才能坚强地拿起盲杖，自信地配戴助听器，勇敢地走入社会。因为社会是复杂的，人也是复杂的，为了他们能适应社会，不但要从外部干预入手，还要从内部的调适着力，只有这样，他们才能融洽地在学前教育环境下进行学习。正如有学者所言："融合教育不但要让儿童接纳差异，而且要让儿童学会面对挑战。在融合课堂中，教师和儿童必须同时学会面对困难与挫折。"②

（二）发展学前特殊儿童的社会属性

发展学前特殊儿童的社会属性就是根据需要为他们的发展提供合理的空间与平台，增强其社会交往能力。

其一，学前融合教育为发展学前特殊儿童的社会属性创造良好空间。学前特殊儿童在特殊机构只能与具有相同特征的同伴进行交往，长此以往，他们很难面对社会，这为他们将来适应生活设置了不可逾越的障碍。而学前融合教育应该为他们提供接受普通保教的自然空间。

其二，学前融合教育为发展学前特殊儿童的社会属性提供交往机会。学前特殊儿童与普通幼儿共同生活于普通班级、普通幼儿园，获得了与异质群体进行同伴交往的机会，这可以让他们从小就融入社会生活，学会与不同的人相处，将来能适应更加复杂的社会。

---

① 朴永馨．教育康复中的一个基本观点［J］．中国听力语言康复科学杂志，2003（1）．

② Sapon-Shevin M. Learning in an inclusive community［J］. Educational Leadership，2008，3.

（三）提升学前儿童的主体性

提升学前儿童的主体性就是从精神层面来塑造他们幼小心灵中的“仁爱”之心。学前融合教育应该让学前儿童学会用“我们”而不是“我”。

对于学前儿童来说，就是要能够在一日保教活动中关注和关心特殊同伴的疾苦，并愿意与他们一起进行游戏和生活。通过学前融合教育，还可以让普通儿童在日常的学习生活中逐渐形成自觉关心特殊幼儿的品质。

对于学前特殊儿童来说，要激发他们融入普通幼儿世界的意愿，在行动上要学会与普通幼儿交往。学前融合教育应让特殊幼儿在普通班级中自然自发地与普通幼儿交往，发展与普通幼儿正常交往的能力。

二、心理学基础

心理学是研究人的心理现象、揭示心理内在发展规律的科学。其研究的内容包括人的认知、情感和意志的内在规律。心理学既是一门基础学科，又是一门应用学科。在学科分类上，学前融合教育尽管是教育学的分支学科，但与心理学，尤其是与学前儿童发展心理学和幼儿教育心理学关系十分密切。

在此，将对与学前融合教育密切相关并成为我们实施学前融合教育的心理学基础的关联理论进行逐一介绍和分析。

（一）行为主义学习理论

行为主义学习理论中最具代表性的理论有经典条件作用理论、操作条件作用理论、社会观察学习理论等。行为主义学习理论将学习过程解释为条件作用，认为学习是个体处于某些条件限制（刺激环境）之下所产生的反应，因此个体学习到的行为可以解释为刺激与反应之间关系的联结，学习的过程是一种由特殊到一般的累积归纳过程，在此过程中，强化性的操作可促进“刺激—反应”的互相变化（见图 1－3－1）。

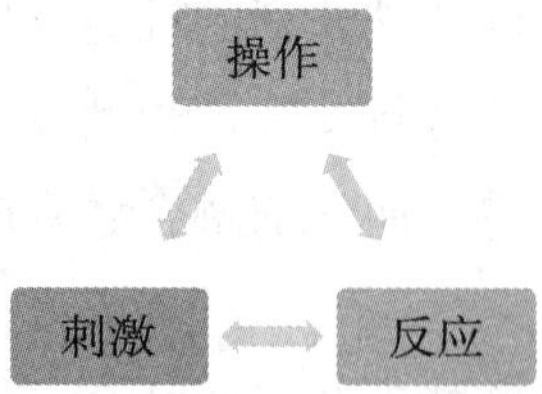

图 1－3－1　行为主义学习理论图示

根据该理论的观点，学前特殊儿童的发展障碍通常表现为恰当行为不足、不当行为过度等问题。学前融合教育工作者可以通过对前因后果的控制，树立榜样行为，强化恰当行为，削弱不当行为。因此，在对学前特殊儿童实施学前融合教育之初，行为分析是基础，教学过程中行为观察与记录是重点，教学结果以特殊儿童的行为改善程度为衡量尺度。

（二）认知学派的学习理论

认知学派的学习理论中具代表性的有皮亚杰（Jean Piaget）的认知发展阶段理论、维果茨基（Lev Vygotsky）的文化历史发展理论、布鲁纳（Jerome Bruner）的认知结构学习理论、奥苏贝尔（David Ausubel）的有意义学习理论、加涅（Robert Gagne）的信息加工理论（见图 1－3－2）。

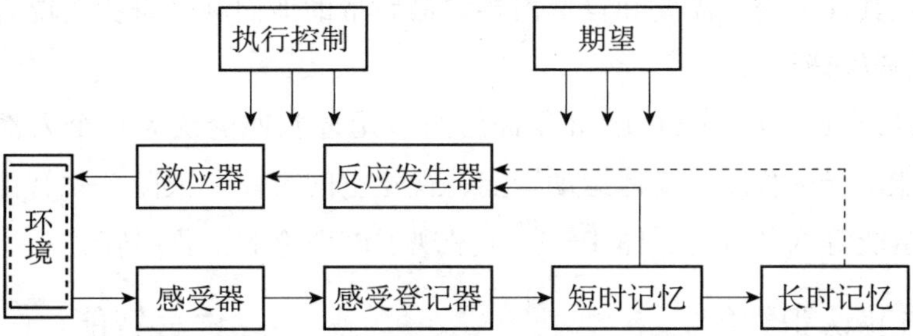

图 1－3－2　加涅的信息加工理论

资料来源：陈帼眉，姜勇．幼儿教育心理学［M］．北京：北京师范大学出版社，2007.

认知学派的理论强调学习就是对事物的认识、辨别与理解，学习的重点在于形成认知结构，并在具体的学习情境中运用已有的认知结构去认识、辨别以至于理解各个刺激之间的关系，增加自己的经验，从而改变自己的认知结构。因此，学习是由一般到特殊的演绎过程。

根据该理论的观点，学前特殊儿童的主要障碍出现在认知加工能力，特别是语言、思维等高级认知能力缺陷上而不是行为反应上。因此，学前融合教育的重点应增强学前特殊儿童的信息处理加工能力，改进其认知过程，完善其认知结构，从而提高保教效果。

（三）人本主义学习理论

人本主义学习理论中具代表性的是马斯洛（Abraham Maslow）的需要层次理论、罗杰斯（Carl Rogers）的学习者中心理论。图 1－3－3 显示了马斯洛的需要层次理论的主要内容。

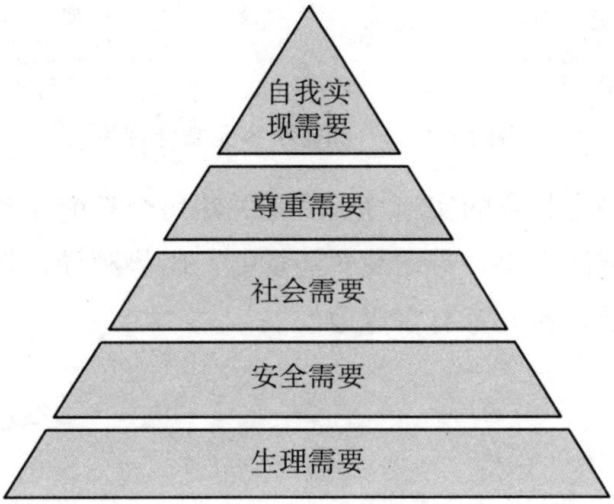

图 1－3－3　马斯洛的需要层次理论

人本主义学习理论强调学习就是学习者受内在动机驱动，探究并获得有意义知识的过程。学习不再是教师设计的教学表演，而是学习者个人经验的积累；学习不是对某个内容的片面曲解，而是学习者对自己人生成长历程的阐释。

根据该理论，针对学前儿童特别是学前特殊儿童，学前融合教育的重点在于激发他们对生活活动、游戏活动、学习活动以及运动的兴趣，在充分满足他们的生理、安全需要的同时，注重满足其社会交往需要和自尊需要，最后帮助他们满足自我实现需要。

（四）多元智能理论

加德纳（Howard Gardner）1983 年提出的多元智能理论认为每个人都具有逻辑数学智能、语言智能、音乐智能、身体运动智能、视觉空间智能、人际关系智能、自我认识智能与自然观察智能等八种智能。图 1－3－4 呈现了该理论的主要内容。

图 1－3－4　加德纳多元智能理论

根据该理论，学前融合教育的实施过程就是关注每个学前儿童尤其是学前特殊儿童的优势智能，从激发优势智能入手，带动其弱势智能，因势利导，扬长避短或扬长补短，让每个学前儿童尤其是学前特殊儿童有自尊地发展。

三、文化基础

文化是一定社会群体习得且共有的一切观念和行为。不同的文化有不同的规则、期望、态度、信念和价值，文化价值随着人们的态度与行为表现出来。学前融合教育中对待学前特殊儿童的文化观念同样会随着他们的态度与行为表现出来并影响普通幼儿。与此同时，普通幼儿的文化观念同样会随着他们的态度与行为表现出来并影响学前特殊儿童。学前融合教育体现出来的文化共建价值主要表现在可以让所有的儿童树立多元文化观念，促进彼此之间的文化认同，形成文化共同体。

（一）树立多元文化观念

中国是一个有 56 个民族的国家，文化具有多样性和丰富性。在实施学前融合教育时，我们须关注所有的学前儿童，尤其是学前特殊儿童的文化多元性。因为出生的地域和养育方式的不同、语言和习俗不同，千篇一律的教育模式可能会给学前特殊儿童带来很大的发展障碍。比如，在大多数地区的幼儿园，让学前儿童学会洗完手后将手上的水甩干是一件极为平常的事，但在一些地区，洗完手甩手是一个非常失礼的行为。因此，我们在实施学前融合教育的时候，必须树立多元文化观念，充分尊重每个幼儿及其家庭、社会所处的文化，让学前融合教育在全体幼儿中间真正发挥作用。

（二）促进文化认同

所谓文化认同，是指对自身所处文化的一种认可和悦纳，同时也能认可和悦纳其他文化。诚如著名学者费孝通所言，我们要“各美其美，美人之美，美美与共，天下大同”。我们在进行学前融合教育实践时，既要促进学前儿童对自己所处的家庭和地区的文化的悦纳，比如喜欢吃面食的习惯；又要让他们悦纳与自己有不一样文化习惯的幼儿，比如只喜欢吃米饭的同伴。学前融合教育会对不同的幼儿产生长期积极的影响，并使他们产生文化包容的观念，认同不同民族、不同人群的文化观念。将学前特殊儿童与普通幼儿放在普通班级中一起学习，就会促使他们彼此认同对方的文化，为将来在社会生活中形成文化认同奠定坚实的基础。

（三）形成文化共同体

共同体是德国社会学家滕尼斯（Ferdinand Tönnies）提出的一个社会学概念。他认为，在共同体中，社会关系的基础是某种自然的意愿，这种自然意愿包括感情、传统和人们的共同关系，其特点是人们之间有着强烈的认同感。学前融合教育要注重幼儿园中的文化建设，其目的就是“要给予师幼员工以精神动力，使他们在现代社会中重新获得传统社会中人们之间所具有的认同感与归属感，从而使他们有一种‘共同体’的感觉”①。这种“共同体”会给所有的学前儿童带来一种“家”的感觉，有利创建一个安定的、受人欢迎的、合作的、具有激励和促进功能的学前融合团体。

① 杨全印，孙稼麟．学校文化研究：对一所中学的学校文化透视［M］．北京：教育科学出版社，2005.

本章小结

本章共由三节构成。第一节界定和明晰了本书所言的“学前融合教育”概念和理念，分别阐释了狭义和广义的学前特殊儿童的概念及分类。第二节讨论了学前融合教育的人文价值和经济价值。第三节则分别诠释了实施学前融合教育的哲学、心理学和文化基础。

思考与练习

1. 我们在实践学前融合教育时应该秉持怎样的教育理念？
2. 如何满足狭义和广义的学前特殊儿童在学前融合教育中的成长需要？
3. 从心理学视角思考，学前融合教育应有怎样的基础？

第二章

国内外学前融合教育法规概览及启示

本章导读

本章选取了联合国教科文组织和联合国大会颁布的相关法规、美国和英国颁布的具有代表性的相关法规、澳大利亚和日本颁布的相关法规，以及中国的香港和台湾地区颁布的相关法规进行阐释，并深入分析这些法规为学前融合教育带来的启示。

在此所言的法规指相应的政策、条例和一些规定。虽然其中有一些法规不一定直接针对学前融合，但其中能够指导学前融合教育的精神和理念都被纳入了本章。

第一节　联合国颁布的法规概览及启示

放眼国际，以联合国教科文组织为代表的国际组织在国际残疾人立法进程中起到了奠基作用。自20世纪40年代起，国际残疾人立法已有清晰的进程，迄今为止，联合国通过的保障残疾人权利的重要文件有《联合国宪章》（1945年）、《世界人权宣言》（1948年）、《智力迟钝者权利宣言》（1971年）、《残疾人权利宣言》（1975年）、《关于残疾人的世界行动纲领》（1982年）、联合国《儿童权利公约》（1989年）、《残疾人机会均等标准规则》（1993年）等。这些文件的发布旨在保障残疾人的平等地位与充分参与社会的权利，强调政府、社会、残疾人组织的各方责任，残疾人服务的特别扶助和保护原则，国际间发展残疾人康复、教育、就业、福利、文化科技体育事业的方针、政策措施等内容①。除此以

① 方俊明．特殊教育学［M］．北京：人民教育出版社，2005．

外，以《萨拉曼卡宣言》《残疾人权利公约》的出台对国际融合教育发展的影响最为深刻。

一、联合国教科文组织的法规见与析

（一）《萨拉曼卡宣言》

联合国教科文组织于1994年在西班牙萨拉曼卡召开的世界特殊教育大会通过了《萨拉曼卡宣言》，并签署了《特殊需要教育行动纲领》。

1. 重要内容

《萨拉曼卡宣言》首次提出“融合教育”（我国又译为“全纳教育”）的思想，这一思想受到了国际社会的广泛支持与关注，由此，融合教育成为21世纪教育发展的新趋势①。

（1）强调儿童的独特性。每个儿童都有接受教育的权利，要为每一个儿童提供合适的、恰当的教育机会。每个儿童都有自己的特征、特质以及能力差异和学习的需要。设计及实施教育计划应该充分考虑到每个儿童的特殊性及需求之间的广泛差异。

（2）强调教育的融合性。明确指出有特殊教育需要的儿童必须进入普通学校就读，学校应以儿童需求为中心，以满足有特殊教育需要的儿童的教育需求为教学法则。

（3）强调全民的包容性。倡导普通学校要消除对特殊儿童的歧视，而建立平等社区、包容社会和实现全民教育是最有效的手段。“融合教育”应为全体儿童提供有效的教育，以此提高整个教育系统的效率，最终提高教育的成本效益。

除了上述三个重要观点，《萨拉曼卡宣言》还要求各国政府重视特殊教育，通过制定法律法规，保证经费投入，改善办学条件，确保教师培训，让家长参与决策。与此同时，鼓励社会组织积极参与推行融合教育，敦促国际社会支持融合教育的发展，还提倡在特殊教育领域的国际合作与交流，建立信息网络。

2. 带来的启迪

《萨拉曼卡宣言》所倡导的理念与思想影响了绝大部分国家和地区融合教育的发展，也带给我们以启迪和思考。

其一，学前融合教育须基于学前儿童的个体特征。“发现幼儿”“以幼儿为本”的理念贯穿在学前融合教育中，就是要尊重每个幼儿特别是特殊幼儿的特性和特质。因为每个儿童的发展速率不同，成长背景不一，所以我们只有尊重学前儿童的个性特征才有可能实施真正的学前融合教育。

其二，学前融合教育须秉持教育公平的原则。学前融合教育需要每个参与其中的成人

---

① 毛荣建，刘颂，孙颖．特殊幼儿学前融合教育［M］．北京：知识产权出版社，2019.

能对所有的学前儿童一视同仁，既不可以为了特殊幼儿去牺牲普通幼儿的发展利益，也不可以只符合大多数普通幼儿的权益而忽略特殊幼儿的发展需求。

（二）《融合教育政策指南（2009）》

2009年，联合国教科文组织发布了《融合教育政策指南》（Policy Guidelines on Inclusion in Education），这是联合国教科文组织又一份具有重要影响力的关于融合教育的文件。

1. 重要内容

（1）满足所有儿童需求。该指南明确指出不仅应将学生纳入主流学校，而且学校还应作为全纳教育场所来充分支持所有学生需求。

（2）倡导各方积极合作。明确指出了所有关联教育参与者之间积极合作的重要性：融合教育实施过程中产生的障碍可能通过关联教育参与者，即决策者、教育人员、政治和宗教领袖、地方教育官员和媒体等之间的积极合作减少阻力与障碍①。

2. 带来的启迪

联合国教科文组织的相关政策文件很大程度上推进了国际融合教育的发展进程，推动了国际范围内的融合教育运动②。这给我们带来的最大启迪就是，学前融合教育必须满足每个儿童的发展需要，所有关联的决策者、学校、家庭和社区的教育工作者都应齐心协力地参与到学前融合教育工作之中。

二、联合国大会通过的公约见与析

2006年，联合国大会通过了《残疾人权利公约》（Convention of the Rights of Persons with Disabilities）。该公约的宗旨是促进、保护和确保所有残疾人充分和平等地享有一切人权和基本自由，并促进对残疾人的尊重。

1. 重要内容

《残疾人权利公约》的核心是确保残疾人享有与健全人相同的权利，并以正式公民的身份生活，从而在获得同等机会的情况下，为社会做出宝贵的贡献。该公约内容包括了残疾人应享的各项权利，如享有平等、不受歧视和在法律面前平等的权利；享有健康、就业、受教育和无障碍环境的权利；享有参与政治和文化生活的权利；等等。

该公约中与学前特殊儿童融合教育权益密切相关的条款如下：

（1）首要考虑儿童的最佳利益。《残疾人权利公约》第七条第二款强调，在一切关于残疾儿童的行动中，应当以儿童的最佳利益为一项首要考虑。残疾儿童有权在与其他儿童

① Policy Guidelines on Inclusion in Education [R]. Paris: United Nations Educational, Scientific and Cultural Organization, 2009.

② Hardy I, Woodcock S. Inclusive education policies: discourses of difference, diversity and deficit. International Journal of Inclusive Education, 2015, 19 (2): 141-164.

平等的基础上，就一切影响本人的事项自由表达意见，并获得适合其残疾状况和年龄的辅助手段以实现这项权利，残疾儿童的意见应当按其年龄和成熟程度适当予以考虑。

(2) 强调每个人接受教育的权利。《残疾人权利公约》第二十四条阐述了残疾人享有受教育的权利。缔约国应确保残疾人不因残疾而被排拒于普通教育系统之外，残疾儿童不因残疾而被排拒于免费和义务初等教育或中等教育之外；残疾人可以在自己生活的社区内，在与其他人平等的基础上，获得包容性的优质免费初等教育和中等教育。

2. 带来的启迪

《残疾人权利公约》的出台，意味着残疾人事业的国际趋势是从慈善型走向权益型，残疾人获得合理的支持，是受法律保障的合理权益。

这给我们实施学前融合教育带来了启迪。

学前儿童的最佳利益是学前融合教育的出发点。正如《残疾人权利公约》所指出的，一切行动的首要考虑就是儿童的最佳利益。所谓儿童的最佳利益，既包括儿童的生存和健康的权利，更有发展的权利，学前融合教育的前提就是让每个学前儿童都能享有这些权利。

综上所述，国际组织在推动世界范围内的融合教育发展过程中起到了关键作用，为各国实施学前融合教育指明了方向，制定的原则也为我们实施学前融合教育提供了规范。

第二节 美国和英国颁布的法规概览及启示

美国和英国的融合教育发展已逾 40 年，是当今时代融合教育发展的两个代表性国家，颁布了不少颇具影响力的法规。

一、美国相关法规的见与析

美国是联邦制国家，除了联邦政府出台的相关法律法规，州政府也拥有当地的立法权、司法权及行政权，不同的州之间存在法律权益差异①。美国的特殊教育主要围绕着身心障碍教育。在此将重点聚焦美国联邦政府层面出台的融合教育相关法案。

(一)《残障儿童普及教育法案》及其修正案

1975 年是美国特殊教育发展史上至关重要的一个节点，该年美国政府颁布了《残障儿童普及教育法案》(Education of All Handicapped Children Act，也称“94－142 公法”)，标志着美国的一次重大教育改革开始了。时隔 11 年的 1986 年，美国又颁布了《残障儿童普及教

① 苏雪云. 婴幼儿早期干预 [M]. 上海：华东师范大学出版社，2016.

育法案修正案》（Education of All Handicapped Children Act Amendments of 1986），使这一教育改革更加深入。

1.《残障儿童普及教育法案》

作为一部具有里程碑意义的法规，《残障儿童普及教育法案》在内容上有两个重要特点：一是界定了特殊教育的对象和类型，二是确立了特殊教育六大基本原则。

（1）特殊教育的对象和类型。

《残障儿童普及教育法案》将特殊教育服务范围设定为3～21岁，包含了智力障碍、听力障碍、视力障碍、肢体障碍、聋、盲、口语或语言障碍、情绪障碍、身体病弱及学习障碍共十种障碍类型。

（2）特殊教育六大基本原则①。

零拒绝（zero reject）原则。必须为所有障碍儿童提供免费和适当的公立教育，禁止学校将任何一个特殊儿童排除在公立义务教育之外。

非歧视性评估（nondiscriminatory evaluation）原则。对每一个障碍儿童进行充分的评估，以确保适切的特殊教育安置方案，强调采用的测验须与儿童文化及语言背景符合，每三年重新评估。

个别化教育计划（individualized education program，IEP）原则。要求必须为每一位障碍儿童拟订个别化教育计划，方案中需要包含幼儿目前的成就水平、年度学习目标、可提供的特殊教育服务以及学习成果评价的方式。

最少限制环境（least restrictive environment）原则。学校应尽可能保证障碍儿童与普通儿童一起接受教育，除非严重障碍儿童在得到必需的特教辅导及支持服务之后，在普通班级仍然学习困难，一般情况下不得让特殊儿童离开普通班。

法律保障程序（due process）原则。适当的核查程序是确保教育决策公正，保障专业人员与家长权责明晰的一套法律程序。基于这套法律程序，在主张对抗性减少的情况下，如家长不同意学校为其子女制订的个别化教育计划时，家长可通过一定的法律渠道，如诉讼申诉等，获得学校系统外的合格专业人员额外的个别评估，确保家长与儿童有渠道为其合法利益发声。

家长参与（parental participation）原则。《残障儿童普及教育法案》强调家长的参与，家长和学生本人都有一定的权利来保障合法的特殊教育服务，如了解个别化教育计划的内容，参与个别化教育计划方案研讨会议，个别化教育计划的更改需征得家长及学生本人同意，要求学校保护学生本人的教育、学习档案的私密性等。

1975年后，《残障儿童普及教育法案》有了多次的修正，最重要的修正案分别颁布于

① 何华国．特殊幼儿早期疗育［M］．台北：五南图书出版股份有限公司，2005.

1986年、1990年、1997年、2004年。《残障儿童普及教育法案》为所有残疾儿童接受免费而适当的公共教育提供了强有力的经济保障和政策支持，使得父母有权利与学校单位共同协调、商议残疾儿童的教育问题。《残障儿童普及教育法案》的颁布是美国特殊教育发展史上的里程碑，极大地推动了美国融合教育的发展，提升了特殊教育质量，也为其他国家融合教育发展提供了借鉴范本。

2.《残障儿童普及教育法案修正案》(1986)

该修正案与学前融合教育关联最为密切的是界定了0～5岁特殊儿童的服务范畴。为满足学前残疾儿童的教育需要，该修正案将残疾儿童受益年龄向前延伸至0岁，并划分了婴幼儿（0～3岁）及学前（3～5岁）两个服务范畴。

（1）障碍婴幼儿范畴。

0～2岁的障碍婴幼儿属于自愿性的服务范畴。各州根据奖补助款条例，协助设置跨单位委员会，为0～3岁障碍婴幼儿拟订“个别化家庭服务计划”（individualized family service plan，IFSP)，为婴幼儿及其家庭协调进行有计划的服务。同时，该修正案强调“早期干预”，3岁以下婴幼儿，经由身体状况和特殊需要的综合评估，发现存在认知、身体发育、社会和情绪或适应等领域的一个或几个方面的发育迟缓，即可接受早期干预服务，根据评估结果，由家长或监护人、心理学家、特教教师、医生、营养师等共同制订综合性服务计划。

（2）学前障碍儿童范畴。

3～5岁障碍儿童属于强制性的服务范畴，修正案要求接受经费补助的各州，必须为所有3～5岁障碍儿童拟订个别化教育计划，提供免费且适当的公立学前教育及相关服务。

《残障儿童普及教育法案修正案》的一个重要意义是从法律层面确立了早期教育与干预的重要性与地位。

（二）《身心障碍者教育法案》及其修正案

《身心障碍者教育法案》及其修正案在范畴界定和财政支持方面都对融合教育做了明确的规定。

1.《身心障碍者教育法案》

1990年颁布的《身心障碍者教育法案》（Individuals with Disabilities Education Act，IDEA1990）是对《残障儿童普及教育法案》的第二次修正，实现了视角从“残疾”到“障碍”的转换，更加体现人文、人本理念。主张服务应该强调家庭导向、社区本位及统合理念，关注不同学段间的转衔，要求学校负责个别化转衔计划（individualized transition plan，ITP）的制订，纳入学生的个别化教育计划中。

2.《身心障碍者教育法案修正案》

《身心障碍者教育法案修正案》（Individuals with Disabilities Education Act Amendments of 1997，IDEA 1997）颁布于 1997 年，是对《残障儿童普及教育法案》的第三次修正。在此修正案中，联邦政府增加障碍婴幼儿早期支持的拨款，关注早期干预服务的可操作性。注重障碍学生接受正常教育、教学、评价的机会，让所有的学生都参与到标准本位的改革中。除此之外，修正案对障碍学生的受教育权有了更为全面的保护，要求学校不得擅自对学生做出休学或退学的处分，除非学生发生严重的问题行为，且行为与障碍没有联系。此修正案明确要求为学生的行为问题实施功能评量，并需要为学生制订行为介入计划。由此可以看出，《身心障碍者教育法案修正案》更强调教育公平、公正，进一步保障障碍学生受教育的权利及质量。

（三）《身心障碍者教育促进法案》

《身心障碍者教育促进法案》（Individuals with Disabilities Education Improvement Act，IDEIA 2004）乃《残障儿童普及教育法案》的第四次修正，是具有划时代意义的法案之一。

（1）界定障碍的范围扩大。

该法案的主要成就是将服务障碍类型范围扩大至 13 种，包括自闭症、盲-聋、聋、情绪障碍、听力损伤、视力损伤（包括盲）、智力障碍、多重障碍、肢体障碍、学习障碍、言语语言障碍、外伤性脑损伤、其他健康损伤。

（2）强调及早发现和干预。

强调早期鉴定、及早预防和早期干预。

增强早期干预服务。受虐、来自吸毒和暴力家庭等高危险群的婴幼儿，应尽早接受干预服务。

增加特殊需要儿童概念。增加对应于能力受限的儿童、照护儿童（指由州或是公立儿童福利机构收养和照顾的儿童）和无家可归儿童的定义。州教育机构要及早发现可能有障碍的无家可归或照护儿童。地方教育机构要建立跨州、传递移民儿童健康和教育咨询的电子交换系统。

增加障碍婴幼儿服务。法案明确为障碍婴幼儿服务的经费主要用于协助州政府为障碍婴幼儿及其家庭建立和维持一个协调的、多专业的、跨机构的早期介入服务系统。该法案还启动了学前发展资助计划（Preschool Development Grants Program），由美国卫生与公共服务部和教育部共同负责，利用现有的资金来支持那些计划并改善合作。

综上所述，随着融合教育相关法律文件的发布，美国融合教育的发展日趋成熟，逐步涵盖了更大范围内的特殊儿童，从轻度到重度，从少数障碍类型到更广泛的障碍类型，从隔离式安置到部分融合安置再到全部融合安置，从封闭式的特殊教育学校教育到注重社区生态环境融合的教育。这些法案颁布时间较早，内容覆盖较为全面，其融合教育理念及模式影响了世界范围内的许多国家。

美国相关融合教育法案的颁布很大程度上是家长运动和社会组织推动的结果，在其融合教育政策制定及实施过程中凸显了人本主义精神，从关注教育公平到重视有特殊教育需要的儿童的生存质量和受教育质量，经历了从最初的补偿性教育安置到“整体思维”“全人发展”的教育观念的历史嬗变。其法律体系体现了共同治理的政策特点，以公共诉求将政府、学校、专业机构、家长及社会组织共同纳入融合教育系统中，构筑了牢固的多元主体支持保障体系。总体上，在政策治理及运行上体现了联邦政府与州政府在权利分配及责任分配上的“博弈”与“抗衡”，但同时也实现了融合教育最大利益化的动态调整，实现了治理结构的扁平化，呈现了多元主体共治的形态，形成了实施机制和监督评估机制一体化的构建①。美国所构建的融合教育生态，朝向“满足每一个儿童教育需求”的目标，采用通用有效的课程，基于儿童的障碍类型与学习特点来设计学习材料及课程活动，并且建立了包括评估、康复、教育的完整支持体系，更加关注高质量的融合教育理念，强调融合教育不仅仅关注特殊儿童，也关注普通儿童，融合教育应让所有的孩子都受益②。

（四）相关法规带来的启示

以上所提及的法律文本虽没有直接涉及“学前融合教育”，但其中大量条款是在“融合”的理念下产生的，在特定历史发展背景下，起到了引领时代的作用，为融合教育发展提供了有力支持。

美国在实施学前融合教育过程中的经验给我们带来了很多思考。

其一，拓宽学前融合教育对象的年龄和范围。

前述美国颁布的法规，明确界定了0～3岁为障碍婴幼儿，3～5岁则为学前障碍儿童。这种年龄界定让我们知道，学前融合教育不是始于3～6岁的幼儿阶段，而是应该提前到0岁，这样将便于对这些学前特殊儿童及早发现、界定和干预，根据大脑可塑原理，其预后将会事半功倍。

在实施融合教育的对象上，除了从8类扩大到13类，还包括了由于家庭等特殊情况造成的处境不利的儿童。这扩展了我们实施学前融合教育的对象，使我们能够不仅关注狭义的学前特殊儿童，还可关注到并非由于自身的性格和行为导致的广义的学前特殊儿童。

其二，加强学前融合教育中对特殊婴幼儿的人文关怀。

前述美国颁布的法规，无论从名称上将“残疾”改为“障碍”，还是六大基本原则，都有一个指向，那就是从人本价值的视角，对特殊婴幼儿有更多的人文关怀。这就启发我们，在实施学前融合教育的过程中，不仅应关注提升特殊婴幼儿的生活自理和与人交往的技能，更应接纳他们，要不带有任何偏见地对他们进行各项评估，从情感上给予更多的人文关怀。

---

① 郑伟，张茂聪，侯洁．美国融合教育的政策特点与实施效果［J］．比较教育研究，2019（7）．

② 秦婉，肖非．美国学前融合教育发展概况、特点及其对我国的启示［J］．现代特殊教育，2019（11）．

二、英国相关法规的见与析

英国的融合教育走过了探索、内涵发展和高速发展三个时期。在这三个时期，都有一些具有影响力的法规问世。

（一）探索期颁布的法规

20 世纪五六十年代，英国与其他欧洲国家一样，掀起了特殊教育“正常化”（normalization）的思潮，主张破除隔离式教育，残疾儿童应当在正常的主流环境中接受教育。

1.《1976 年教育法案》

1976 年英国颁布了《1976 年教育法案》，成为英国融合教育发展史上具有里程碑意义的法案。该法案规定残疾儿童应在普通学校接受教育，而非特殊学校。这一规定打破了残疾儿童只能接受隔离式教育的藩篱，从法律上保障了残疾儿童接受融合教育的平等权利，为英国后续出台的融合教育相关文件奠定了法律基础。

2.《沃纳克报告》

1978 年，英国教育与科学部发布的一份标志性的融合教育政策文件《沃纳克报告》（The Warnock Report），正式拉开了英国融合教育实践的帷幕。该报告有两大影响至今的概念。

（1）“一体化”的理念。所谓的“一体化”，是指“场所一体化、社会一体化和功能一体化”，这分别代表了三种不同程度的渐进式融合安置模式。

（2）“有特殊教育需要的儿童”的概念。以往的法规，都将有身心障碍的儿童称为“残疾儿童”（handicapped children），而《沃纳克报告》首次将这些儿童改称为“有特殊教育需要的儿童”（children with special education needs）。这样的称呼，从人本化、人性化、客观化的视角出发，体现出对特殊儿童的尊重。“有特殊教育需要的儿童”的说法突破了传统的狭隘残疾观，将融合教育服务对象外延，不仅包含各类身心障碍学生，还包含资优及学习困难学生，体现了广义的特殊教育观。《沃纳克报告》成为英国融合教育的核心政策文件，它体现了英国的教育政策重视特殊儿童能获得平等的教育权利，重视特殊儿童的适性教育，强调全方位的教育。

（二）内涵发展期颁布的法规

20 世纪 80 年代到 20 世纪末期，英国的融合教育经历十几年的沉淀发展，到了追求教育质量与内涵的阶段。英国在内涵发展期主要颁布了两类法规：一类是大教育的，另一类是特殊教育的。

1. 与大教育有关的法规

与大教育有关的法规主要包括《1988 年教育改革法案》《1993 年教育法案》《1996 年教育法案》等。

2. 与特殊教育有关的法规

与特殊教育有关的法规主要包括1994年《特殊教育需要鉴定与评估实施章程》、1995年《残疾人歧视法案》、1997年《为了所有儿童的优秀发展：满足特殊教育需要》绿皮书(Green Paper，Excellence for all Children：Meeting Special Educational Needs)①。该绿皮书要求所有学前儿童均在普通学校注册，同时建议优先考虑存在感官障碍、肢体障碍或重度学习困难的儿童的融合教育②。

（三）高速发展期颁布的法规

迈进21世纪后，英国加强了教育改革，也步入了特殊教育的高速发展期。这期间出台的典型融合教育文件有的已产生了较大影响。

1.《全纳教育：特殊教育需要儿童》

2001年颁布的《全纳教育：特殊教育需要儿童》明确提出了“有效融合”，强调融合教育不仅仅是教育安置，更重要的是让有特殊教育需要的儿童在普通学校有归属感，通过教育发挥其最大的潜力。这一理念不仅仅关注到了融合教育的“形式”，更关注到了融合教育应有怎么样的“质量”。

2.《消除成功的阻碍：特殊教育需要的政府战略》

2004年颁布的《消除成功的阻碍：特殊教育需要的政府战略》明确提出了儿童早期融合教育制度性的要求。文件指出，儿童的早期干预要在融合环境下进行，健康、教育和社会保健部门需要通过合作，对有特殊教育需要的儿童进行评估与干预，并制订“早期支援试验计划”(Early Support Pilot Program)。

与此同时，该文件也进一步深化了上述“有效融合”理念。强调融合教育不仅仅是学校所采取的教育形式，而且要让有特殊教育需要的儿童在学校体验到温暖，获得对学校生活学习的成就感，提高校园生活的参与程度。

3.《特殊教育需要实施章程：0～25岁》

2015年颁布的《特殊教育需要实施章程：0～25岁》，从政策层面突破性地将英国融合教育的法定服务对象拓展到从出生（0岁）到成为社会人（25岁），让更多有特殊教育需要的个体能更早得到诊断干预及教育服务，同时愈发关注融合教育的有效性，使有特殊教育需要的学生从学校的“边缘”走向学校的“内部”，摆脱其在学校环境中固有的弱势地位，进一步提升了社会公平性。

该章程对为有特殊教育需要的学生制订“教育、卫生和保健”(Education，Healthy，and Care，EHC）计划做了更详细的规定：一是EHC计划包含0～25岁有特殊教育需要的学生，二是EHC计划囊括了学校学习及转衔服务等阶段的内容。

① 郑伟，张茂聪．英国融合教育的政策特点及其成效研究［J］．外国教育研究，2020（5）．
② 张莉．英国学前融合教育概观［J］．幼儿教育（教育科学版），2007（7）．

至此，英国的融合教育发展迎来了“质”与“量”的高速发展期，英国也成为融合教育发展的典型国家，其关于融合教育的理念与做法影响了世界范围内的很多国家。

（四）相关法规带来的启示

英国的融合教育经历了探索、内涵发展和高速发展三个阶段。这三个阶段颁布的法规，从宏观层面和实施层面给了我们启发性思考。

1. 宏观层面的启发

其一，强调了各部门之间的相互合作与衔接。

教育部门、卫生与健康部门、社会服务部门、劳动与服务部门及志愿者机构都被纳入体系，各司其职。教育部门作为儿童及其家庭事务的统筹管理部门，参与的专业人员包括教育心理学家、特殊教育专家、特殊教育行为分析师、特殊教育协调员以及教师助手，这些人员参与儿童的法定评估，鉴定其学习状况，为家庭提供教育建议，为融合教育教师提供专业培训。卫生与健康部门包括康复训练人员、社区医生、儿科医生或儿科顾问、学校保健教师、言语语言治疗师、物理治疗师、职能治疗师、听力/视力专家、临床心理学家以及其他成员如心理治疗师、咨询员等。社会服务部门主要为社会工作者，通过专业技能和资源为特殊儿童及其家庭提供服务。劳动与服务部门负责人口统计、相关早期教育及特殊教育机构的建设，为教育部门提供数据及硬件支持。志愿者机构一般为慈善机构，承担一些社会公众宣导服务工作、社会福利工作等①②。

其二，统筹了从中央至地方或地方至中央的多元管理机制。

融合教育的服务与管理是一项社会系统工程，涉及政府、学校、家庭、社会组织与专业机构等多方面的“协同”。在英国，各相关系统组成的融合教育治理体系，形成了从政府集权管理到多元主体协同治理的变化，政府“放权”，地方“接手”，强调多部门的参与，凸显出公共治理的取向，对各相关系统的管理职责提出明确要求，进一步强化多元主体协同治理的格局，不断进行良性改造，从单向度、以政府为核心的垂直管理机构逐渐转化为以社会组织、普通学校、家庭与市场为多元主体的“网络化”运行管理机制③。

2. 实施层面的启发

前述英国颁布的法规和文件虽然没有直接指出如何实施学前融合教育，但其理念和实践路径都给了我们不少启发。

其一，学前融合的主战场在普通幼儿园。

诚如《1976 年教育法案》所指出的，融合教育应在普通学校进行。由此推论，我们

---

① 张莉．英国学前融合教育概观［J］．幼儿教育（教育科学版），2007（7）．

② 张凯，蒋惠妃．英国融合教育政策与实践评述：对我国早期教育的启示［J］．早期教育（教科研版），2020（2）．

③ 郑伟，张茂聪．英国融合教育的政策特点及其成效研究［J］．外国教育研究，2020（5）．

实施学前融合教育的主战场也应在普通幼儿园，让有特殊教育需要的幼儿进入普通幼儿园，在与大多数普通幼儿的交往互动中获得最佳发展。

其二，学前融合教育应该追求“有效融合”。

如前所述，英国颁布的法规明确提出了“有效融合”理念。这给我们实施学前融合教育设立了一个检验标准，那就是看每个幼儿在接受学前融合教育过程中是否能真正获得成就感和幸福感，如能获得，那才是有效融合。

第三节　澳大利亚和日本颁布的法规概览及启示

将澳大利亚和日本放在一起，是因为这两个国家在亚太地区推动和实施融合教育过程中成效较为突出。下面将分别对这两个国家颁布的有关融合教育的主要法规进行概览和分析。

一、澳大利亚相关法规的见与析

澳大利亚推动特殊教育主要是政府行为。与大部分西方发达国家一样，澳大利亚实行的特殊教育是针对广义的特殊教育对象进行的①。

（一）相关法规

特殊教育的发展离不开强大的法律支持保障。1992 年澳大利亚联邦政府颁布的《残疾人歧视法案》以及 2005 年颁布的《残疾人教育标准》影响力较大②。

1.《残疾人歧视法案》

《残疾人歧视法案》（Disability Discrimination Act）颁布于 1992 年，是一部奠基澳大利亚当地残疾人权利的标志性法律文件。

该法案将残疾人在各个社会领域不得因残疾而被歧视写入法案中。作为重点关注领域，在法案中明确提出因个体存在残疾而被剥夺教育权利是违法行为。这为特殊儿童获得公平的基本教育权利提供了根本保障，也为澳大利亚融合教育发展奠定了基调，使得特殊儿童得以进入普通教育学校成为现实。尊重残疾人成为社会共识与集体责任，最大程度上保障了残疾人的权利。

2.《残疾人教育标准》

澳大利亚联邦政府于 2005 年出台《残疾人教育标准》（Disability Standards for Education），它作为《残疾人歧视法案》的补充附属法案，着眼于特殊儿童教育的获得与实

---

① 刘岚．澳大利亚特殊教育概览及其启示 [J]．现代特殊教育，2011（4）．

② 李拉．澳大利亚融合教育政策解析 [J]．中国特殊教育，2018（11）．

施，从特殊儿童的教育服务框架整体来规划融合教育的实施，核心是保障全体儿童能够获得公平优质的教育机会，保障特殊儿童进入普通学校的权利及其在学校中的有效参与和学习。

《残疾人教育标准》在特殊儿童的入学、评估、课程、支持服务等方面做了详细的规定，同时在每一项服务流程上界定了相关部门与负责人员的职责，并且以评价来促进教育服务的优化。

《残疾人教育标准》成为澳大利亚迄今为止最为权威的融合教育文件，也提供给澳大利亚各州融合教育政策的基础框架与实践指南。

3.《国家残疾战略 2010—2020 年》

《国家残疾战略 2010—2020 年》是澳大利亚国家层面的发展规划，旨在面向特殊人士及其家庭，改善其生活质量、社会融合程度，从而激发与实现其潜能。战略中提出要构建一个从学前到职业教育的融合教育体制，通过减少环境及人文障碍，调整及优化课程教学，使得其能真正地在普通教育环境中学习、生活，有质量地融合。

（二）相关法规带来的启示

通过梳理澳大利亚国家融合教育政策的发展历程及其特征可以看出，澳大利亚这个国家从联邦到州推进的融合教育体系，已经发展得较为成熟完善。联邦政府主要承担宏观政策的制定，而州政府在联邦政府的基础上，进一步出台融合教育政策。从各州融合教育发展基础及财政、人力情况等因素来看，州际之间存在明显的差异，主要以新南威尔士州、昆士兰州、维多利亚州的政策较为典型。

1. 宏观上的启迪

值得一提的是，澳大利亚在制定政策时并不单纯把融合教育与普通教育割裂开来，而是作为一个有机的整体，放入普通教育法律中。在具体实施融合教育时，将其放入国家整体教育发展的背景中进行考量，最大限度地融入普通教育，使得融合教育的实施不再单纯是融合教育工作者或者特殊教育工作的责任，而是整个教育环境共同去策划与实施。

同时，澳大利亚的融合教育政策也与残疾人事业的发展以及社会文化的发展紧密联系，因而教育不再是割裂的，而是将残疾儿童作为一个完整的个体，为其提供多方位-多部门的整合性的、持续性的服务，并将其作为一个社会文化发展的指标，在澳大利亚人口多元、文化多元、社会多元的背景下，与社会文明程度联系起来，在政策层面推动融合教育的“质”与“量”的发展，推动社会融合的实现。

2. 实施学前融合教育的启迪

这些法规虽然比较宏观，但依然给我们实施学前融合教育带来启发性思考。

其一，每个儿童应获得公平的优质教育。

不管是有特殊教育需要的幼儿还是普通幼儿，他们在托幼机构都应获得公平优质的教育。由于地理因素以及城乡差距，我国各地实施学前融合教育的水平不尽相同，有些地区甚至还没有树立学前融合教育的理念。因此，我们希望国家层面出台政策，在普惠幼儿园增加的背景，让城乡幼儿园实施优质的学前融合教育。

其二，要实施有质量的学前融合教育。

根据澳大利亚的国家战略，需进行有质量的融合教育。由此给我们带来的启迪是，我们在实施学前融合教育时，应该追求从物理环境和人际环境，将特殊幼儿和普通幼儿的交往阻隔和障碍降到最低程度，从表层融合走向深层融合，唯其如此，才可说是有质量的学前融合教育。

二、日本相关法规的见与析

日本教育学界更多使用“统合保育”① 这一概念来专指在普通教育机构中面向学前特殊儿童实施的学前融合教育。与“统合保育”相对的是“分离保育”，这是指把特殊幼儿与普通幼儿完全分离的保教。另外，在“统合保育”与“分离保育”之间，存在一种教育形式——“交流保育”，指在特殊保育机构的残疾幼儿定期到附近的普通保育园或幼儿园，与普通幼儿进行“统合保育”，一般会在普通幼儿园举行行事活动（类似国内幼儿园的主题活动、节假日活动等）时进行。

“分离保育”在相当长的一段时间内是日本特殊教育的主流安置方式，直至20世纪六七十年代后，受国际“去机构化”“回归主流”等思想潮流的影响，日本开启了一场特殊的教育改革探索。这一探索分为三个阶段，每个阶段都有相应的法规。

（一）奠基阶段：普通教育文件中的特殊教育要素

以1947年日本颁布的两个具有重要影响的法律文件《教育基本法》《学校教育法》为标志，日本的学校教育体制发生了整体性的变革，在法律制度与机制保障上确保了特殊教育的发展与运行②。

1.《教育基本法》

1947年，日本政府颁布了《教育基本法》，以此确立了所有国民，包括有智力或生理缺陷的儿童在内，都能够获得与能力相适应的平等教育机会，在教育上不应有所差别。

2.《学校教育法》

1947年，日本政府还颁布了《学校教育法》，在每个都、道、府、县都设置盲校、聋校和养护学校，为身心存在缺陷和障碍的儿童提供适合的教育。

2007年，日本在联合国签署了《残疾人权利公约》，同时修改了《学校教育法》。修

① 日语中的“保育”一词等同于我国的“保教”。

② 谢燕，肖非．日本特殊教育向特别支援教育的嬗变［J］．外国教育研究，2016（11）．

改的重点如下：

（1）从法律上改变名称。

在修改的《学校教育法》中，从法律上将“特殊教育”的名称正式改为“特别支援教育”，即该校实施的教育制度不是从普通教育里分离出来，而是把普通教育学校、特别支援学校和其他所有教育机构包含在内，根据所有孩子的教育需求给予适当支援与引导的教育制度。日本开展的是一场从“残疾教育”到“特别支援教育”的教育制度变革。

（2）充实早期教育内容。

2013 年，《学校教育法》再度修改，对“特别支援教育”在早期教育上做出要求，将提供早期教育咨询纳入法规文件中，各地教育委员会需要向残疾儿童的家长提供早期咨询与必要的专业支持，帮助家长了解特殊儿童就学、保育、福利、保健、医疗等方面的信息。

（二）上升阶段：开启学前融合教育行动的重要标志

1978 年，日本出台了《残疾幼儿保育方针》，对保育园是否可以增加残疾幼儿的保育、残疾幼儿的对象范围以及具体的保育方法做了明文规定，并且明确指出按残疾幼儿生均给予保育园一定的政府资金补助，鼓励普通保育园接收特殊幼儿。这一方针的出台成为日本残疾幼儿保育制度化的开端。

《残疾幼儿保育方针》从体制、人员、设施、家园合作等方面对解决残疾幼儿保教问题做出了规定。其中包括：建立残疾幼儿早期发现的医疗制度，促进保育园与医疗机构之间的联系；增加保育员①，并对保育员进行残疾幼儿保育知识与技能的培训；增设、完善保育园中残疾幼儿保育所需设备、教具学具；加强残疾幼儿家长的教育宣导、家园沟通等。该方针针对残疾幼儿的保教提出了几项具体目标②：发展每一个幼儿的个性；通过与同伴的游戏建立社会交往互动的意识；扩大生活生态圈；通过集体生活学习社交规则；养成基本的生活常规；通过干预训练补偿潜能；通过保教调节家长情绪及心理问题等。

（三）高速发展阶段：迈向特别支援教育制度的转变

进入 21 世纪，日本国家文部科学省成立了“特别支援教育调查研究协力者委员会”，对日本当地的特殊教育发展现状及问题开展调研。随后，于 2003 年发布了《今后特别支援教育发展方向（最终报告）》，于 2005 年发布了《关于推进特别支援教育的制度改革（咨询报告）》，为日本后续制定国家级特殊教育政策与实施教育发展改革奠定了基石，在一定程度上促进了 2007 年《学校教育法》的修订。

---

① 日本的保育员相当于我国的幼儿教师。

② 刘小青．日本学前教育［M］．北京：文化艺术出版社，2017．

1.《残疾人基本法》的修正案

2004年，日本国会通过了《残疾人基本法》的修正案，加强了特别支援学校和普通学校之间的联合，也更加强调了儿童本位、家长主体作用，尊重特殊儿童及家长的需求，创造特殊儿童与非特殊儿童的共同学习环境，把普特幼儿之间的合作与学习作为融合教育的重要实现途径①。

2.特别支援教育的关联政策法律

2003年、2004年、2005年及2007年颁布的法规文件，成为日本特殊教育向特别支援教育转变的重要标志，这种转变不仅是法律上定义的名称的转变，更是涉及社会制度、社会意识等方面的转变。这些法规凸显了以下特点：

（1）理念的进一步确立。

特别支援教育关联法规都强调要着眼于每一个儿童的差异化、个别化教育需要，强调特别教育需要，充分考虑专业支持人员建议与家长意见，支援儿童在校园的融合与社会参与。

（2）完善各种法律文件。

日本还出台了许多推进特别支援教育的补充性法律文件、项目方案，如特别支援学校的指导充实项目、《为构建共生社会而建立的特别支援教育方案》、《家庭、教育和福利部门合作的三角项目》、《特殊支援学校就学奖励相关法律》等②，将它们作为特别支援教育政策法律的补充，从资金保障、责任界定等方面不断完善制度。

（3）明确特别支援教育对象。

在2003年的报告中，明确将特别支援教育对象定义为八大类，分别为视觉障碍、听觉障碍、智力障碍、肢体障碍、病弱、言语语言障碍、自闭症及情绪障碍、学习障碍及注意力缺陷多动症障碍。

（4）构建特别教育支援体系。

日本在相关法规中构建了特别教育支援体系，该体系采用的是纵横交错模式。

从纵向来看，特别支援学校包括了幼稚部、小学部、中学部、高等学部等四个学部，即从学前幼儿至高中阶段，特殊儿童都属于特殊教育支援对象。从横向来看，日本特别教育支援体系由特别支援学校（幼稚部），普通幼、小、中的特别支援班级，普通班级的通级指导共三级构成。同时设立并形成了一个包括学校及其他相关机构在内的特别支援教育服务框架体系，如以各地区保健所为基础的预防残障发生的机构，早期发现残障的机构，以儿童相谈所、教育相谈所、福利中心等为基础的早期相谈、判定及指导机构，以各地区幼儿俱乐部、残障治疗中心及医院为基础的早期治疗训练的机构③。至此，早期融合教育

---

① 张洪高．日本全纳教育的实施体系、改革方向及面临的问题［J］．中国特殊教育，2010（12）．

② 高晶晶，刘文静．论日本特别支援教育法律制度［J］．教育评论，2019（2）．

③ 杨民．当代日本的特殊教育及其对我们的启示［J］．中国特殊教育，2000（4）．

阶段形成了从预防、发现、训练到入园等阶段相对完备的服务体系。

（四）相关法规带来的启示

虽然日本不是融合教育早期先行国家，但其在后期紧跟世界潮流，根据实际国情，渐进式完善了日本的融合教育实施体系、改革方向，逐步解决了融合教育进程中存在的现实问题。

1. 宏观上的启示

第一，改革目标始终围绕建设包容性的全纳共生社会目标来推进融合教育发展。

在《为构建共生社会而建立的特别支援教育方案》中，将构建共生社会分为短期与中长期，并提出阶段性目标。短期内实施入学咨询与决策改革，进行教职员培训，提供合理便利，创造融合环境；中长期则对标联合国《残疾人权利公约》，建立融合教育体系。

第二，多部门协作的多元化特殊教育支援体系。这主要体现在自上而下，从国家政府相关组织到地方政府密切合作，教育、社会福利、医疗机构、行为矫正、康复训练、就业等相关部门共同协作，同时大力争取私营组织与社会公民的通力合作，形成了社会支援体系。

第三，为特殊儿童提供长期的连贯性教育支援。这主要体现在为特殊儿童设计个别化教育计划和为特殊儿童提供适宜的学习场所。

第四，通过颁布政策，政府为相关单位提供充足的财政支持。仅从2007年之后的十年，关于特别支援教育就学奖励的预算就增加了一倍，达122.93亿日元[①]。

综上所述，日本经验带来的启示是需秉持《残疾人权利公约》的理念，以法规政策保障特别支援教育制度的运行。法规政策的主要作用：一是保障特殊儿童及其家长的基本权利，充分尊重儿童及家长意愿，并与其建立积极合作关系；二是明确政府责任主体、各方承担义务，确保各方主体全方位多层级协作；三是保障合理的特别支援教育的经费投入，使得经费投入充足、有针对性、使用到位；四是确立校内支援制度以及确保师资人员配备，完善特别支援教育教师许可证制度；五是面向社会，以构建共融性社会为目标，充分利用社会资源，将每一个有特别支援需要的人士纳入支援体系。

总体来说，是以法建制、以法规章、以法领航，从校园建设、资金保障、人员设置、设施设备各方面完善特殊教育支援体系。

2. 给学前融合教育带来的启示

日本颁布的法规不仅从宏观上给我们带来启迪，也引发了我们在具体实施学前融合教育方面的思考。

其一，尊重特殊幼儿的个性。

---

① 高晶晶，刘文静．论日本特别支援教育法律制度［J］．教育评论，2019，236（2）．

实施学前融合教育的出发点，就是基于特殊教育需要幼儿的立场，对他们的个性给以充分尊重：尊重他们以自己的速度发展，尊重他们以自己的独特方式进行学习，尊重他们体现的性格特征。

其二，注重养成良好的习惯。

学前融合教育应该注重培养特殊幼儿和普通幼儿的良好习惯。这些习惯应包括良好的生活自理习惯、探求世界的习惯和人际交往的习惯。尤其对特殊幼儿而言，家长和教师可能容易出于同情而不忍心对他们自理生活等提出要求，但结果可能是阻碍他们良好习惯的养成，延滞其各项能力的发展。

其三，给予家长的心理支持。

有特殊需要的幼儿家长，往往会背负更大的精神和经济压力。因此，在实施学前融合教育的过程中，需要对家长的情绪感受有更多的同情和理解，并在充分尊重家长合理意愿的基础上，协同进行学前融合教育。

第四节　中国香港、台湾地区发布的相关规定概览及启示

一、香港特别行政区相关规定的见与析

香港特别行政区响应联合国教科文组织的倡议，落实联合国《残疾人权利公约》，自20世纪七八十年代起推行融合教育。

（一）相关法规

香港特别行政区连续颁布过既涵盖大教育又特别针对学前特殊教育的法规。

1. 涵盖大教育的相关法规

1996年实施了《残疾歧视条例》；2001年出台了《教育务实守则》；2007年颁布《香港康复计划方案》；2008年发布第三版《照顾学生个别差异共融校园指标》；2010年出台《全校参与模式：融合教育运作指南》，推行全校参与模式的融合教育；现行代表文件是2019年更新的《全校参与模式：融合教育运作指南》①②③。这些法规的颁布，助推香港特别行政区在融合教育方面形成了独有的三层支援架构模式，但这一模式主要面向中小学。

2. 针对学前教育的相关法规

涉及学前阶段融合教育的主要法规如下：

① 孙秀华．香港融合教育面面观［J］．现代特殊教育，2014（7）．
② 栾昕畅．从“平等”的概念分析香港融合教育发展中的利与弊［J］．中国特殊教育，2010（3）．
③ 吴善挥．浅论香港现行融合教育制度实施的问题［J］．台湾教育评论月刊，2014（1）．

(1)《幼儿园暨幼儿中心兼收计划》。

该计划由香港社会福利署颁布，旨在保障学前特殊儿童能在适龄期入园接受教育的权利。该计划规定：在普通幼稚园暨幼儿中心内，为轻度残疾幼儿提供训练和照顾，以协助他们将来融入主流教育及社会，服务对象包括2～6岁的幼儿①。

(2)《儿童发展先导计划》。

《儿童发展先导计划》现已更名为《儿童身心全面发展服务》。这项计划是通过加强卫生署、医院管理局、教育局及社会福利署之间的沟通和合作，建立一套新的服务模式，为有需要的家长提供全面的支援服务，包括健康和教育活动以及为父母提供辅导。

计划中还有一个重要部分是让学前机构教师及早识别有健康、发展及行为问题的学前儿童，转介他们到所属地区的母婴健康院作评估及接受适时的支援。这要求幼儿园/幼儿中心、母婴健康院及综合家庭服务中心/综合服务中心之间紧密联系，运用一套转介及回复制度，以便为有特殊教育需要的幼儿提供适时及适切的治疗和训练服务②。

(3)《学前儿童发展及行为处理（幼师参考资料套)》。

旨在帮助学前机构教师了解、发现发展异常幼儿，处理家园沟通问题以及提供基础的教育策略等。通过跨专业、跨部门的联系、合作，将学前特殊儿童的筛查发现与转介安置机制规范化，使得特殊幼儿教育服务机制更加完善。

(4)《到校学前康复服务试验计划》。

香港社会福利署出台的《到校学前康复服务试验计划》保障了学前特殊儿童在校期间能拥有由政府提供特殊教育服务的权利，面向对象为6岁以下就读于参与计划的幼儿园/幼儿园暨幼儿中心的轻度残疾幼儿，借助非政府机构的跨专业服务团队，为其提供到校训练服务，同时也为教师及幼儿工作员及家长、照顾者提供支援服务③。

(5)《香港康复计划方案》。

由香港劳工及福利局颁布的该项计划方案的学前服务部分，设定的政策服务对象为0～6岁的残疾或高危儿童，旨在保障这些特殊幼儿在校外接受特殊教育服务的权利，为他们提供有助于身心发展和提升社交能力的早期介入服务，提高他们入读普通学校和参与日常活动的机会，并协助家庭应付其特别需要。方案规定了要为有需要的儿童提供校外的学前康复服务，早期教育及训练中心、特殊幼儿中心分别为0～2岁、2～6岁的幼儿提供

---

① 香港特别行政区社会福利署．幼儿园暨幼儿中心兼收计划［EB/OL］. https：//www.swd.gov.hk/tc/index/site_pubsvc/page_rehab/sub_listofserv/id_daytraining/id_integrated2/.

② 香港特别行政区教育局．儿童身心全面发展服务［EB/OL］. https：//www.edb.gov.hk/sc/edu-system/preprimary-kindergarten/comprehensive-child-development-service/index.html.

③ 香港特别行政区社会福利署．到校学前康复服务试验计划［EB/OL］. https：//www.swd.gov.hk/oprs/index_tc.htm.

服务①。

（二）相关法规带来的启示

香港特别行政区颁布的法规，体现了其对学前融合教育的高度重视。

1. 宏观层面的启示

一是政府主导作用发挥得较为突出。教育一直占香港特区政府经常性开支的最大部分，特殊教育部分经费投入相对充足与高效，经费满足幼儿园到高中阶段补贴需求，主要划分为特殊教育学校及融合教育学校的常规经费和学生个人需求的专项经费②，通过精准计划特殊教育经费预算切实提高了当地的特殊教育质量。

二是多部门协同配合。教育局、社会福利署、劳工及福利局、卫生署和医院管理局等部门都会关注到学前特殊儿童的融合教育，并发布各种相关法规。

2. 学前融合教育的启示

其一，需统整各方力量。从前述的法规颁布情况来看，要使学前融合教育真正落到实处，不是靠某个人或某一部门的单打独斗，而是需要各个部门的共同关注以及有效协调。

其二，学前融合教育须系统化。我们看到前述的法规都将学前特殊儿童的筛查发现、鉴定评估、转介安置、康复教育统整起来，各项工作机制落实到相应部门，切实保障了有特殊教育需要的幼儿能及早接受教育并能接受优质教育。

其三，学前融合教育需“因龄施教”。将学前特殊儿童分为0～2岁和2～6岁两个阶段，这样的分龄便于学前融合教育做到“因龄施教”。0～2岁婴幼儿阶段的发展既十分迅速，又与2～6岁儿童发展有很大的不同，因此要让学前融合教育真正落到实处，还须精确分龄。

二、我国台湾地区相关规定的见与析

自20世纪80年代以来，台湾地区发布了五个主要的规定。

（一）相关规定

我们将按时间顺序对台湾地区的相关规定进行回溯。

1. “残障福利法”（“身心障碍者保护法”）

1980年，台湾地区发布了“残障福利法”，历经多次修订，在1997年更名为“身心障碍者保护法”。其学前阶段涉及的政策有第十四条、第十七条以及第二十四条，综合这些条款，其要点归纳如下：

---

① 香港特别行政区劳工及福利局．香港康复计划方案［Z］．2007．

② 吕春苗，张婷．香港特殊教育经费投入和使用的现状、特点及启示［J］．现代特殊教育，2017（2）．

（1）建立通报、服务系统。

为能适时给学前儿童提供疗育与服务，卫生主管部门应建立疑似身心障碍 6 岁以下婴幼儿早期发现通报系统，并通过为婴幼儿做健康检查，为身心障碍或高危婴幼儿提供医疗复检及早期医疗等相关服务。

（2）设立学前疗育机构。

各级主管部门应设立及奖励民间设立学前疗育机构，包含实施融合教育的托儿所和幼儿园。对特殊幼儿在学前疗育机构接受服务的年龄范围、实施模式、经费保障等进行了规定，有力地推动了当地学前特殊儿童融合教育的发展。

2. “特殊教育法”

1984 年台湾地区发布的“特殊教育法”，是台湾地区专门的特殊教育规定，1997 年正式将学前特殊教育纳入，其在近 40 年的发展中，经历了多次修订，最新于 2019 年修订。主要发生了以下变化：

（1）服务对象、年限的拓展。

学前教育现有特殊教育服务对象类别身心障碍 13 类、天赋优异 6 类；服务年限的延长，向下延长至 2 岁，向上延长至成人教育及高等教育阶段。

（2）教育安置形式丰富、团队整合。

随着学前教育趋向融合发展，教育安置形式更加丰富，以就近入学为原则，强调鉴定后安置并提供特殊教育及相关服务措施，主管部门每年重新评估事先安置的适当性。与此同时，将专业服务团队进一步整合，扩展到卫生医疗、教育、社会工作、独立生活、职业重建等相关专业人员，并为其提供生活、心理、复健训练、职业辅导评量及转衔辅导与服务等。相关主管人员须有特殊教育专业资格①。

（3）专业经费和部门的扩增。

明确了特教经费的使用，从不确定的从宽编列，到逐渐明确化、规范化，各项特教支出有了明确的比例；与此同时，设立相关的专责单位负责特殊教育。

在该规定的基础上，还颁布了“儿童及少年福利与权益保障法”，分别规定了各级主管部门的卫生及教育单位的责任，对学前融合教育起到了重要的催化作用。

（4）身心障碍幼儿补助办法的确定。

补助新设学前身心障碍特殊教育班的开班费；落实身心障碍幼儿个别化教育计划；鼓励私立幼儿园录用特殊教育教师及在职进修特教课程；规划并设置“早期疗育资源中心”，担负早期疗育的特殊教育课程、专业整合及绩效评估等方面的工作；编制学前特教系列课程，推动及落实学前特教课程；推动早期疗育的特殊教育从 2 岁开始（幼托整合）。

---

① 钮文英．拥抱个别差异的新典范：融合教育［M］．2 版．台北：心理出版社，2015.

3.《身心障碍教育报告书》

1995年，台湾地区教育主管部门发布了《身心障碍教育报告书》，阐释了台湾地区特殊教育政策所秉持的十个主要理念：“零拒绝”的教育思想、人性化的融合教育、无障碍教育环境、适性化潜能发展、关键性早期疗育、积极性的家长参与、协同式的合作关系、弹性化的多元安置、支持性的自立自强、最少限制环境。

报告书的颁布旨在让身心障碍儿童在教育、社交、休闲活动等方面尽可能与普通儿童相近或相似。

4.“幼儿教育与照顾法”

台湾地区于2011年发布了“幼儿教育与照顾法”，以此来保障身心障碍幼儿的教育权利。

（1）权利和经费的保障。

第十三条强调保障身心障碍幼儿接受早期干预等专业服务的权利，对于地方用于身心障碍幼儿早期干预费用的经费提供支持：相关主管部门应依相关规定，对接受教保服务之身心障碍幼儿，主动提供专业团队，加强早期疗育及学前特殊教育相关服务，并依相关规定补助其费用。为均衡地方身心障碍幼儿保教服务之发展，应补助其遴选和聘用学前特殊教育专业人员，为其提供业务及设备经费，以保证身心障碍幼儿的保教服务。

（2）班额与人员的调整。

第十六条强调幼儿园的班额可以因招收身心障碍幼儿而调整：幼儿园有招收身心障碍幼儿之班级，得酌予减少事先规定的班级人数；其减少班级人数之条件及核算方式，由相关主管部门定之。第十七条则强调幼儿园的学前特殊教育专业师资及相关专业人员的配备：幼儿园得视需要配置学前特殊教育教师及社会工作人员。

（二）相关规定带来的启示

台湾地区颁布的相关规定，从宏观层面到实施学前融合教育的具体措施方面都给我们带来一定的启示。

1.宏观层面的启示

制度化与法制化是融合教育进程中最重要的保障。台湾地区颁布的规定都明确了上至主管部门，下到各级地方、社会福利机构以及各种社会机构的职责及经费的保障，这将有效推动家长与教育人士的通力合作，使当地的融合教育不断精进、发展。

理念先行也至为重要。强调尊重社会多元文化、建设一个教育普及于所有学生的融合环境等重要理念，这能使融合教育走向关怀、接纳，更便于付诸实施。

2.实施学前融合教育的具体层面的措施和启示

在台湾地区颁布的上述相关规定中，我们看到了对身心障碍幼儿有许多制度保障和人文关怀。这对我们实施学前融合教育有如下启发：

其一，保障学前融合教育机构运行。

“早期疗育机构”已成为台湾地区颁布的相关规定中的关键词。这样的疗育机构也包含了实施学前融合教育的托儿所和幼儿园。对有特殊教育需要的学前儿童而言，进入一个在经费、人员和管理上都达到优质水平的疗育机构实为必要。

其二，创设良好的学前融合教育环境。

在重视身心障碍幼儿接受学前融合教育的同时，须提供满足身心障碍幼儿发展需求的物理及心理环境，诚如台湾地区相关规定指出的，这样的环境应该是“无障碍”和受“最少限制”的，是便于身心障碍幼儿和普通幼儿人际交往、共同生活的。

本章小结

本章介绍并分析了与学前融合教育有关联性的联合国教科文组织和联合国大会颁布的法规、美国和英国颁布的法规、澳大利亚和日本颁布的法规、中国香港地区和台湾地区颁布的相关规定。这些法规或规定虽然大多数并没直接言及学前融合教育，但其中宣扬的理念和原则、机构设置和制度保障为我们实施学前融合教育提供了引领和参考。

思考与练习

1. 联合国教科文组织颁布的学前融合教育相关法规的主要内容和启示是什么？
2. 美国和英国颁布的学前融合教育相关法规的主要内容和启示是什么？
3. 澳大利亚和日本颁布的学前融合教育相关法规的主要内容和启示是什么？
4. 我国香港和台湾地区发布的相关规定的主要内容和启示是什么？

第三章

国际视野下的学前融合教育模式

本章导读

本章将聚焦美国、英国、德国、瑞典和日本五个国家的学前融合教育实践模式，并对这些模式所带来的启发性思考进行阐述。

第一节　美国的学前融合教育模式

诚如在第二章指出的那样，美国的学前融合教育引领了世界潮流，在强有力的政策法规的保障下，美国的学前融合教育所创建的模式可圈可点。

一、模式概览

对美国的学前融合教育模式的介绍将从课程理念、对学前特殊幼儿的鉴定、学前融合教育的安置方式和教学策略五个方面来进行。

（一）学前融合教育模式秉持的理念

在美国，实施学前融合教育的机构主要有两个：一是从属于特殊教育需要的学前儿童委员会的特殊幼儿部（Disability Early Childhood，DEC），主要负责幼儿特殊教育（early childhood special education，ECSE），其工作职责主要是服务于有发展障碍或发育迟缓的年幼学前儿童，其中包括 0～3 岁的早期干预、3～5 岁的学前服务，以及 6～8 岁入学初步阶段的服务；二是全美幼儿教育协会（National Association of Education for Yong Children，

NAEYC)，负责幼儿教育（early childhood education，ECE)，服务于全体 0～8 岁的学前儿童。

1. 两种不同的理念

从服务对象和服务范围来看，幼儿教育涵盖了幼儿特殊教育，但因为特殊幼儿部和全美幼儿教育协会在教育理念上存在差异，所以双方开展学前融合教育有各自的原则和方针。

（1）特殊幼儿部的学前融合教育理念。

特殊幼儿部认为，所谓融合，就是无论幼儿的能力差异如何，都要让所有学前儿童得到身心发展的满足，所有的特殊幼儿都能积极地投身到所在社区或集体的环境中去。这种环境包括家庭、托幼机构、游戏小组、学前儿童托幼机构、托儿所、“抢先一步”项目、幼儿园、社区托幼机构等。

特殊幼儿部尊重家庭的差异性，给予家庭决策服务的权利；为更好地实施学前融合教育，特殊幼儿部支持全融合及其持续系统的发展、评估和传播；针对家庭、管理者、服务提供者提供培训项目的发展；与所有涉及融合的财政和管理程序人员合作；加强与学前融合教育有关的研究；重组及统一与学前融合教育有关的支持和服务系统，以满足所有学前儿童和家庭需要。

（2）全美幼儿教育协会的学前融合教育理念。

在学前融合教育的起始时期，全美幼儿教育协会认为只需要为有特殊需要的幼儿进行环境上的调整；随着教育的深入，又提出要高度重视为学前特殊儿童提供教育上的相应变化和调整，以利于这些学前儿童获得更多便利。全美幼儿教育协会的基本理念是要为有特殊需要的幼儿创造一个充满关爱的集体环境，为增强他们的发展和学习而进行有效教学，为他们建构合理课程，重视评估这些幼儿的学习和发展情况，与他们的家庭之间建立互惠的关系。同时指出，在融合的环境中，照料者和教育者要为学前特殊儿童提供更宽泛的兴趣和能力期望。

2. 两种不同的课程思想

（1）特殊幼儿部的学前融合教育课程思想。

特殊幼儿部的学前融合教育课程思想主要体现为以教师指导为中心。

特殊幼儿部强调以教师为指导中心，教师必须应用行为改变技术和教育心理学原理来设计整个教学情境和全部的教学目标，并规定了五条基本原则：着重对功能性目标进行干预、提供以家庭为中心的服务、定期对干预进行监控和调整、使用多学科方法提供服务、制定到下一个托幼机构情境的过渡方案。

（2）全美幼儿教育协会的学前融合教育课程思想。

与特殊幼儿部的课程思想不同的是，全美幼儿教育协会的学前融合教育课程更强调以学前儿童为学习的主体。他们把学前儿童看作自主的人，认为教学活动都应按照孩子的现有水平、兴趣及教室环境而定。突出学前儿童有自我选择的权利，充分重视学前儿童的问题解决技能和好奇心的培养和发展。其中，发展的合适性包含两方面：一是年龄的合适性，即了解学前儿童的发展与变化规律，在游戏和学习环境的设置上应满足学前儿童发展的需要；二是个体的合适性，即把每个学前儿童看作独立的个体，认识到每个学前儿童的发展差异，在教育中所获经验应符合他们的能力发展。对这两种课程思想的比较见表3-1-1。

表3-1-1　特殊幼儿部和全美幼儿教育协会的课程思想比较

部门	导向	依据理论	重视内容	忽视内容
特殊幼儿部	以教师为中心	行为主义	教育结果、家长参与	学前儿童自主
全美幼儿教育协会	以学前儿童为中心	建构主义	学前儿童的主体活动和探索	家庭参与

特殊幼儿部与全美幼儿教育协会在学前融合教育的课程思想上虽有上述区别，但随着近年来学前融合教育的发展，这两个部门的合作越来越多，双方的理念和实践也在逐渐走向融合。特殊幼儿部向着更自由、更多以学前儿童为中心的方向调整，学前特殊教育教师、治疗师等越来越重视学前儿童的需要和兴趣，开始尝试以“引导”（guide）、“支持”（support）和“鼓励”（encourage）学前儿童为主，并力争营造一个能使学前儿童自主探索、与同伴互动和自我学习的环境。而全美幼儿教育协会也向着结构化、行为矫正的方向调整，早期教育教师开始重视教学的结构性和家长的参与度。

（二）学前特殊儿童的鉴定

在实施学前融合教育前，美国首先会对学前特殊儿童进行鉴定。其步骤见图3-1-1。

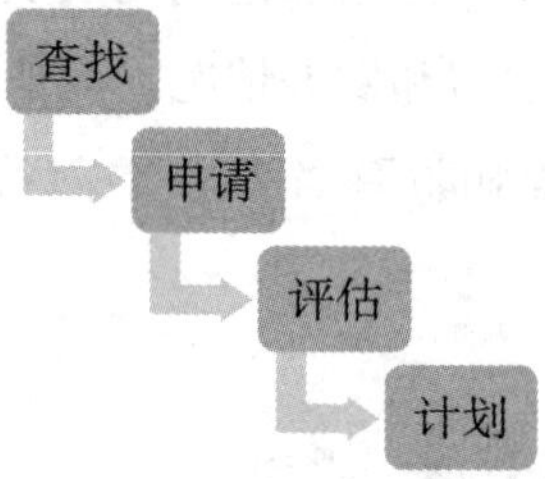

图3-1-1　对学前特殊儿童的鉴定步骤

如图3-1-1所示，美国学前特殊教育的鉴定步骤包括“查找学前特殊儿童”—“提出初始鉴定的申请”—“初始鉴定评估”—拟订“个别化家庭服务计划”或“个别化教育计划”等。

在此过程中，美国十分强调鉴定程序的合理化、多元化、弹性化，以确保学前特殊儿童能够获得适当的教育机会。在整个鉴定流程中，各环节紧密衔接。

1. 查找和申请

各州政府首先会通过“学前儿童发现系统”找到特殊幼儿，促进其尽快接受鉴定和评估。然后，可以由学前儿童家长、州或地方学区的教育机构任何一方提出申请，由州教育机构选派专家进行初始鉴定。

2. 评估和计划

该鉴定要在家长同意后的60天内，或者州设定的时间计划内完成。之后除非家长和教育机构认为没有必要，否则每三年应当重新鉴定评估一次。

在初始鉴定评估后，专业团队应当决定三大事项：一是该学前儿童是否具有符合《身心障碍者教育促进法案》以及各州标准的身心残障状况；二是该学前儿童的残障是否会影响其受教育状况；三是早期干预服务能否满足该学前儿童的学前特殊教育需求。如果小组成员均认为学前儿童有必要接受早期干预服务，就需要为其拟订“个别化家庭服务计划”或“个别化教育计划”。

3. 策略和工具

在鉴定过程中，专家团队需要应用多种策略和工具。具体包括课程本位测验、档案分析、家长提供的资料、教师和早期干预服务者的观察记录等。而且，评估结果要以最能产生正确信息的语言和形式提供给学前儿童本人。

根据上述步骤，通常会将3～5岁的11类学前特殊儿童（包括特定学习发展障碍、情绪紊乱、智力落后、自闭症、创伤性脑损伤、发音损害、言语损害、听觉损害、视觉损害、其他健康损害、发育迟缓）纳入学前融合教育服务对象。

（三）学前融合教育主要安置方式

1998年以前，美国为学前特殊儿童提供的安置环境主要包括6种，即普通班级、资源教室、特教班、特殊学校、寄宿制机构、家庭或医院，但是这样的安置类别并不完全符合学前融合教育理念。为此，美国教育部1998年专门为学前特殊儿童创设了8类接受学前教育的安置环境。

普通幼儿教育环境。让学前特殊儿童在普通幼儿园的教育环境中接受所有的特殊教育和相关服务，其中包括普通的幼儿教育机构、“开端计划”（Head Start）中心、幼儿看护机构等。对5岁以下特殊幼儿实施保育的机构主要有保育托幼机构（大多为半日制，招收三四岁的幼儿）、日托中心（从早到晚开放，招收5岁以下幼儿）、家庭托儿所、公立托幼机构附设的幼儿园（扩招部分4岁幼儿，以利于幼儿教育的普及）等。

早期特殊教育（early childhood special education）环境。让学前特殊儿童在开办于正常幼儿教育机构或其他社区环境之中的特殊教育班接受所有的特殊教育和相关服务。

上述两种环境可看作学前全融合教育，即学前特殊儿童和普通幼儿在同一环境游戏、学习和生活。

非全日制早期普通教育/非全日制早期特殊教育（part-time early childhood/part-time early childhood special education）环境。让学前特殊儿童部分时间在上述二者的环境中接受特殊教育和相关服务。

上述环境可看作学前半融合教育，即学前特殊儿童部分时间和普通幼儿一起游戏、学习和生活，部分时间去特殊班或康复训练中心。

居家（in home）环境。让学前特殊儿童在家中接受特殊教育和相关服务。

特殊学校（separate school）环境。让学前特殊儿童在专门为其设立的走读制特殊学校中接受教育和服务。

住宿机构（residential facility）环境。让学前特殊儿童在专门为其设立的住宿机构中接受教育和服务。

家庭外的巡回服务点（itinerant services outside the home）。让学前特殊儿童在幼儿园、医院或其他地点接受短期（每周不超过 3 小时）的特殊教育和相关服务。

上述四种环境可看作学前非融合教育，即学前特殊儿童没有时间和普通幼儿一起游戏、学习和生活。

反向融合（reverse mainstream）环境。自 1980 年在纽约州的北西拉鸠斯市中心区域开始实施。指普通幼儿在获得其父母的允许后，进入安置重度多重学前特殊儿童的班级，从周一至周五，早上 9 点至下午 2 点都在一起学习，普通幼儿占比至少为 50%。

如图 3－1－2 所示，34%的学前特殊儿童被安置在普通教育环境中，32%被安置在早期特殊教育环境中，全融合教育占比 66%；16%被安置在非全日制早期教育环境中，半融合教育占比 16%。将全融合与半融合相加，学前特殊儿童接受学前融合教育的比例为 82%。除此之外，10%被安置在巡回服务点，其他环境安置所占的比例较少，总共 8%，其中特殊学校和住宿机构安置的全纳程度最低。这两者相加，学前特殊儿童接受学前非融合教育的比例只占 18%，且呈进一步下降的趋势。

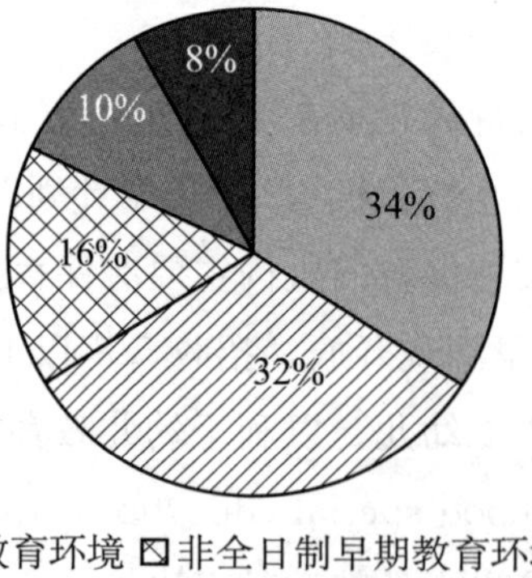

图 3－1－2　美国学前特殊儿童接受学前教育的各种环境比例

不管学前融合教育实施形式如何，评价学前融合教育成功与否，都有一定的标准，概括地说，可以从能否被所有的学前儿童接受、学前儿童是否从这样的教育中获益、父母和参与者对其结果是否满意等方面进行评价。

（四）学前融合教育模式运用的策略

美国在实施学前融合教育时，各种策略精彩纷呈，但其最有特色的策略可归纳如下：

（1）有目的地投放材料。重视向学前特殊儿童以及普通幼儿投放可引发他们开展社会游戏和合作的材料。

（2）实施内隐化辅助教育。所谓“内隐化辅助”，是指将需要学前特殊儿童掌握的相关信息渗透在游戏或生活中，以利于他们在不知不觉中浸润式地掌握相关技能。如将他们的照片和名字贴在他们的座位上，日复一日，就会增强他们的自我认知。

（3）加强视觉化教育。采用视觉提示，提供有限的、有明确定义的选择内容，当学前特殊儿童能够很熟练地做出选择时，隐去提示和增加选择项目数。

（4）以同伴学习为主体。通过提供多套材料，为各小组学前儿童设计空间和活动，以增加同伴榜样示范机会。让同伴坐在学前特殊儿童附近，提示学前特殊儿童观察并模仿同伴，并训练两类学前儿童启动交流，当他们这样做时表扬他们。

（5）增强语言线索。通过选定语言符号来帮助学前特殊儿童理解和表达他们的情绪，通过示范行动来描述目标行为，鼓励学前特殊儿童运用言语线索解决问题。

（6）强化直观教育手段。给予特殊幼儿更多的口语、手势、图画式以及部分肢体语言的提示。当需要更多直观教育策略时，也给予完全的身体操作。

（7）及时反馈，增强信心。给学前特殊儿童提供即时反馈，以鼓励他们有更多适当的或者理想的行为产生，并使成人的反应与学前特殊儿童具体的能力和功能水平相匹配。

从上述策略来看，美国十分重视个别化教育，强调为特殊幼儿提供与发展相适应的教育经验，鼓励评估与课程选择的紧密联系。充分认识到学前儿童主体活动、情境相关经历的重要性和价值，强调学前儿童对活动的参与。重视学前儿童与他人的社会互动和社会适应能力的发展，重视教师对学生行为的反馈，强调师生互动的价值。

二、启发性思考

美国的学前融合教育模式从理念到实践都给我们带来有益启发。

（一）理念上的启发

美国的学前融合教育模式在理念上给我们的启发是需要思想的碰撞、理论的争鸣。

由于学前儿童本身就具有很大的发展差异，有特殊教育需要的幼儿，其发展速度和形式上的个体差异就会更显著，所以没有任何一种理论或理念能做到放之四海而皆准，也无法适宜每一个学前儿童。因此，我们需要对各种理论和理念的精华兼收并蓄，根据国情、园情及学前儿童的个体情况灵活运用这些理论和理念，以期取得最佳效果。

（二）实践上的启发

美国的学前融合教育模式给我们的实践带来以下启发：

首先，应主动发现学前特殊儿童。由于家长对孩子发展异常的概念认识不清晰，往往错失了最佳干预时间。因此，我们须及早主动地去发现那些有发展高危或发展障碍的婴幼儿，如在社区设点，通过定期的早期筛查去发现这些学前特殊儿童，做到及早干预。

其次，须精细评估学前特殊儿童。发现这些有特殊教育需要的学前儿童后，必须进行医学、心理和日常等多维度的评估，只有立体地了解学前特殊儿童的身心发展现状和发展障碍的类型和程度，才能进行妥善的安置。

最后，须运用适宜发展的教育策略。美国在学前融合教育模式上所运用的“内隐化辅助教育”“视觉化支持”“及时反馈”等策略，都非常符合学前儿童特别是学前特殊儿童擅长视觉信息处理、习惯于具象性思维等发展特点。

第二节　英国的学前融合教育模式

对英国的学前融合教育模式，我们也将从模式概览和启发性思考两方面来分别阐述。

一、模式概览

英国的学前融合教育模式主要由三部分构成：人员配备、教学方法和个案研究。

（一）人员配备

英国为保障学前融合教育的切实进行，首先从人员配备上做了充分考量。

1. 特殊教育需要协调员

按照英国教育与技能部门的规定，特殊教育需要协调员（special educational needs co-ordinator，SENCO/INCO）扮演着重要的角色，他们调动和协调托幼机构、班级资源并与具有特殊教育专业背景的教师一起，为提高教师教学和学前特殊儿童学习的质量出谋划策。

在学前融合教育发展过程中，特殊教育需要协调员的职责也发生了变化，逐渐以“融合”为导向，具体表现为：从以前只关注个别有特殊教育需要的幼儿到关注不同幼儿的课堂学习；从诊断评估到与其他相关人员共同合作，为学前特殊儿童解决困难，评估其学习情况；从关注孤立的特殊托幼机构/班的安置到融合式的教学和学习方法及策略；从单独工作到共同参与、团队合作；从传统的教师角色到承担责任，拓宽视野，为学前特殊儿童发展寻找新的机会。而在具体教学中，特殊教育需要协调员承担更多任务：根据学前儿童特点提出课程安排建议，为学前儿童提供可获得的资源；帮助教师满足学前儿童的不同需要；对融合教学及学习方法提出建议；为学前融合班教学实践作示范；监测学前融合教育政策的实施质量及效果，遵循学前融合教育政策，确保国家课程的实施；为学前融合教育工作者提供专业建议；帮助其他教师处理好与学前特殊儿童及特殊教育工作者之间的关系；为学前特殊儿童提供服务及为教师提供专业培训，检测学前特殊儿童学习效果；与学前特殊儿童家长保持合作关系；与其他教师合作并发展其专业技能。

2. 学习支持教师

学习支持教师（learning support teachers，LST）的聘用以及对其基金资助的方式在很大程度上影响了学前融合教育实践的成功。许多学习支持教师并不是真正意义上的教师，但在学前融合教育过程中，人们往往对他们寄予厚望。因为这些教师具备了专业的技能，能满足学前儿童的不同需要，并能配合教师帮助学前儿童参与学习活动。除了掌握技能，学习支持教师还了解学前儿童的不同需求，与教师探讨对学前特殊儿童所进行的有效课程安排。同时，还经常使用开放式问题向学前儿童提问，鼓励学前儿童讨论所学的知识及他们所理解的内容，为学前儿童提供分享观点、展示自己所学知识的机会。学习支持教师同时还记录学前儿童的学习成果以及所提供的支持对学前儿童产生效果的情况。此外，学习支持教师经常与任课教师沟通，互相合作，共同促进学前儿童的发展。

（二）学前融合教育教学方法

在学前融合教育过程中，教师和相关人员的支持是决定教育成败的关键因素。自“学前融合教育”概念提出以来，英国的学前特殊儿童教育日益受到关注，对他们所进行的学前融合教育也逐步提上国家立法及政策制定的议事日程。学前特殊儿童逐步走进普通托幼机构，参与普通同伴的学习活动。英国在开展学前融合教育之时，为确保学前特殊儿童接受有效的教育，运用了一些切实可行的方法，如全方位融合教学法和循环融合教学过程。

1. 全方位融合教学法

英国的学前教育工作者注意充分发挥学前特殊儿童学习的积极性，全方位调动学前儿童能力，进行有效的教学（见图 3-2-1）。

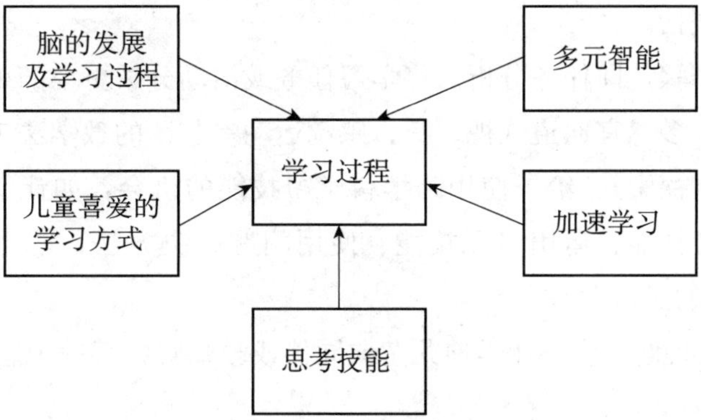

图 3-2-1　聚焦学习过程的全方位融合教学法

在教学过程中，教师注重学前儿童的多元智能参与，通过学前儿童喜欢的教学方式吸引他们参与到学习或活动过程中，并引发他们思考问题，培养他们这方面的技能。对于在某些方面表现较突出的学前儿童，教师采用加速学习的教学方法，提高学前儿童学习或活动的难度，调动每个学前儿童的积极性。针对具有不同特殊教育需要的学前儿童，教师采用的教学策略也各不相同。如：对特别需要培养“听”方面技能的学前儿童，教师主要采用讨论、口头反馈、调查报告、访问等方法；对需要提高视觉方面能力的学前儿童，教师主要采用播放录像、聚焦、画画，将事物呈现给学前儿童，使用头脑风暴等方法；对需要加强运动感觉能力的学前儿童，教师经常采用让学前儿童触摸教具、实际操作、搭建、调查、做实验等方法，提高学前儿童对活动以及教学内容的理解和掌握。

2. 循环融合教学过程

教师在教授学前儿童某一系统的知识内容时，常采用图 3－2－2 所示的温故知新的教学过程，以帮助学前儿童更好掌握新的知识。通常，一个完整的教学过程分为八个环节并形成一个循环。

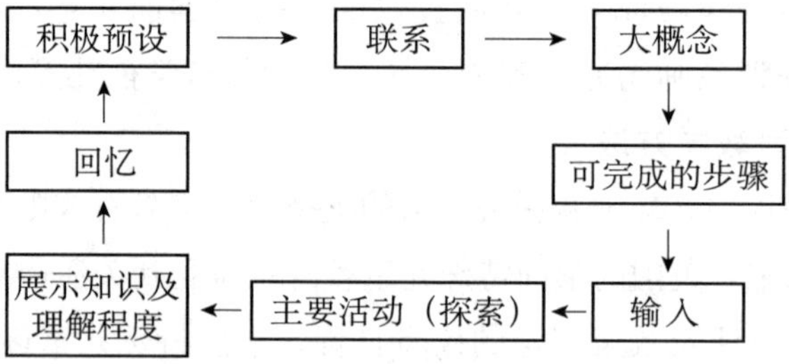

图 3－2－2　循环融合教学过程

（1）积极预设。设置恰当氛围让学前儿童进入积极的学习准备。此时要确保学前儿童如自闭症幼儿的情绪安全，使他们尽快进入学习状态。

（2）联系。将新的知识与先前的学习或知识联系起来。

（3）大概念。对所要学习的内容进行概述，让学前儿童形成大致印象，对学习目标或所期望的结果进行概括。

（4）可完成的步骤，即任务分析。将学习任务或活动分成更小的单元进行。

（5）输入。运用多感官通道（视、听、感觉运动参与）的教学法。

（6）主要活动（探索）。给予使用跨学科学习技能的机会，如让学前儿童做实验、向同伴调查、使用思考技能、运用多元技能、使用问题解决方法、使用全大脑学习方法等（学前儿童作为积极的学习者）。

（7）展示知识及理解程度。让学前儿童向同伴或教师解释某一观念，或举出所学知识/游戏活动的内容。

（8）回忆。总结学习内容或游戏活动，巩固学前儿童记忆。

（三）干预策略与个案研究

在英国学前融合教育中，对于不同类型的学前特殊儿童有不同的个别干预策略。

1. 对言语障碍和自闭症幼儿的干预策略

由于言语障碍幼儿和自闭症幼儿比较常见，因此简要介绍英国对这两类学前特殊儿童的干预策略和方法。

（1）对言语障碍幼儿的干预策略。

言语技能是学前儿童认知、社会性发展、情绪、自我概念等各方面发展的重要基础，也是在学前教育中使用最普遍的教学媒介。没有言语技能，学前儿童的发展将受到极大的限制。一些学前儿童由于语言能力局限，常常避免与人交往以防止受挫。对于这类学前儿童，英国的教师经常鼓励并支持学前儿童，以促进他们交往技能的发展。在干预过程中，教师与多学科专家小组根据每一个学前儿童的情况，有针对性地制订个别化教育计划，并配合言语治疗师的指导要求给予正确的语言示范，在学前儿童游戏过程中提高学前儿童的记忆力，发展他们的注意力和自由对话能力。

对于言语技能低下的学前儿童，教师则利用“马卡顿”（Makaton）系统来帮助学前儿童发展言语技能。“马卡顿”系统是一种针对语言交流困难学前儿童而设置的交流系统，由一系列手势或图示以及语言构成，通常由言语治疗师根据学前儿童的情况而设计。

通过使用这套系统，教师和家长可以利用手势及其他视觉线索与学前儿童交流信息。对于表达性言语有困难的学前儿童而言，这套系统能够给他们提供更多的支持，让他们不必完全借助口语来进行交流。

（2）对自闭症幼儿的干预策略。

自闭症幼儿的社会技能、想象能力和交往技能的发展与普通的学前儿童有很大的差距。他们对周围的学习环境、人际环境往往表现冷漠，很难与他人建立友谊，看似生活在自己的世界里，很少主动与外界交流接触。

在英国学前教育中，对于这类学前儿童的干预常采用一般与其他方法相结合的策略。对于自闭症幼儿而言，任务必须清晰明确，因此，在一般方法中，教师为学前儿童制定严格的日常作息表，保持高度的结构化和一致性。当学习某一内容时，教师通常要求学前儿童将相关的照片或小图片贴在学习板或展板上；当某一任务完成时，将其移除，放入“已完成”的盒中，让学前儿童明确已完成的任务及将要学习的任务。为帮助学前儿童养成独立学习的能力，教师在所有与所学主题单元有关的资料上贴上关键词，并按一定结构整理。例如，将与学习主题有关的教具按一定顺序放在学前儿童左边的篮子里，然后让学前儿童根据学习进程将教具依次移入右边的篮子里。

有时，教师也运用其他方法。例如，扩展学前儿童想象游戏，即训练者模仿学前儿童的游戏，一旦得到学前儿童许可，就将游戏活动加以拓展，进行反复示范，吸引学前儿童模仿，使学前儿童意识到可以和他人一起分享游戏活动及由此带来的喜悦；特殊环境的设置，即给学前儿童营造安静的氛围，一对一训练，避免额外的刺激及干扰注意力的因素，使学前儿童集中注意；夸张的示范，即训练者夸张地使用肢体语言、面部表情及手势语，鼓励学前儿童注意这些夸张的动作并理解各种姿势表情。

此外，一些特别强调结构化、正向的期望、移情、与父母合作干预的方法也广泛应用于自闭症幼儿的训练中。这些方法关注学前儿童的个体差异及不同的学习需要。干预时，注重学前儿童交往等社会技能及想象力的发展。结构化是训练的基础。该方法的核心是使用低唤醒的学习环境对学前儿童的“自我世界”做出理解和反馈。父母及专家的密切参与和配合是干预取得成功的关键因素。日常生活治疗法也得到普遍应用，这有赖于治疗小组的共同合作，重点在于使自闭症幼儿保持稳定的情绪，鼓励学前儿童参与体育运动以刺激大脑，促进身心健康发展，通过运动帮助学前特殊儿童建立与他人的社交关系，使学前儿童接受他人，并将与他人的交往作为生活的一部分。这种方法需要全天候实施，延续至家庭中。

2. 学前融合教育个案

英国各地教育模式不同，因此，学前融合教育也没有统一的模式。有些地区在独立的幼儿园内开设学前融合教育，有些地区则将学前教育纳入小学教育体系。前者办学形式在我国较常见，后者则较少。下面将对英国在某小学内的学前融合教育进行简要介绍，该个案曾被英国政府作为学前融合教育的交流案例。

（1）个案背景。

该托幼机构坐落于英格兰一个名叫米德兰斯的小镇上。目前，有 400 多名 4～9 岁儿童就读，其中 36 名重度学习困难的学前儿童在特教班学习，另有 80 名有其他特殊教育需要的儿童在普通班学习。80 名儿童被分成两组。A 组儿童程度相对较好；B 组程度较差，需要额外辅导及资源的支持，这些儿童有不同程度的听力障碍、注意缺陷多动障碍、自闭症、情绪行为障碍导致的攻击性行为等。该教育机构为每个特教班配备一名专职教师和一名保育员，同时保育员还兼任学习支持教师。学前融合班共有 7 名一般学习支持教师和 2 名专门解决学前儿童特殊需要的学习支持教师。

教育机构以学生为本，注重为学前儿童创造良好的学习氛围，如教学楼墙上布置了学生的美术、照片、书画等作品，或者贴满与课程有关的各种有趣物品。教室及走廊两边也布置了各种充满童趣的图片等。机构里也有很多书籍以及供学前儿童游戏的玩具等。针对学前特殊儿童，托幼机构倡导同伴间的互帮互助，主张普特学前儿童结对，共同参与活动。学前儿童家长积极地参与托幼机构活动，与教师密切配合。

（2）教学实践。

教学实践包含了对国家课程的实施、对学前特殊儿童的安置以及融合的形式。

①国家课程的实施。所有学前儿童学习国家课程。相应年龄段的学前班与学前融合班教师共同商讨，为学前儿童制订长期、中期及短期计划。此外，相应两个班级由不同的学科协调人负责课程的实施，教师及各科协调人相互合作，确保学前儿童学习知识。教师和

协调人每日对学前儿童作观察记录，将每周总评作为参考，考虑是否让学前特殊儿童转入学前融合班，如此，当学前儿童在两个班之间转学时，教师也能很好地掌握学前儿童的情况。

在教学实施过程中，教师和协调人根据学前儿童的特殊需要及特点制定不同的学习目标。如对于学前融合班的学前特殊儿童，他们可能和普通学前儿童一样需要掌握整个主题内容，但特教班的学前特殊儿童只需掌握其中的某一个单元。总之，在学习活动过程中，教师和协调人会根据学前儿童实际情况，适当降低学习目标，让他们取得成功。

②对学前特殊儿童的安置。虽然所有的教职人员提倡学前融合教育，但只有在学前融合班能够取得进步的学前儿童才适于接受学前融合教育。教师提到了如下的事实，即学前特殊儿童在特教班可能很有自信，而一旦转入学前融合班后，虽然能够上课，但不能参与课堂活动，学习效果不佳。因而，额外的支持是必要的。教师认为只有当自己的水平提高，为学前融合班提供更多更好的支持时，学前特殊儿童才能在学前融合班取得进步。

③全融合和非融合。在该校中，所有音乐、文体活动都是融合的。但在活动前，学前特殊儿童可能需要先接受单独的训练，以便熟悉融合活动。此外，学前特殊儿童还参加托幼机构专为他们设置的活动，如乡村舞蹈等。在学习过程中，“非融合”的现象也会发生。所谓非融合，即学前融合班的学前特殊儿童进入特教班学习某些活动。例如，一些在字、词以及数字的学习方面有较大困难的学前融合班幼儿常常转入特教班，接受这些方面的训练。这种形式的融合不仅为学前儿童间的共同学习和活动提供了机会，同时也让学前融合班的学前特殊儿童能通过在特教班学习提高自信心，并帮助比自己更困难的特教班同伴，促进交流。非融合活动也减少了两类班级课程学习的差异。

(3) 对教师的支持。

对教师的支持体现在两个方面：专家的支持和教师的培训。

①专家的支持。当地政府派选不同领域的专家在托幼机构进行巡回指导，主要包括以下专业人员：言语治疗师、医生、感觉运动发展方面专家、教育心理学专家、监管检查托幼机构教育实施的专员。其中言语治疗师主要负责学前儿童语言方面困难的鉴别、制订计划并监测学前儿童的进步情况，而言语治疗技术指导人员与托幼机构教师共同实施计划。这种模式在英国正日益普遍。医生主要为父母制订育儿计划，并在托幼机构和父母交流学前儿童情况。感知运动发展方面专家主要为托幼机构内听力障碍学前儿童提供帮助，如帮助托幼机构设计室内教学助听系统。教育心理学专家为学前儿童的学习提供指导建议。

②教师的培训。该校在为教师尤其是资深教师提供相关的在职培训时存在困难，即使参加了在职培训，教师也发现培训者更关注托幼机构所采取的措施，而并非提供指导性的发展托幼机构课程。教师认为应提供一些专业方面的培训，帮助他们顺利适应工作，提高工作信心。目前，一套针对新教师的专业培训计划已在英格兰地区实施。

托幼机构同时也考虑对学习支持教师进行培训。尽管当地政府已对他们作了一些培训，但托幼机构认为他们所接受的培训很少且有局限，并不能够满足教学需求。后来，当地政府对培训课程作了认定，并指出要大力推进对学习支持教师的多方面培训。

二、启发性思考

英国的学前融合教育模式以其落实到人、落实到教学方法的特色而引发我们的思考。

（一）关于人员配备

英国的人员配备在“协调”和“支持”上做文章。除了在各种托幼机构或干预机构中有专职的教师和工作人员，还根据学前特殊儿童的需要进行相应的人员协调与支持，这样的人员配备既科学又充满人性的关怀，给我们带来不小的启发。

（二）关于教学方法

“全方位”和“循环”是英国学前融合教育模式中最具特点的两大关键词。通过解读这两个关键词，我们可以品味其中的奥妙。

（1）全方位融合教学法带来的思考。

英国的全方位融合教学法的核心是全面关注学前特殊儿童的学习积极性，以他们喜爱的学习方式、擅长的学习能力来设计教学。这样的教学方法以“投其所好”为着眼点，让学前特殊儿童更多地体验成功投身于学习之中的乐趣。这种方法值得我们借鉴。

（2）循环融合教学过程带来的思考。

英国的循环融合教学过程起点在于“积极预设”，就是让学前特殊儿童能获得情绪上的安全感，继而通过大量的回忆和联系等连接新旧概念，促进其认知发展，做到“以情促智”，让积极的情绪成为学前特殊儿童认知的润滑剂，颇有新意。

第三节　德国的学前融合教育模式

限于资料，在此只聚焦德国不来梅州的学前融合教育模式加以阐述①。不来梅州是德国最早创办和发展学前融合教育的州之一，迄今已经有 30 多年的发展历史。

一、模式概览

根据我国学者虞永平教授的定义，学前教育课程是指为了实现一定的教育目标，有效

---

① 曹漱芹．概观德国不来梅州学前融合教育［J］．中国特殊教育，2006（5）．

地利用身边一切资源而进行的一切教育活动的总和。学前融合教育要从理念走向实践，课程的建构是关键，同时又需要切实可行的教学方法。德国不来梅州的学前融合教育模式主要特点也正在于此。

（一）学前融合教育中的课程

德国的学前融合教育着力于课程的建构，“共同课程”与“差异化课程”并存。

1. 学前融合教育中的“共同课程”

一个课程的建构，必须有其独特的理念支撑和具体内容的铺陈。

（1）“共同课程”蕴藏的理念。

超越个体间差异，遵循学前儿童身心发展的一般规律，让所有的学前儿童获得相同期许，是“共同课程”所秉持的主要理念。

德国不来梅州所创建的“共同课程”之所以值得特别推荐，是因为该课程对传统的学前融合教育课程有所突破。传统的学前融合教育课程见图 3－3－1。

图 3－3－1　传统的学前融合教育课程

如图 3－3－1 所示，在传统的学前融合教育模式中，普通幼儿园的课程大都只为普通幼儿单独设计，为了兼顾特殊幼儿的需要，才在普通学前教育课程的基础上“补充”和“附加”一些特殊课程（如言语训练课程）和特殊资源（如辅助教师）。然而，这一补充式的课程设计往往造成特殊幼儿与普通幼儿在课程学习上的脱节：特殊幼儿主要在资源教师等附加资源的支持下单独接受个别化教育计划，学习部分课程内容，而无法同步学习普通幼儿课程并从中受益。这种在原有普通课程基础上进行补充的做法隐含了一个假设：现有托幼机构的组织结构，尤其是学前特殊儿童教育与普通幼儿教育的关系是稳定的、不可变的。这实际上造成了对有特殊教育需要的幼儿的“课程排斥”。学前融合教育要实现全体幼儿的“全面参与”之目标，必须首先解决课程这个问题，至关重要的措施便在于设计和实施一个能适宜所有学前儿童的课程，即“适应多元差异的共同课程”。只有确立了这个课程，所有学前儿童才会被赋予相同的期许。实施一个“适应多元差异的共同课程”是学前融合教育的必然要求。

（2）“共同课程”的主要内容。

“共同课程”以全体幼儿生理、心理一般发展特点为基础，将课程内容划分为“韵律和音乐”“身体和运动”“游戏和想象”“言语和非言语交往”“社会学习、文化和社会”“搭构和塑形”“自然、环境和技术”七大领域。虽然德国与中国拥有不同的政治、文化背景，但其针对全体幼儿的“共同课程”包含的七大领域却可以与我国教育部 2012 年颁布的《3～6岁儿童学习与发展指南》（以下简称《指南》）部分内容匹配。为便于理解，以图3－3－2表示“共同课程”聚焦的七大领域与《指南》聚焦的五大领域的匹配度。

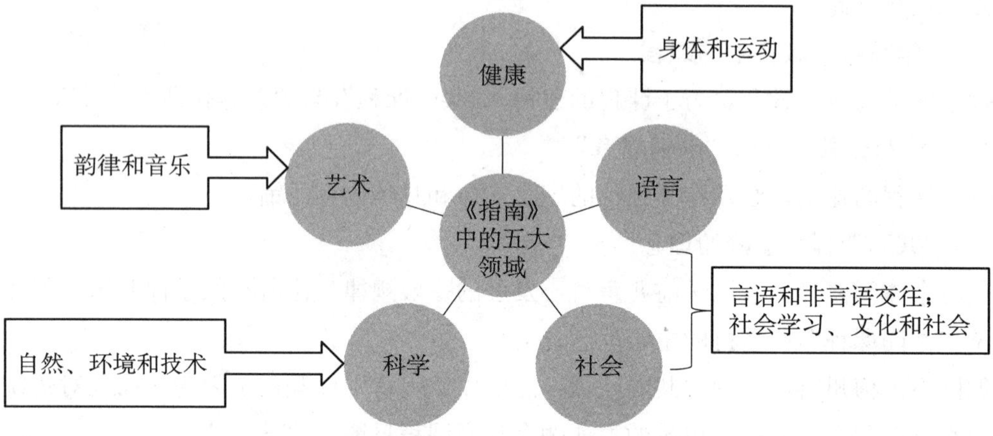

图3－3－2　《指南》与“共同课程”的领域匹配度

图3－3－2的灰色圈是中国教育部颁布的《指南》中的五大领域，方框则为德国“共同课程”聚焦的领域。从图3－3－2中不难看出，德国“共同课程”中的五个领域与中国教育部颁布的《指南》高度吻合。“共同课程”剩余的“游戏和想象”和“搭构和塑形”两大领域则可归为幼儿园游戏中的“装扮游戏”和“建构游戏”，中国教育部颁布的《指南》明确提出，幼儿园要珍视生活和游戏的独特价值。至此，可以清晰地看到德国的“共同课程”与中国的《指南》都聚焦了学前儿童的一般发展规律，具有异曲同工之妙，也符合研究者所指出的，学前融合教育重要的实践特征之一就是应致力于鼓励全体幼儿的交流和参与。

2. 学前融合教育中的“差异化课程”

如前所述，课程的灵魂在于理念，课程的血肉在于内容。

（1）“差异化课程”蕴藏的理念。

根据学前儿童特别是学前特殊儿童的个体差异来创建和实施课程，以适应每个幼儿特定的学习能力和需要，乃是德国不来梅州建构“差异化课程”秉持的主要理念。

在共同的课程框架和活动之下，教师同时需要从每个幼儿身心发展特点出发，对课程内容进行思考和调整。“差异化课程”强调充分地考虑个别差异并使课程的内容和教学方式与学前儿童的学习风格和需要相匹配，力争为所有的学前儿童提供参与机会并使其在课程中取得进步，而这一理念在课程中是通过“分化”这一途径加以实现的。“分化”是近年来以英国为代表的欧洲国家在实施融合教育过程中盛行的一种有效的课程调整方法。

（2）“差异化课程”的“分化”内容。

“差异化课程”中“分化”的主要内容见图3－3－3。

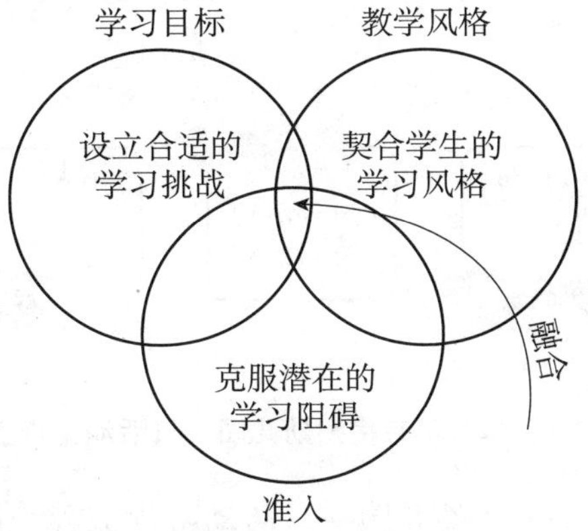

图 3-3-3　“差异化课程”中的“分化”

资料来源：曹漱芹．概观德国不来梅州学前融合教育［J］．中国特殊教育，2006（5）．

图 3-3-3 显示“差异化课程”中的特色就是有“学习目标”、“准入”和“教学风格”三个“分化”。下面对这三个“分化”逐一说明。

“学习目标分化”指的是教师要确定某一特定个体或群体所要达到的学习目标，并相应地调整随后的解释、示范、提问和任务，以使幼儿能够达到这些目标。在德国不来梅州学前融合教育的“差异化课程”中，“学习目标分化”是指教师为每一位幼儿在身体运动、语言、社会发展、认知等各个方面的发展制定有针对性的短期目标。在课程中，教师往往参照幼儿短期目标安排不同的任务，这也被称为“宝塔错位法”。以“画小鸭”活动为例，对于绘画能力较强的幼儿，目标是能够独立画出小鸭子的形状；而对于绘画能力较弱的幼儿，目标就是能在已画出小鸭子轮廓的图画中涂色；对于连涂色都有困难的幼儿，目标则可能是只要幼儿愿意参与到活动中，即使信笔涂鸦也可。

“准入分化”指的是为有特殊教育需要的幼儿找到合适的“准入”普通课程的途径，以使其克服学习上的障碍。此时，全体幼儿学习的是同一课程内容，只是特殊幼儿的学习途径与其他幼儿不同。例如，视力障碍幼儿可以通过音频来完成课程的学习，而无法进行口语表达的特殊幼儿则可以通过一个语言电脑装置表达其需要。

“教学风格分化”指的是教师在安排课程内容时要考虑不同幼儿的学习风格，并尽力使课程内容与幼儿的学习风格相匹配。例如，为偏爱视觉学习的幼儿提供图形示范，为偏爱听觉学习的幼儿提供口语解释，为注意力集中时间短的幼儿提供短的任务，为注意力集中时间长的幼儿提供长的学习任务等。

（二）学前融合教育模式中的教学

不来梅州学前融合教育模式中最引人注目的就是“嵌入式”教学法。

1. “嵌入式”教学法的含义

所谓“嵌入式”教学法，就是指将课程目标嵌入日常的保教活动中，特别是渗透在一日活动常规教学中。为便于理解，用图 3-3-4 表示不来梅州幼儿园一日活动常规流程。

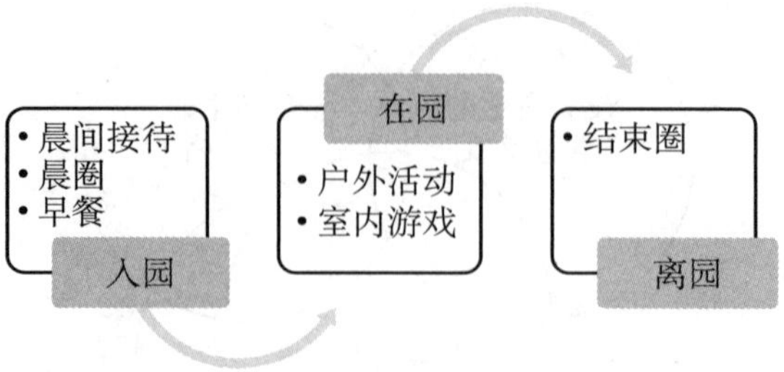

图 3-3-4　不来梅州幼儿园一日活动常规流程

如图 3-3-4 所示，不来梅州幼儿园一日活动常规流程为晨间接待、晨圈、早餐、户外活动、室内游戏和结束圈。对学前特殊儿童的教育目标就是通过植入这些固定的常规活动加以实现的，有特殊教育需要的幼儿不需要单独接受额外的特殊训练。以肢体障碍幼儿的运动教学为例，教师和专业人员强调在常规的“运动”和“游戏”活动中发现肢体障碍幼儿的能力和兴趣，并结合课程目标给予及时的支持，而不是只针对这些幼儿进行直接的运动干预训练。

2. “嵌入式”教学法的意义

研究表明，“嵌入式”教学法在学前融合教育中的意义主要体现在以下两个方面：

（1）增强趣味性。由于将教育干预目标渗透在一日常规的生活活动和游戏活动中，避免了有特殊教育需要的幼儿专门被区分出来接受枯燥的特殊干预训练，能够充分激发特殊幼儿的兴趣，从而增强教学效果。

（2）强化常规性。由于将教育干预目标渗透在一日常规中，每天在固定时间重复同类活动，可以使特殊幼儿更快地适应和更好地投入各项活动之中，这也将有助于普通托幼机构教师在没有特殊教师配合的情况下同样能够担任起全体幼儿的教学任务。

二、启发性思考

德国不来梅州的学前融合教育模式给我们最大的启发就是其课程建构和教学方法。

（1）课程建构的启发。

在实施学前融合教育过程中，建构课程时必须既注重共性又注重个性，这就是德国不来梅州学前融合教育模式给我们最大的启发。“共同课程”注重所有幼儿身心发展的一般规律，而“差异化课程”则关注到每个幼儿的个体发展特点。我们在建构课程时也必须同时兼顾幼儿的共同发展和独特发展需要，唯有如此，才有可能将学前融合教育的效果最大化。

（2）教学方法的启发。

“嵌入式”教学法是德国不来梅州学前融合教育模式给我们的最大启发。运用此“润物细无声”的教学方法，最易被学前儿童特别是学前特殊儿童接受。因此，我们在实施学前融合教育时，也应该充分考虑所有幼儿的需求，保证信息的易获得性、采用生动有趣而不是消极被动的教学方法至关重要。

第四节　瑞典的学前融合教育模式

处于北欧的瑞典，在其创建学前融合教育模式时，有独特的做法①。

一、模式概览

瑞典的学前融合教育模式有三个特点：一是对学前特殊儿童的名称界定和认定，二是对教师的全面培训，三是家长学校课程的建构。

（一）“特殊支持需要儿童”概念

尽管美国、英国、德国在过去的岁月中致力于学前融合教育法规的颁布以及教育实践的探索，但对学前特殊儿童的界定从“残疾”到“残障”，再到“有特殊教育需要的儿童”，始终没有从“支持”的角度来界定他们，但瑞典做到了，提出全新的“特殊支持需要儿童”概念。

1.“特殊支持需要儿童”概念蕴含的理念

任何称呼都是主观上对关系认知的结果。瑞典在称呼上从“特殊需要儿童”改为“特殊支持需要儿童”，看似只增加了“支持”一词，但其背后的理念却是尊重幼儿、强调支持。

（1）基于学前儿童视角。何谓教育学意义上的“基于学前儿童视角”？对此虽然查不到现成的解释，但从图 3－4－1 的三幅漫画中或许会找到一点思路。

图 3－4－1　教育学意义上的“基于学前儿童视角”

从三幅漫画中我们可以归纳出“基于学前儿童视角”，就是能站在学前儿童角度思考问题，让他们成为学习的主人，教师、家长只是根据他们的发展需要和擅长的学习方式提

① 缪学超．瑞典发展学前融合教育的新举措及其启示［J］．学前教育研究，2015（8）．

供全方位支持。

(2) 基于组织架构视角。从这一视角出发，有效地整合学前融合教育工作者，有效地利用学前融合教育的时间，合理地运用资源，立体地支持那些有特殊教育需要的学前特殊儿童。其中，“学前融合教育工作者”强调能提供何种支持以及这些支持对学前儿童将产生哪些影响；“时间”则强调为学前儿童提供特殊支持所需的时间；“资源”指为确保学前特殊儿童参与学前教育而做的准备。

2. “特殊支持需要儿童”概念蕴含的内容

“特殊支持需要儿童”涵盖三方面的内容。第一种指所有学前儿童都需要特殊支持，因为“特殊支持需要儿童”这一概念并未预定人群，也未揭示哪类儿童应比其他儿童获得更多支持，况且支持既可能是临时性的，也可能是永久性的。第二种是指那些已被医疗机构或社会服务机构认定为有特殊教育需要的儿童。第三种是指需要提供额外支持的学前儿童。这些幼儿受社会、情感、心理和身体等因素的影响，需要给予额外支持才能正常度过托幼机构的生活。

(二) 为促进学前融合教育的教师教育

在瑞典，针对“特殊支持需要儿童”的教育主要在普通幼儿园中进行，因此，其学前教师教育开始强调面向所有学前儿童的教师培养培训，在教师教育中理念先行，继而提升教师面向所有学前儿童的教育能力。

1. 主要倡导的理念

从 1977 年起，瑞典在学前教师教育中强调以发展心理学为主导、社会联系、师幼互动、同伴互动以及学前儿童幸福，以满足学前特殊儿童教育的需要。十年后，瑞典政府在其专门为幼儿园提供的教学法项目中指出：幼儿园的设立应面向所有幼儿，特别要对那些有特殊需要的幼儿负责。与此同时，还特别强调学前教师教育项目应该解决与学前儿童自身相关的问题，因为不同身心障碍的学前儿童需要不同的特殊支持。

2. 组建“特殊教育者”

20 世纪 90 年代末，瑞典政府实施了一项针对整个教育系统的融合教育政策，即组建“特殊教育者”(special educator) 团体。这一群体与“特殊教师”(special teacher) 的区别在于，特殊教师以个人或小组形式直接为托幼机构中的特殊支持需要儿童提供支持，而特殊教育者主要为改善幼儿园和学校的学习环境而努力。面向特殊教育者的培训项目要求申请者具有研究生学历，并且至少有为期 3 年的教学经历。

3. 职前教育强调“融合性”

瑞典自 2001 年起施行的职前教师教育项目将“融合性”教育作为主要目标。

第一，参与并完成融合教育项目培训的职前学生既可选择进入幼儿园，也可选择进入小学附设学前班或义务教育学校一年级任教；第二，在目标上强调学前教师应为所有儿童的成长和发展提供支持，在内容上将学前特殊教育作为普通幼儿教育领域的一部分，要求学生分别在第一、四、七学期进行学习，目的是使他们在面对不同幼儿时具备学前融合教育的理论与素养。

4. 提升教育能力

瑞典为了能深入进行学前融合教育，希望幼儿园教师具备三种基本能力，在此尝试用图 3-4-2 来直观呈现提升教师能力的具体分类和内容。

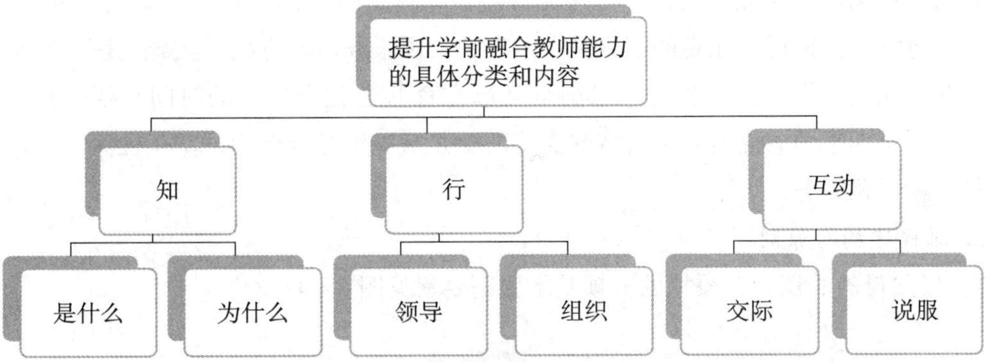

图 3-4-2　瑞典实施学前融合教育的教师应具备和提升的能力

如图 3-4-2 所示，实施学前融合教育的幼儿园教师应具备三种能力：第一，知道是什么与为什么的能力，即教师的知识、反思和教育自身的能力；第二，知道如何做的能力，即教师的领导和组织能力；第三，互动和处理关系的能力，即教师的交际和说教能力。这三种能力维度之间具有一定的相关性。

5. 对教师的新要求

2010 年，瑞典出台新的教育法案，对高素质幼儿园教师提出了新的要求。第一，实施学前融合教育的教师应在社会文化视角下，关注所有幼儿对学习和游戏的理解，在语言、自然科学、创造性等不同领域的学习和发展，幼儿参与以及与家长和小学的合作。第二，使用新的融合性教学学位。新教师教育体系的理念是适应社会需要，同时为幼儿园教师进入多种形式的幼儿园做准备。第三，强调幼儿园教师对教学活动的独立责任。2011 年，瑞典引入了一个新的学前教师教育项目，特别强调幼儿园教师对自身教师身份的专业认同，强调幼儿园教师应具备独立开展教学活动的能力，以及为幼儿提供游戏、照顾、发展和学习机会的能力。项目总目标是使幼儿园教师具有知识与理解能力、工作技能以及判断和表达能力，从而使幼儿园走向以学习为导向（learning-oriented）的高水平发展目标。

（三）建构“积极父母教养课程”

构建家长课程是瑞典学前融合教育模式的一大特色。“积极父母教养课程”（positive parenting program，3P）项目于 2009 年被正式引入瑞典幼儿园。它是一个以经验为基础的教养支持性项目，旨在通过为家长提供教养性课程，减少或阻止学前儿童出现行为、情感或发展问题。下面分别从该课程建构的理念、原则及主要内容方面进行阐述。

1. 课程建构的理念

家长是学前融合教育的主要力量，加强家园互动是瑞典在实施学前融合教育时构建家长课程的主要理念。

瑞典在《学前课程》中明确指出，家长对学前儿童的成长和发展负责，幼儿园教师应建立与家长对话的持续性机制，无论在幼儿园内外都能就学前儿童的健康、发展和学习情况与家长进行沟通。为此，瑞典将特殊支持需要儿童预防工作的着力点放在了家长身上，相应地也将特殊支持需要儿童的家庭纳入了有关干预服务与教育项目实施范围。瑞典政府不仅在政策层面提供了大量支持，以满足父母在育儿过程中所需的时间、帮助及其他要求，而且在早期干预方面也力争为特殊支持需要儿童提供融合性的、基于社区和以家庭为中心的早期干预服务。

2. 课程建构的原则

“积极父母教养课程”秉持的五项基本原则要素见图 3－4－3。

图 3－4－3　“积极父母教养课程”秉持的五项基本原则要素

“积极父母教养课程”的建构基于五个关键原则：确保一个安全有趣的环境，创建一个积极的学习平台，坚持一个自信原则（assertive discipline)，建立一种合理期望，确立合适的家长身份。

3. 课程建构的内容

“积极父母教养课程”的内容分为三个等级（见图 3－4－4)。

图 3－4－4　“积极父母教养课程”的分级内容

如图 3－4－4 所示，第一等级是“积极心态”，主要依据项目开展的五项原则塑造父母的积极心态；第二等级主要是教授父母如何培养孩子独立、合作、尊重、自尊等品质；第三等级是教授父母如何帮助儿童合理地表达情感、处理问题和压力等。其中，第二、三等级关注儿童的日常行为问题，是培训的主要内容。

参加过该项目的家长都认为，幼儿园是开展该项目较为理想、积极和可信的平台，原因在于幼儿园既具有一定的权威性，又能呈现类似家庭的氛围。同时，家长们也认为幼儿园教师对孩子已有所了解，可以为家长提供关于孩子的个性化评估。为吸引更多家长参与，有学者建议应进一步引导讨论、正强化以及有效地与儿童进行交流等。通过该课程，特殊支持需要儿童的家长能获得更多的个性化支持。

（四）基于社区和家庭的干预

瑞典政府为特殊支持需要儿童的家庭建立了正式支持、早期干预以及非正式支持相结合的帮扶体系，那就是“基于社区和家庭的早期干预”系统，该系统由市政当局、地区儿童康复中心、幼儿园共同建构和参与。市政当局主要为家庭安排儿童进入哪所幼儿园，提供个性化的支持以及为需要特殊支持的家庭出具证明；地区儿童康复中心为儿童提供定期、持续和免费的医疗、心理、教育以及社会服务方面的支持；幼儿园则主要接纳特殊支持需要儿童入园，并为他们提供多样化的支持。幼儿园作为正式支持体系的一部分，在参与专业人士会议、为特殊支持需要儿童提供学习场所，以及与市政当局、家长、特殊教育者的协作等方面发挥着重要作用。

在早期干预方面，幼儿园与家长、特殊教育者、言语治疗专家以及心理专家协作，为特殊支持需要儿童提供早期干预评估，评估等级是儿童将接受何种早期干预的依据。幼儿园与特殊教育者、心理学者、语言学者为特殊支持需要儿童应该接受何种培训提供了第一手信息，家长可以把个人行动计划与幼儿园相结合，有共同目标，行之有效。

为吸引更多家长参与家园合作以及满足不同家庭类型的要求，幼儿园还通过家长委员会、个人发展性对话、日常工作合作等方式与家庭合作。这些合作能在不同程度上增进各方对学前特殊儿童的理解，同时为他们提供适切的支持，从而有利于促进特殊支持需要儿童的发展。

二、启发性思考

瑞典的学前融合教育模式给我们带来如下启发性思考：

第一，要有基于幼儿的视角。我们在实施学前融合教育时，出发点就应该是“基于幼儿视角”，将有特殊教育需要的幼儿和普通幼儿的兴趣、擅长的学习方式、所拥有的发展特点作为我们制订计划、进行各项保教活动的起始点。

第二，须有全面的教师教育。良好的师资是保障学前融合教育开展的重要条件。不管是职前还是职后，都须将培养有爱心、有能力实施学前融合教育的师资纳入重要的教育计划，并通过各种行之有效的方法来落实这样的教育。

第三，须有积极的家长课程。家长是学前融合教育的主力军，以往的家园互动虽然样式繁多，给家长的心理支持也有不少，但因为没有系统的“积极父母教养课程”，就会东一榔头西一棒槌，要全面发挥家长的力量和作用，为他们建构培养积极心态和传授良好教育方法的课程就显得尤为重要。

第五节　日本的学前融合教育模式

一、模式概览

日本在学习欧美等国的学前融合教育理念和方法上可以说是不遗余力，但直到 20 世纪 70 年代以后才在真正意义上开展了学前融合教育。日本以厚生劳动省[①]所制定的保育所保育指针总则以及文部省[②]制定的幼儿园教育要领总则为依据，在全国范围内进行了学前融合教育的实践——从计划的制订到课程的设置，从园内学前融合教育形态的构成到与社区和专门机构携手建立机制，这些实践以及实践所蕴含的理念有不少值得我们借鉴的地方。

（一）学前融合教育的指针

如前所述，厚生劳动省所制定的保育所保育指针总则和文部省制定的幼儿园教育要领总则至今仍是日本学前教育机构实施学前融合教育的依据。

1. 保育所保育指针

日本厚生劳动省在 1990 年颁布了保育所保育指针总则，主要阐述了以下两个问题：

（1）保育所的定义。

总则指出，保育所是根据儿童福利法对保育欠缺的婴幼儿进行保育的儿童福利设施。所以，保育所提供的一切都必须符合积极促进入所儿童福利的要求。

（2）保育所的基本任务。

婴幼儿在保育所度过的时期是贯彻人的一生发展的人格培养基础的重要阶段，因此保育所要与家庭和社区紧密结合，为儿童营造一个健康、安全及情绪稳定的生活环境；让儿童能在充分发展自我的同时，在活动中促进身心健康。由此，要将养护和教育融为一体，把所有学前儿童培养成有丰富人性的个体。

2. 幼儿园教育要领

日本文部省在 1989 年颁布了幼儿园教育要领总则。要领总则重点强调了教师和幼儿之间必须构筑相互信任的关系，共同创造良好的教育环境，在此基础上要做到以下三点：

（1）促进全体幼儿活动的主体性。

---

① 是日本负责医疗卫生和社会保障的部门。

② 日本的中央教育行政机构，主要负责教育、学术与文化事业。

既考虑让儿童在情绪安定的状态下充分发挥自我、获得发展经验，又以促进幼儿活动的主体性为目的来展开活动。

（2）以游戏指导为中心，综合达成。

能够意识到由儿童自发的游戏，是其获得身心发展基础的重要学习，因此，要以游戏指导为中心，促进儿童的综合达成。

（3）对学前特殊儿童的个性进行发展指导。

考虑到幼儿的发展是身心各个侧面相互作用、经历各种过程形成的，而且每一位幼儿的生活经验不同，因此，须根据有特殊教育需要的幼儿的个性进行发展指导。

（二）学前融合教育的目标

学前特殊儿童的保育目标与普通幼儿一样，但需要针对学前特殊儿童给予相应的照料。考虑到这些幼儿存在发展迟缓或人际关系交流障碍问题，该工作要求保教人员具有相应的专业技能。对学前特殊儿童的保育目标具体如下：

1. 最大限度地发展学前特殊儿童的个性

不是催促学前特殊儿童的成长，而是以他们为主体，既要尊重学前特殊儿童自主性又要重视他们的个性。这里的个性不仅意味着人格，还包括体力、社会性、判断力、理解力等。

2. 学前特殊儿童健康方面的护理

有些学前特殊儿童因为障碍问题，需要特别的医疗护理。保教工作者虽不是医疗专家，但是需要运用小儿保健知识，在医生、护士的建议下，确认学前特殊儿童身心发展的各项指标。

3. 帮助学前特殊儿童养成基本的生活习惯

这里的基本生活习惯包括吃饭、排泄、穿（脱）衣服、睡眠、清洁等。一些存在运动机能障碍的学前儿童自己不能获得这些基本生活习惯的动作，在这种情况下，应利用他们所拥有的机能进行动作练习，保教工作者应该考虑适宜的援助方法。就拿如厕来说，包括一系列的动作：走到卫生间门口→旋转把手开门→脱裤子→坐到马桶上如厕→擦屁股→起身→冲厕所→穿上裤子→洗手→用毛巾擦手→离开卫生间。为了养成这些基本生活习惯，必须把某项行为细化为一个一个的动作，然后制订系统的援助计划。

4. 培养学前特殊儿童的社会性

学前儿童是在亲子关系和同伴关系中，通过日常交流和游戏逐渐认识到自己是社会的一员。同时，他们还懂得了社会并不总是按自己的要求行事，学前儿童所属的集体中也有这样那样的规定。正是通过遵守规则，像游戏一类的活动才得以顺利进行。对于学前特殊儿童来说，社会性也是其培养目标的重要一环，能够与同伴们生活学习在一起，本身就是社会生活的一部分。

（三）学前融合教育实践的基本要点

日本的学前教育工作者特别注意将学前融合教育置于全园的生活情境中，在人际关系和历史连接中进行。

1. 情境中的学前融合教育

日本的学前教育工作者认为，儿童行为的发生并不是单纯的刺激与反应的连接，而是情境中存在的各种要素共同作用的结果。学前融合教育中自然地存在着各种各样的因素，学前融合教育照料情况也各有不同。而这些因素并非简单可以控制，所以必须事先意识到多因素的存在。因此，在研究特殊幼儿行为与普通幼儿行为以及保教人员的行为时，应当认识到是多因素情境导致了行为的发生。

情境中的学前融合教育包含了图 3－5－1 显示的五个维度的内容。

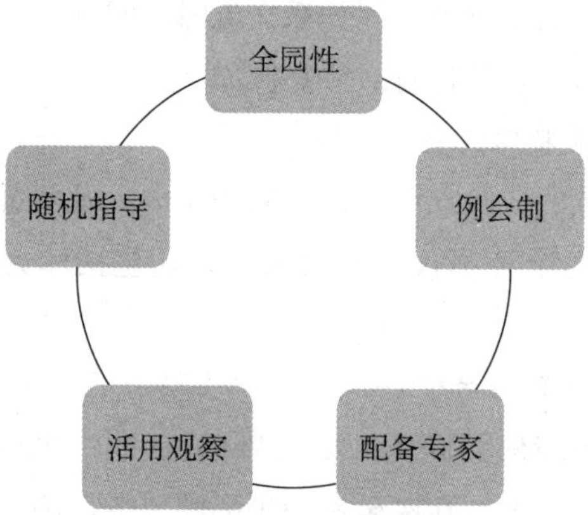

图 3－5－1　情境中的学前融合教育五个维度

“全园性”指的是建立全园制度。为了实现有效的学前融合教育，学前特殊儿童所在园的全体人员要齐心协力。学前融合教育不是某个保教人员的个人责任，必须建立在全体保教人员共同协作的基础上。特别是对于多动症或无法加入集体生活的学前儿童来说，会有很多机会接触到直接保教人员以外的其他人员，保教人员必须在这些儿童的特征和照料上达成共识。

“例会制”指全体保教人员每周一次的协商会议。在例会中，针对有特殊教育需要的幼儿的保教需求，形成全园教师的共识，将幼儿教师从茫然无措的状态中解救出来。

“配备专家”则是在有条件的情况下，配备专任的咨询师等，让这些专家能对包含学前特殊儿童在内的全体幼儿保教工作提出建议，对学前特殊儿童进行个别化评价和指导，给家长一些适宜的建议，给园长支招等。

“活用观察”指幼儿教师要对幼儿，特别是有特殊教育需要的幼儿的活动参与等进行每周一次的观察评估，并根据观察所得及时调整学前融合教育的内容和方法。

“随机指导”主要指根据学前融合教育的实践情况，园长、专家乃至每个教师都可给出适时、适当的指导意见。

2. 关系中的学前融合教育

日本的学前融合教育工作者认为，应当将学前融合教育放在人与环境刺激的相互关系中，三种关系值得特别关注（见图3-5-2)。

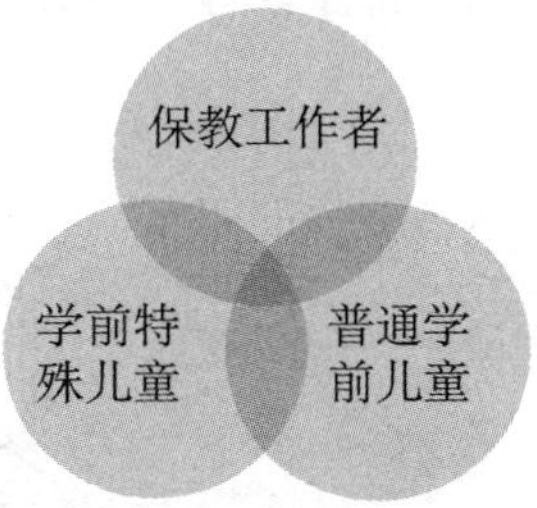

图3-5-2 日本学前融合教育关注的三种关系

图3-5-2显示，在学前融合教育中，学前特殊儿童、保教工作者、普通学前儿童三方关系至为重要，因为学前融合教育的过程正是培育发展这些关系的过程。在这些关系中，首要的是学前特殊儿童与保教工作者关系的确立。对学前特殊儿童，保教工作者必须给予相应的照料，有些学前特殊儿童的问题行为就可能与保教工作者或其他儿童的行为影响有关。保教工作者必须从自己的行为中反思与儿童的关系，从改变自身的行为开始营造新的保育关系。这种照料所发生的二者间的关系，正是日后学前融合教育的基础。而这一关系建立的主动权在于保教人员。因此，保教人员必须具有相应的儿童观和发展观，必须对障碍有正确的理解，对问题行为有行之有效的解决办法。

另外，学前特殊儿童与普通学前儿童的同伴关系的建立可以通过个别指导和小集体指导来达成，在二者关系构建的基础上，三者关系才能得以建立。保教工作者必须仔细观察和理解儿童的伙伴关系，教育工作者也可以从儿童的伙伴关系中得到启发。

3. 历史中的学前融合教育

在学前融合教育中，幼儿入园后，与保教人员互动，与其他儿童交往，与使用玩具、教材相关的历史剧就开始上演。保教工作者与学前特殊儿童之间构筑的历史，决定了二者的人际关系，进而影响该儿童将来行为的发展。这就要求保教工作者应努力为学前特殊儿童创造适宜其行为的发展历史。

保教工作者与学前特殊儿童构筑了怎样的历史，是学前儿童能否从学前融合教育中获益的关键。在这一过程中，保教工作者绝对不能操之过急，实践中经常有为了眼前的发展而勉强幼儿的情况，因为急于想把某个行为教给学前儿童而忽略了他们情绪方面的需要，结果产生了情绪混乱，即所谓的“二次问题衍生”。比如在对偏食症进行矫治时，经常会因强迫幼儿吃某一食物而引发他们的厌恶情绪，导致大哭大闹甚至出现异食症。如果想矫治，可以从营造良好的用餐环境开始，慢慢改变偏食习惯。

（四）学前融合教育的形态

按学前融合教育的时间来划分，可以分为“完全学前融合教育”和“部分学前融合教育”。所谓“完全学前融合教育”，即学前特殊儿童的所有保育时间都是在保育所或幼儿园与普通幼儿一起度过。“部分学前融合教育”，指学前特殊儿童有一部分时间在保育所或幼儿园与普通幼儿一起度过。“部分学前融合教育”可以根据具体保育地点和保育方式再细分。具体如图 3－5－3 所示。

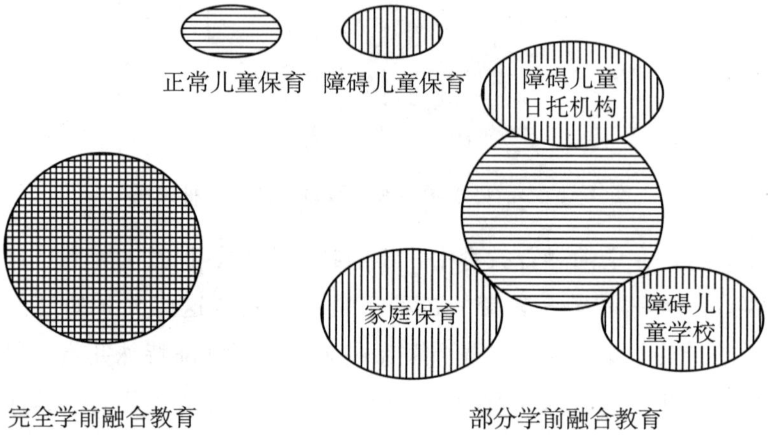

图 3－5－3　日本学前融合教育的形态

1. 个别指导和小集体指导

学前特殊儿童的指导方法有“个别指导”和“小集体指导”两种。

所谓“个别指导”，就是保教工作者注重学前儿童的兴趣，并与其保持紧密关系的指导。保教工作者根据每个学前特殊儿童身心发展的特点，分别对其进行一对一的指导。比如，有些学前特殊儿童不愿参加集体活动，有些学前特殊儿童因多动而无法参加集体活动，这样的情况下使用个别指导就十分有效。另外，基本生活习惯的获得等方面的个别指导需要相应的指导课程。关键是要正确理解障碍情况以及准确掌握指导方法。

所谓“小集体指导”，是指针对学前特殊儿童的小组指导，它不仅可以发挥集体的长处，还可以在游戏和比赛中促进学前特殊儿童理解集体的约束力和规则。

2. 交流学前融合教育

“交流学前融合教育”也可以叫部分学前融合教育。一般来说是指学前融合教育机构和保育所、幼儿园在一定时间内共同实施学前融合教育。双方共同协作创设学前特殊儿童与普通儿童交流所需的场所。比如利用自制糕点大会、运动会等活动提供相互交流的机会，通过共同经验的获得加深对彼此的理解。

以上提及的个别指导和小集体指导、交流学前融合教育都有各自的优缺点，并不一定所有的学前特殊儿童都适应于所有的学前融合教育形态，必须具体考虑每一个学前特殊儿童日常生活动作的可能情况、语言习得情况以及身体发展情况。最好是能够灵活地选择学前融合教育的形式，采取相对弹性的对策。当然，这一目标实现的前提是学前融合教育和治疗等相关社会资源的充实，另外，学前融合教育的相关保教人员或工作人员，应对学前特殊儿童和学前融合教育具有正确的理解和认识。

二、启发性思考

日本的学前融合教育模式以其独具个性的特点展现在我们面前，给我们带来不少启发。

其一，实施学前融合教育不能脱离具体环境。学前融合教育是一个系统工程，不能将其割裂成一个个细碎单元。如日本学前融合教育模式强调的，必须是“在状况中实施学前融合教育”。因此，我们在借鉴国外的模式时，不能照搬照抄，而应该根据我们自己的具体情况来做具体分析。

其二，实施学前融合必须注重关系。日本的学前融合教育模式强调在关系中实施，符合马克思“人的本质是一切社会关系的总和”的理论。学前儿童，尤其是学前特殊儿童的发展，特别容易受到教师、同伴和家长的影响，因此我们在实施学前融合教育的时候，必须从全面优化人际关系入手，在积极温暖的人际关系中促进全体幼儿的心理发展。

其三，实施学前融合教育应有历史观。学前儿童的发展是连续的，因此我们在实施学前融合教育的时候，不能仅仅看到学前儿童特别是学前特殊儿童此时此刻的行为表现，而应将他们以往的林林总总的表现都贯穿起来，勾勒出他们的发展轨迹，才有可能真正做到有的放矢地进行个别化教育。

本章小结

本章聚焦了美国、英国、德国、瑞典以及日本五个国家的学前融合教育模式。从对这五个国家的模式考察中，我们看到了理念的凸显、课程的建构、关系的构筑和体系的确立在学前融合教育中的作用及意义。这些有益的探索给予我们启示，激发了我们更深的思考。

思考与练习

1. 美国学前融合教育模式的主要内容和重要启发是什么？
2. 英国学前融合教育模式的主要内容和重要启发是什么？
3. 德国学前融合教育模式的主要内容和重要启发是什么？
4. 瑞典学前融合教育模式的主要内容和重要启发是什么？
5. 日本学前融合教育模式的主要内容和重要启发是什么？

第四章

学前融合教育理论探索

本章导读

本章是对笔者及其教学团队20多年学前融合教育理论探索的历史回溯。

本章以“吸纳四海精髓，走出中国学前融合教育之路”的理念，根据中国特别是上海的实际情况，有效整合笔者在访学美国和日本所获取的经验，深入思考学前融合教育对全体幼儿发展所起到的作用，与此同时，尝试构建了中国学前融合教育的模式，对学前融合教育环境创设问题进行了思考。

本章将介绍我们自2000年以来历经20多年学前融合教育理论探索的初步成果，将分三节来分别阐述对学前融合教育的意义、模式建构和环境创设的探索。

第一节 对学前融合教育意义的分析

学前融合教育所具备的意义，在世界各国的实践中已有证明。在本节中，笔者将结合自己的研究成果，来阐述学前融合教育对学前儿童发展的意义。

一、对普通幼儿的意义

学前融合教育对普通幼儿的意义主要体现在两个方面：一是促进幼儿的自我发展，二是促进幼儿的社会交往。

（一）促进普通幼儿的自我发展

首先，可以激发幼儿的自我效能感。

所谓自我效能感，是一种感到自己是有能力实现自己目标的感知。心理学研究发现，一个能够在学习或工作中取得卓越成绩的人，往往都有着很高的自我效能感，这种感知大多源自幼年经验。在幼年期，体验到的成功越多，或感到自己有能力为别人做些什么时，这种自我效能感就会发展得越好。

普通幼儿与班上或园内的学前特殊儿童在一起时，特别是需要他们当学前特殊儿童的“小老师”或去帮助学前特殊儿童时，这些幼儿的自我效能感就会被激发出来。例如，当一位5岁的自闭症儿童在教室里乱跑时，教师让班上的一个女孩拉起手风琴。那个特别喜欢音乐的自闭症儿童听到手风琴声马上安静下来，并久久地注视着拉手风琴的女孩。这时，那位女孩的脸上露出了自豪的微笑。因为此时她感觉到了自己帮助他人的能力。

其次，可以增强幼儿的移情能力。

所谓移情能力，是指在情感上能与他人产生共鸣的能力。这种能力直接引发人的同情心，继而引发援助他人的亲社会行为。在情感智商中，移情能力被列为第一要素，足见其重要性。4～5岁的儿童已进入去自我中心阶段，所以移情能力的培养是学前教育中的重要课题之一。

在学前融合教育中，普通幼儿可能有更多的机会接受移情能力的培养。不少学前特殊儿童特别是自闭症或智力障碍儿童，他们的实际年龄与心理年龄有一定的差距，5岁儿童的心理年龄往往只有2岁多。因此，普通幼儿看到特殊儿童行为怪异或认知方面滞后时，他们会容忍他或去帮助他。例如，当一个4岁的自闭症儿童因为跟妈妈分离，在教室里躺在地上大哭时，其他小朋友就去安慰他，劝他不要哭。又如，当一个5岁的智力障碍儿童不停地咳嗽时，一个平时经常帮助他的女孩就主动跑过去，不停地拍他的背，还抱他一下，以示安慰。

最后，可以促进学前儿童的心理理论发展。

心理学家研究发现，4岁左右的幼儿开始初步具有推测他人的期待、愿望、好恶等内心活动的能力。心理学家把这种能力称为心理理论。这种能力的发展在人际交往中有着重要的影响，这是一个人社会化发展良好与否的重要标志。因为只有善于洞察他人内心的人，才能与他人建立良好的人际关系。

在学前融合教育中，普通幼儿会对班上与自己在很多方面有很大不同的同伴给予更多的关注。同时，也会激发他们去探索那个特殊同伴的内心世界的愿望。在这一过程中，他们的心理理论能够得到更好的发展。例如，有一次，当笔者硬要把玩具小汽车给一位自闭症儿童时，在场的几个普通幼儿就说：“他不喜欢这些玩具的，他只要玩一种东西。”当他们跑过去递上那个自闭症儿童最喜欢的圆形玩具时，自闭症儿童就高兴地笑了。

综上所述，我们可以清楚地看到，学前融合教育对普通幼儿的心理发展具有非常重要的意义。园长、教师、家长，如果能对这些意义有充分的认识，那么对学前融合教育发展将产生更大的推动作用。因此，我们期待着园长、教师和普通幼儿的家长对学前融合教育有更为正确和全面的理解。

（二）促进普通幼儿的社会交往

实践研究结果还表明，学前融合教育对普通幼儿的心理发展的影响，除了上述各心理发展层面，还在较大程度上促进普通幼儿的社会性发展，具体来说包括以下四方面：

第一，帮助普通幼儿换位思考。

幼儿在认知上常有以自我为中心的特点。在与特殊幼儿同伴相处的过程中，普通幼儿能站在他人的角度进行思考。这样的思考有助于增加他们对特殊幼儿的了解，接受特殊幼儿与自己的差异性，学会理解别人、约束自己，改变自己不合理的行为和想法，从而在社会交往中与他人建立良好的关系。

例如，在某一实施学前融合教育的幼儿园的班上，有一名特殊幼儿 M，平时与伙伴无语言交流。但孩子们并没有孤立他，而是与他友好相处。他们常常说："老师，M 很可怜，我们应该帮助他。"孩子们非常照顾这位特殊同伴。每次班级里有新玩具，他们总是先让 M 玩；教师分点心时，孩子们也建议把最好的留给 M。在 M 未来到这个集体前，普通幼儿常因没拿到心爱的玩具而发生小小的争执，而通过与这位特殊同伴的相处，班上的幼儿学会了关心和帮助他人，懂得把最好的东西留给这位特殊同伴。这对他们的社会性交往发展起着巨大的推动作用。

第二，增强普通幼儿关怀同伴的能力。

在学前融合教育中，学前特殊儿童个体差异性大，心理年龄普遍较低，因此常出现怪异的行为及认知方面的滞后表现。通过学前融合教育，普通幼儿学会了容忍和帮助他们，并且还学会了去关怀他们。

还有一个案例是关于普通幼儿主动帮助一名自闭症幼儿的。H 是一个自闭症幼儿，对周围事物毫不感兴趣，与教师和同伴没有情感和语言上的交流，整天沉浸在自己的世界里。在教师的耐心帮助下，H 逐渐接受同伴，并开始有了情感上的交流。班上的幼儿也渐渐喜欢上了这位特殊同伴，帮助 H 成为他们中的一员。当 H 哭的时候，许多同伴会一起围上去，安慰他并帮他擦眼泪，让他不要哭，并拉着他的手一起去搭积木。如果哪天 H 没有去幼儿园，孩子们便非常牵挂他，常常向教师询问原因。在与 H 互动的过程中，孩子们能够洞察他的情绪状态，并表现出采择其观点的能力，正确地应对其情绪表现，从而激发了关怀同伴的能力，增进了情感交流的技能。

第三，激发普通幼儿的亲社会行为。

亲社会行为是指有益于他人和社会的行为，如助人、谦让、分享、合作等。在学前融合教育模式中，学前特殊儿童的心理年龄普遍较低，常出现一些困难，因此，普通幼儿有了更多帮助他人的机会，从而激发了他们更多的亲社会行为。

特殊幼儿 H 自理生活能力很差，并且与小朋友没有交流，为使他尽快融入集体活动中，教师以生活活动为切入口进行支持。在一次起床活动中，教师安排两名儿童帮他穿衣穿鞋。一开始他对同伴的帮助不予接受，躺在床上大哭大闹，而那两位儿童见状也束手无策，回头望着教师。教师就鼓励他们不要放弃，继续帮助他。几次以后，H 愉快地接受了大家的帮助。教师及时抓住这一契机，在谈话活动中表扬了那两名儿童，鼓励大家向他们学习，也要主动关心、帮助有需要的同伴。在后来的活动中，大家在玩玩具时都能让着 H，喝水时帮他拿茶杯，等等。

在与特殊幼儿 M 相处的过程中，普通幼儿也总是谦让，主动帮助他。幼儿园重新装修后，为保持地面的整洁，教师要求儿童进教室时穿干净的拖鞋。可是，M 的妈妈买不到合适的鞋，因此，第一天他光着脚走进了教室。当孩子们知道了此事后，纷纷把自己的拖鞋拿出来给他穿。

特殊幼儿 W 是一名脑瘫患儿，在语言表达方面有困难，他说的话有时很难让人听懂，但同伴们还是尽力和他交流，帮助他矫正发音。课上每当 W 回答问题时，伙伴们总是仔细地听，用各种方法帮助他进行回答，并给以鼓励和掌声。

与特殊幼儿一起学习生活，使普通幼儿有了更多帮助他人的机会，并由此分享了“助人”的快乐，增强了自我效能感，使他们觉得自己能够为他人解决困难，使他人感受到快乐，从而强化了“助人”行为的发生，也渐渐培养了他们的亲社会行为。而亲社会行为可以使个体被他人接受和肯定，为成功的社会性交往打下基础。

第四，激励幼儿学习的主动性。

在实施学前融合教育的幼儿园生活中，学前特殊儿童学习能力差，习得速度较缓，因此，当他们在教室的时候，普通幼儿都希望以自己最好的表现为这些特殊同伴树立榜样，在学习过程中也表现出更高的主动性。尤其当特殊同伴能够回答问题，较好地参与学习时，普通幼儿更强烈地表现出学习和参与的积极性。

特殊幼儿 W 的语言表达能力较差，但有时也会主动举手回答问题。其他儿童见状也会踊跃举手发言。他们觉得 W 不会讲话，却能积极举手，自己更应该主动积极地发言。于是，W 的加入常使课堂气氛更加活跃。同伴们通过知识的分享、经验的交流，在潜移默化中增进了认知能力。

特殊幼儿 W 很擅长画画，他的“作品”经常被老师挑选出来介绍给其他儿童。伙伴们常常被他的画所吸引，都伸出大拇指夸他“真棒!”同时表示要向他学习。因此，每个孩子都认真地完成图画作业。有一次 W 在绘画比赛中获得了二等奖，这一好消息对其他儿童而言是一次巨大的鼓舞和激励。每个儿童都下决心向 W 学习，认真完成图画作业。

学习主动性的培养有助于儿童发现事物、学习新事物，也有助于他们学习社会交往的规则，对他们社会交往技能的发展有重要的影响。

总而言之，学前融合教育对普通幼儿的自我和社会性发展具有重要促进作用。普通幼儿帮助特殊同伴取得进步的同时，他们从特殊同伴身上也学到了许多东西。因此，学前融合教育对普通幼儿的健康成长同样具有重要意义。

二、对特殊幼儿的意义

学前融合教育对学前特殊儿童的意义主要从神经科学和心理发展两个维度来阐述。

（一）基于神经科学视角的促进意义

下面将分别根据对镜像神经元（mirror neuron）、语言和数感大脑区域及社会脑等的研究来审视学前融合教育对特殊幼儿发展的价值。

1. 基于镜像神经元系统的研究

学前儿童的重要学习特点之一就是模仿学习，因此，在学前融合教育的环境中让普通幼儿成为特殊幼儿的小老师，将会给学前特殊儿童更多的机会去注视和模仿同伴，这对他们的成长颇有益处。对镜像神经元系统的研究证实了这种早期模仿的重要性。

研究揭示，镜像神经元是人类动作模仿的基础神经。1992年，意大利学者利佐拉蒂（Rizzolatti）研究小组在研究猴子的前运动皮质时偶然发现，当猴子有目的地做出某个动作或听到一个与动作相关的声音时，它位于前运动皮质的F5区神经细胞就会有放电现象。这类细胞就像一面镜子，能直接在观察者的大脑中映射别人的动作，因此被称为镜像神经元（见图4-1-1）。

研究同时发现，学前特殊儿童，特别是自闭症谱系障碍（autistic spectrum disorder，ASD）儿童的镜像神经元系统有缺损。因为无论是让这些自闭症幼儿做出手部模仿还是身体模仿，他们的运动皮质、额皮质和颞皮质的脑波都没有表现出与对照组相似的去同步化现象。肌电图（EMG）的研究报告指出，自闭症谱系障碍儿童的动作链模仿受到损伤。西谷小组（2004）使用脑磁图（MEG）方法证明了自闭症幼儿在模仿静态的嘴唇状态时，皮质激活轨迹较为分散，额下叶和一级运动皮质的激活低于正常组。达普雷托等（Dapretto et al.，2006）使用功能性磁共振成像（fMRI）发现，自闭症谱系障碍儿童在观察和模仿面部情绪表情时，纹状体多棘神经（MNS）皮质活动显著下降，而且这一下降水平与自闭症谱系障碍儿童的症状严重程度显著相关。

但这种发展缺陷并非不可弥补。先行研究证实了镜像神经元系统具有一定程度的可塑性，即可以通过训练来增强其联结强度与活跃程度。研究显示，对幼儿进行手臂动作的模仿训练，甚至是不以外显方式进行的间接动作模仿（比如在内心想象一个动作序列的执行过程等），都会提高镜像神经元的灵敏性。

上述研究告诉我们，学前融合教育能促进学前特殊儿童镜像神经元系统的发展。尽管在他们的发展早期，或许是由于镜像神经元系统出现缺损而无法模仿他人，但如能在幼儿

图 4-1-1 镜像神经元系统揭示的灵长类动物的模仿机制

期就让他们在普通的托幼机构中与普通幼儿有频繁的接触，增加其模仿的机会，这种由于学前融合教育而带来的丰富学习经验或可改善和增进他们的镜像神经元系统，为日后的模仿学习奠定基础。

2. 基于语言和数感大脑区域的研究

学前融合教育的重要性应能体现在促进特殊幼儿和普通幼儿的语言发展上。不管是单纯的语言障碍儿童还是因智力障碍、自闭症谱系障碍等导致的发展迟滞的儿童，语言交流均是他们的一大弱项。即使是普通幼儿，由于性格内向或言语交流缺乏，他们也会存在不同程度的语言交流困难。

研究发现，与动作模仿相关联的人的脑区还有布罗卡区（Broca）。与使用拼音文字的人常用左侧后脑的维尔尼克（Werniche）语言区不同，使用汉语的人，更多着落于前脑的布罗卡区这一有运动性语言中枢的大脑运动功能区。这一区域不仅关联人对动作的识别与模仿，还与语言编码直接相关，这揭示了动作模仿与汉语语言理解之间存在密切关系。根据敏感期的神经可塑性机制原理，如能通过学前融合教育的实践，给上述儿童提供更多共同游戏、运动和交流的机会，应可促使汉语使用者的布罗卡区功能的发展（见图 4-1-2）。

由此可见，在学前融合教育实施过程中，基于汉语语言功能区与运动区在解剖学上的邻近属性特点，可以根据幼儿喜欢运动等特征，创设更多让普通幼儿与特殊幼儿一起进行体能游戏的机会，通过对大脑运动功能区的促进来提高特殊幼儿的语言学习能力，让学前

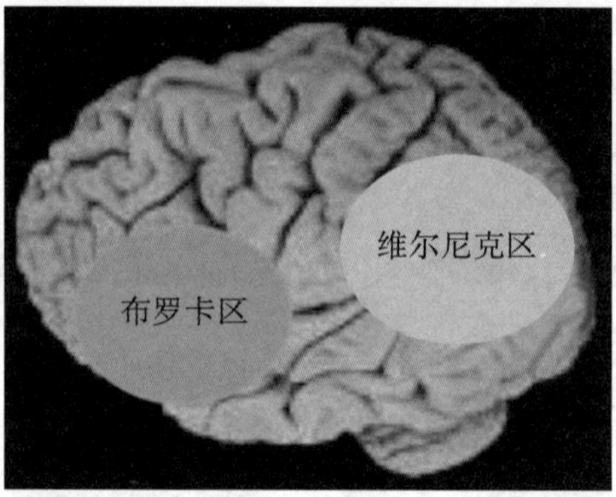

图 4－1－2　人类大脑中与语言相关的区域

特殊儿童能从模仿动作进而发展到模仿包括语音、语调在内的语言。与此同时，在学前融合教育过程中，可以通过让他们共同听讲故事、观看人偶剧表演和共同阅读绘本等活动，增强学前特殊儿童大脑的布罗卡区的功能。

学前融合教育可以通过发展学前特殊儿童对数的敏感性来促进他们自信心的获得。研究发现，在婴幼儿中存在一个基于进化而来的古老的“数感系统”（system of number sense），这被视作学习有关数字及其关系的知识的基础。坦普尔（Temple）和波斯纳（Posner）采用事件相关电位（ERP）研究发现，幼儿使用与成人完全相同的顶叶区去执行数字比较任务。在坦普尔的同一项研究中，脑电图显示，当 5 岁儿童做数目对比任务时（如 4 比 5 大还是小），他们顶叶皮层的激活方式跟成人相似，延迟度也相似。

特殊幼儿中有不少对数特别敏感或具有数学天赋，在学前融合教育的实践过程中，幼儿教师可以利用他们的数感系统优势，帮助特殊幼儿树立自信和自尊，还可让他们成为普通幼儿的示范，提高全体幼儿的数学表征能力，以此提高全体幼儿的数感系统发展水平。

3. 基于“社会脑”区域的研究

学前融合教育的重要性还体现在促进学前特殊幼儿和普通幼儿的社会性及社会情绪的发展上。如前所述，特殊幼儿因其障碍、普通幼儿因独生子女身份和其家长的养育方式等，在社会情绪能力发展方面可能较薄弱。然而，人的社会情绪能力是 21 世纪最需要的能力，是综合解决问题能力、合作交往能力和与人沟通能力中重要的组成部分。社会情绪能力可以促进儿童未来与他人合作、沟通以及与社会融合，使他们有更幸福和成功的人生。

“社会脑”为学前融合教育促进幼儿的社会性发展和社会情绪能力发展提供了神经生物学基础。所谓“社会脑”，是指在社会交往过程中，承担了解和观察他人的目的、意图、信念、推测等信息的处理任务的社会认知神经网络，主要包括眶前额叶皮质、颞上回以及杏仁复合体。

“社会脑”即大脑中的社会情绪处理系统（ventral social-affective processing system,

VSAPS）区域。犹如人在社会中编织的关系网络，“社会脑”其实也承担了在大脑中的各个区域处理人际互动关系、编织社会性关系网络的任务。“社会脑”在人的社会认知发展中起到至关重要的作用。

脑科学研究揭示，“社会脑”的发展与早期经验密切相关。人控制情绪有两种回路，一种是可以由当时的理智来控制的，另一种是当时的理智无法控制的。无法控制的回路主要是由基因和早期发展决定的。幼儿在生命早期通过内隐性学习内容将情感和对人的认知在脑中形成非陈述性的情绪记忆。汤普森（Paul M. Thompson）在研究中获得了5～20岁各阶段人脑发展过程的脑图像，从这些系列脑图像中可以看到，先发展的脑区是负责感知语言和情感的脑区，负责逻辑推理的脑区是最后才发展成熟的，因此幼儿阶段最重要的发展内容之一就是社会情绪能力发展，这个能力奠定了幼儿以后发展的基础。

研究还发现，幼儿期的推测他人内心期待、希望等心理理论能力发展也与“社会脑”密切相关。幼儿在5岁时已经具备“心理理论”，即察觉他人在认知和情感上的变化，预测和避免同伴交往中的失误。

由此推论，在学前融合教育的环境里，可以让普通幼儿在与特殊幼儿交往的过程中，根据情况给予同伴最适宜的帮助，当特殊幼儿已学会某项技能时即刻停止，而当特殊幼儿无法领会或接受学习内容时及时改变交往方法。这个过程，既能促进普通幼儿的“即时的心理理论”（on-line theory of mind），保持学前融合教育中各项活动过程的协调一致性，同时又可以使特殊幼儿初步具备理解同伴心理的能力。

综上所述，学前融合教育在促进学前特殊儿童的神经系统发展过程中有着不可替代的作用。因为学前儿童处于神经可塑的敏感期，无论从镜像神经元系统、主管语言和动作的布罗卡区还是从“社会脑”的发展来看，敏感期的经验都会给普通幼儿和特殊幼儿的动作、语言、数感、社会情绪和社会性发展带来深远的影响，而学前融合教育恰是为学前儿童创造体验敏感期适宜经验的重要渠道。

（二）基于心理发展视角的促进意义

我们在为期三年的实践研究中发现，学前融合教育对学前特殊儿童在心理发展上所起到的作用主要体现在促进其社会性发展上，具体表现在以下三个方面：

1. 提升了对社会指令的服从能力

在刚入园时，当教师发出授受性指令如“收拾玩具”、动作性指令如“站起来”、规范性指令如“去洗手”时，特殊幼儿几乎听而不知其意，但经过一年的学前融合教育，特殊幼儿大都能服从这些简单的指令。当然教师也会根据个人发展情况的不同，发出不同难度的社会性指令。

2. 提高了对他人的情绪认知能力

不同发展水平的特殊幼儿在学前融合教育环境中，对他人的情绪认知水平有不同程度的提高。在此以发展水平较低的幼儿为例：

案例 1

五名自闭症幼儿对他人情绪认知能力发展比较

这五名自闭症幼儿在对情绪认知的实验研究中，因拒绝看任何图片而大声哭闹，对他人情绪认知较弱，不管是语言提示还是表情提示课题，正答率均为 0。但经过一年的学前融合教育，有三名自闭症幼儿产生了非理解性移情表现。所谓非理解性移情，是指儿童看到他人的表情会产生相似的表情。当看到图书上的人物在哭时，幼儿也做出要哭的表情，看到卡片人物笑时他也笑。其他两名自闭症幼儿看到图书上的人物在哭时会去亲吻书上的人物，能把亲吻与表达愉悦的情绪联系起来。

3. 从初识到理解他人的情绪

案例 2

幼儿 N 对他人情绪认知发展比较

刚入园时，自闭症幼儿 N 在表情提示课题中，能对他人的“喜”和“怒”等表情进行识别，但对用语言表达的情绪不理解。经过一年的学前融合教育，N 会用动作表达情绪的抽象概念。如说到“生气”时，会用两个手做成炮筒状，以示发火了。

有移情能力并能安慰别人。教育干预前期，N 会用纸去给卡片上的人物擦泪，并给“她”喂饼干；当看到同伴在哭的时候，会劝他别哭，并跑过去为他擦掉眼泪。N 不仅能用具体形象的动作来表达抽象的情绪名词概念，还能用实际行动去安慰别人。

综上所述，学前融合教育对特殊幼儿的社会认知的促进是卓有成效的。他们从完全不懂，到能够服从不同难度的社会指令；从完全不知到有非理解性移情能力的产生；从几乎不知到用行为动作来表现相应的情绪；从情绪概念混乱到能用动作表达清晰的情绪概念，并产生移情能力。这些都说明了学前融合教育是有效的教育干预。

第二节　学前融合教育模式的建构

在第三章中，我们对美国等五个国家的学前融合教育模式进行了概览和分析，如何根据我国的国情，创建出中国特色的学前融合教育模式，是我们一直以来探索的主题。下面将对我们建构的“医教结合”和“幼儿园融合教育”两大学前融合教育模式进行分析。

一、医教结合模式

在此所言的“医教结合”模式，是为了对学前特殊儿童进行早期发现和干预，基于神经学视野所构建的医学和教育结合的学前融合教育模式。

（一）模式建构的理论基础

在模式建构中，主要运用了以下神经科学的理论。

第一，大脑敏感期理论。

学前特殊儿童处于大脑敏感期，而敏感期的经验对后面的人生发展具有重要的作用。所谓“敏感期”，是指大脑的结构或者功能对特定的外部刺激非常敏感的阶段。在这个阶段，大脑特别容易接受经验的影响以促进大脑结构与功能的发展。敏感期的启动和持续时间不仅受到年龄的调节，而且受到经验的调节，是遗传与经验共同作用的结果。医教结合的早期发现和干预，将给处于大脑敏感期的幼儿奠定坚实的生理和心理基础。

大脑敏感期的神经可塑性机制发挥独特的教育作用。敏感期的经验可以对神经回路的精确性与具体性产生重要的影响，形成特定的神经活动的空间与时间模式，使神经回路的结构与功能产生变化，从而修饰与强化这种初始的模式。这些变化可能改变神经回路所形成的连接模式，形成一种更高程度的稳定性，使连接模式更精细。医教结合的早期发现和干预的实施，或可通过“轴突分支的变化”“突触的形成与消除”“突触的巩固”这三种神经可塑性机制，来重塑学前特殊儿童的大脑神经。

第二，“表观遗传”理论。

持“表观遗传”观的研究者指出，所有表观遗传的形成以及对回境刺激做出反应的神经回路的重组，都说明了神经元的可塑性。“表观遗传”论强调环境因素的影响，认为适宜的环境可以刺激脑的健康发展和脑功能的发挥。因为人脑是具有良好适应能力的信息处理器，来自环境的刺激可以使人脑形成新的神经联结，反过来可以更好地适应环境。

综上所述，各种行之有效的医学干预和教育活动，有助于学前特殊儿童的早期发现和干预。

（二）模式建构的步骤和内容

在方法论上，我们借鉴了钱学森提出的“综合集成研讨厅”（hall for workshop of metasynthetic engineering，HWME）思想，即制定分析复杂巨系统问题的总体规划，落实分步实施的方法和策略。

我们将促进学前特殊儿童神经系统的医教结合早期发现和干预任务置于现实社会环境的复杂巨系统中，建立“医教结合”、“人-机结合”、真实与虚拟结合等相互关联、相互作用和有层次结构的关联系统。

建构医教结合早期发现和干预系统模式过程主要有两大步骤，分别为明确定义、形成结构。

一是明确定义。明确促进学前特殊儿童大脑神经系统发展的医教结合早期发现和干预的“综合集成研讨厅”的定义。图 4-2-1 是其具体内容。

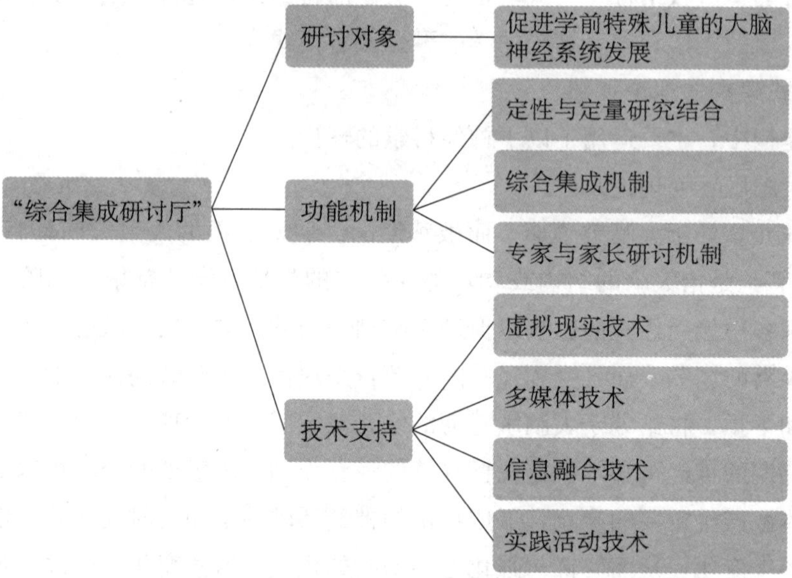

图 4-2-1 医教结合早期发现和干预的“综合集成研讨厅”

如图 4-2-1 所示，促进学前特殊儿童大脑神经系统发展的医教结合早期发现和干预的“综合集成研讨厅”是由“研讨对象”“功能机制”“技术支持”三者构成的“研讨厅”。“厅”是项目专家利用各种技术形成干预机制并一起工作的场所。

在“综合集成研讨厅”中，将研讨对象锁定为处于神经可塑敏感期的学前特殊儿童；在功能机制上扩大了传统“研讨厅”专家系统的涵盖内容，将家长也作为专家系统的成员纳入研讨机制；在技术支持上同完全的人-机系统构成的“研讨厅”不同的是，将人际活动中的实践活动技术也纳入“厅”中。

二是形成结构。根据上述定义形成的医教结合早期发现和干预模式由专家体系、数据体系和技术体系三大板块构成。

如图 4-2-2 所示，促进学前特殊儿童大脑神经系统发展的医教结合早期发现和干预模式涵盖了专家体系中的群体协同工作，充分利用定性与定量数据，有效使用各项技术，实现人-机有机结合与人际互动。

运用本模式对学前特殊儿童进行的神经可塑敏感期的医教结合早期发现和干预过程，既强调各群体人员的知识同计算机系统的数据、模型和知识的不断交互过程，也强调研讨人员群体智慧的综合集成。

“专家体系”中，教育、医务、心理、社会工作者和学前特殊儿童家长的任务各有侧重，各司其职，齐心协力，通力合作。

其中，教育工作者指在托幼机构工作的一线教师，他们主要运用人际互动的各种干预

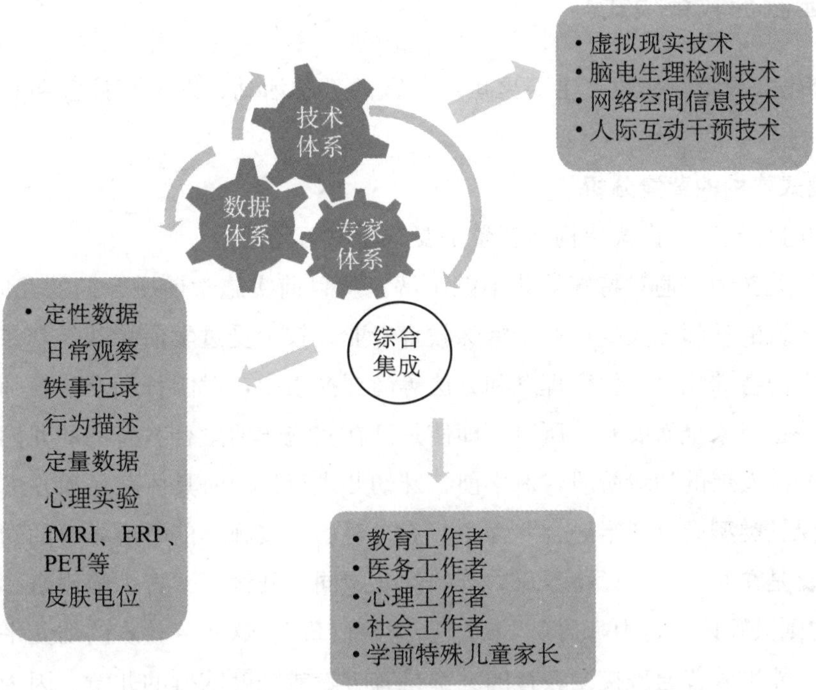

图 4－2－2　医教结合早期发现和干预模式的构成

技术，在医生诊断的基础上，为学前特殊儿童制订并实施相应的医教结合早期发现和干预计划，获取并提供日常观察、轶事记录和行为描述等定性数据。医务工作者主要运用脑电等生理检测技术，获取并提供 fMRI、ERP 和 PET 等神经生理的定量数据。通过这样的精密神经生理测查，可以及早发现学前特殊儿童大脑神经系统区域受损情况，评估这些儿童接受医教结合早期发现和干预的预后效果。心理工作者则主要运用虚拟现实技术和网络空间信息技术，以及通过对学前特殊儿童进行行为层面和心理方面的实验，获取并提供行为、心理等的定性和定量数据，并同时与医务工作者一起将脑电等数据解读给一线教师和家长，为他们制订和实施适宜的医教结合早期发现和干预计划提供翔实的科学依据和佐证。社会工作者主要担负架起政府与特殊幼儿及其家庭之间的桥梁的作用，为特殊幼儿及其家庭争取社会福利和身心健康支持。通过社会工作者的专业支援，使特殊幼儿及其家庭尽快走向自立之路。学前特殊儿童家长则应全面配合医务、心理、教育工作者，为他们提供客观的儿童成长背景信息，与此同时，运用人际干预技术，与托幼机构的一线教师一起成为医教结合早期发现和干预的主力军。

综上所述，我们在此根据系统论中的“综合集成研讨厅”思想，探索建构了促进学前特殊儿童大脑神经系统发展的医教结合早期发现和干预模式，但有待日后的研究来证实模式的可行性和科学性。

二、幼儿园融合教育模式

“幼儿园融合教育”模式，主要聚焦幼儿园的教学活动，以及与社区和其他机构合作的模式。

（一）模式建构的背景分析

“幼儿园融合教育”模式建构的背景主要基于以下几点：

第一，幼儿教师普遍对特殊幼儿不够了解。从目前实施学前融合的幼儿园师资来看，从园长到特教班的教师，较少毕业于特殊教育专业，较少受过学前特殊教育专业的系统训练。因为对学前特殊儿童的教育理念和方法等尚在探索中，对园长和全体教师进行这方面的教育和训练也尚未全面展开，所以，即使是已在实施学前融合教育的幼儿园，其师资队伍也还基本处于发展的初级阶段，对学前特殊幼儿进行保教时具体路径和方法尚不完善。

第二，保教类型尚以“半融合”为主。通过对已经实施学前融合教育的幼儿园的调查发现，其主要是在幼儿园内设特教班。有的幼儿园同时开设了“智力障碍班”和“听力障碍班”，有的则只开设“智力障碍班”或“听力障碍班”。这些特教班的幼儿平时与普通幼儿接触不多。能进入普通班接受教育的大都是有听障或轻度脑瘫的儿童，因为这类特殊幼儿在智力发展上无明显迟缓。

第三，入园的学前特殊儿童人数还偏少。除北京、上海、广州等城市，全国范围内 2～6 岁的学前特殊儿童能进入普通幼儿园接受学前融合教育的比例偏低，学前特殊儿童仍大都在特殊机构。显而易见，这样的规模远远达不到保证学前特殊儿童接受学前融合教育的要求。

对学前特殊儿童实行这样小规模的保教，固然有其历史原因和客观限制，但我们也痛心地看到，一些完全可以进入普通班的学前特殊儿童，甚至只是由于过分好动而被个别园拒之门外。

从上述分析中，我们深切地感受到建构“幼儿园融合教育”模式的重要性和必要性。

（二）模式建构的内容

“幼儿园融合教育”模式的建构设想，主要包括体系模式、形态模式和联合模式。

1. 幼儿园融合教育体系模式

所谓幼儿园融合教育体系模式，是指在普通托幼机构中构筑起一个以园长为核心、以特教班教师为基础、以全园教师为整体的团队式保教体系（见图 4－2－3）。

在这个模式中，园长与特教班教师及全园教师之间关系紧密，是一个互动良好的保教整体。

（1）模式中园长所起作用。

在此模式中，园长所起的作用主要表现在增强意识、把握方向和按需配备人员上。

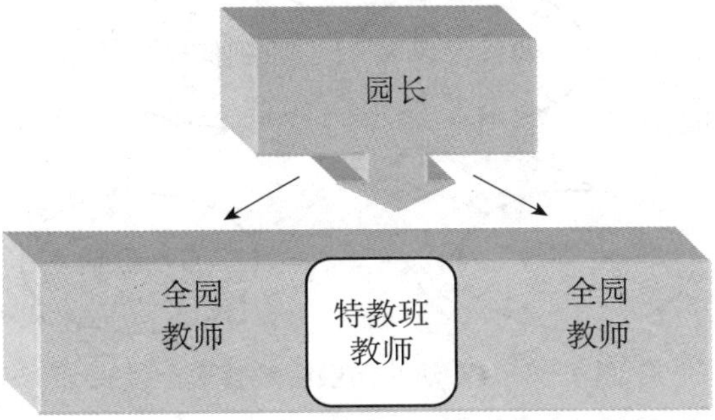

图 4-2-3　幼儿园融合教育体系模式的构想

①增强全园教师对学前特殊儿童进行保教的意识。从实际情况来看，园长自身很关心本园所设的特教班，但有些幼儿园还没能使全体教师对此有深刻的认识。当特教班出现特殊情况后，园长就忙于“救火”，还没能在全园中形成整体协调地进行学前融合教育的氛围。所以，园长要利用各种途径，加强对全园教师进行团队式“学前融合教育”意识的培养。

②把握“幼儿园融合教育”的实施方向。学前特殊儿童有其各种各样的特殊性。因此，在实施保教计划和教育课程时，现实与其往往会有很大的出入。在这个过程中，要对全体教师特别是特教班的负责教师进行及时指导，完善其学前融合教育知识，改进其具体的指导方法。

③及时配备特教班教师或资源教师。从实际情况来看，幼儿园中的特教班一般是两位教师和一位保育员带 12 个幼儿左右。但是，由于刚入园的学前特殊儿童适应难度大，园长应根据具体情况加配教师或资源教师。

（2）模式中特教班教师的职责。

特教班负责老师的主要任务是：接受园长的指导和对实际工作及心理上的支持；及时与全园其他教师沟通信息；就学前特殊儿童的发展情况、保教要点等进行信息传递，以利于临时被加配进来的教师能立即投入学前融合教育中。

（3）模式中全园其他教师的职责。

自觉了解对学前特殊儿童进行的学前融合教育的意义、理论和方法；自觉向特教班教师了解本园的学前特殊儿童的概况；在有需要和自己可能的情况下，根据学前特殊儿童的特殊情况，与特教班的老师组成团队，担当起必要的保教责任。

2. 幼儿园融合教育形态模式

所谓幼儿园融合教育形态模式，是指幼儿教师根据学前特殊儿童在普通托幼机构的普通班里接受学前融合教育的实际情况，适时、适地采取不同样式的保育形态（见图 4-2-4）。

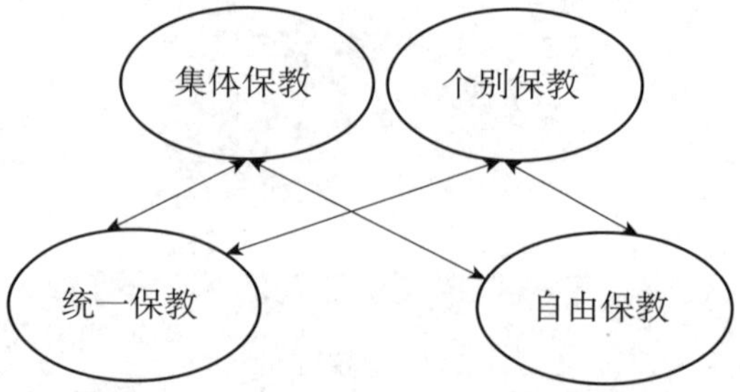

图 4-2-4　幼儿园融合教育形态模式

该模式的提出，是基于在学前融合教育中，必须使普通幼儿和特殊幼儿各得其所的理念。其根本目的是使每个幼儿，特别是学前特殊幼儿也能获得满足感、充实感，使他们有充分的自主性。

"集体保教"和"个别保教"是指保教形式，"统一保教"和"自由保教"则指保教内容。

在幼儿园融合教育形态模式中，我们对保教形式和内容的不同组合进行了构想。

（1）"集体与统一"保教构想。

当幼儿教师想对全体幼儿实施预先设定好的教育计划，特别是想让普通幼儿通过游戏等教学活动，来增强对特殊幼儿的理解和关心时，可以用这种形式来进行。当然，前提是学前特殊幼儿愿意并能参加。

（2）"集体与自由"保教构想。

当教师希望增加特殊幼儿与普通幼儿的交往，但是这位（些）儿童又跟不上其他孩子的活动节奏时，可以让他们以自己的方式参加集体游戏等教学活动。使特殊幼儿感受集体的氛围乃主要目的。

（3）"个体与统一"保教构想。

当特殊幼儿很想参加集体统一活动，又受到身心条件的限制无法参加时，教师可根据他（她）的实际发展水平，对统一活动的数量、时间和内容做出相应的调整，使其也能与普通幼儿一样感受到成功的喜悦。

（4）"个体与自由"保教构想。

当特殊幼儿不想或不能参加集体的统一活动时，可根据其本人的意愿，让他（她）选择感兴趣的内容方式，以其喜爱的方式进行个别活动。但学前融合教育根本目的是增强学前特殊幼儿与同伴交往的能力，所以此法应慎用。

3. 幼儿园融合教育联合模式

所谓幼儿园融合教育联合模式，是指普通托幼机构与入园的特殊幼儿的家庭、社区、治疗机构以及康复机构相互携手，以多方联合的方式对学前特殊幼儿进行学前融合教育（见图 4-2-5）。

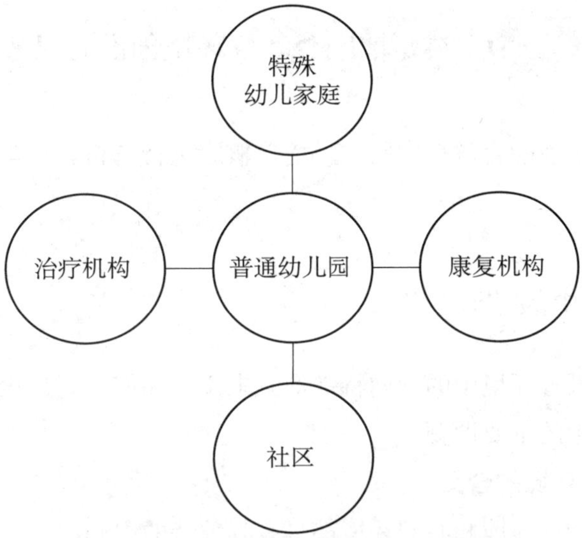

图 4-2-5　幼儿园融合教育联合模式的构想

在这个模式中，我们对普通托幼机构与入园的特殊幼儿的家庭、社区、治疗机构和康复机构的多方联合分别作以下构想：

（1）托幼机构与特殊幼儿家庭联合的构想。

托幼机构与特殊幼儿家庭联合的构想，主要有两点：一是保教人员和特殊幼儿的家长之间的情感联合。保教人员对刚入园（所）的特殊幼儿的父母要有充分的理解，以真诚之心减轻他们的不安和焦虑，逐步形成相互信任的关系。二是保教人员和特殊幼儿的家长之间的信息共有。保教人员可通过家访、谈话、家园联系册等多种手段加强与家长之间的信息交流，以便及时沟通。

（2）托幼机构与特殊幼儿所在社区联合的构想。

托幼机构与所在社区联合的构想包含两个层面：一是依托社区，建立父母互助网。为能给特殊幼儿的父母以更多的心理支持，保教机构可与所在社区一起，组织本园的普通幼儿的家长与他们建立父母互助网，以此使特殊幼儿的父母减少自卑感和孤立无援感。二是深入社区，深化“与特殊儿童共成长”的理念。在社区中，可组织一些生动有趣的活动，如组织游戏俱乐部等，加强普通幼儿与特殊幼儿的交往，加深理解。

（3）托幼机构与治疗和康复机构联合的构想。

托幼机构与治疗和康复机构联合的构想有两个方面：一是敦促特殊幼儿走出去，接受治疗和康复训练。二是把康复机构的专家请进来。根据特殊幼儿的实际情况，定时请专家来进行康复训练，在保教和治疗齐头并进的情况之下，使学前特殊幼儿尽快达到他（她）所可以发展的最好水平。第八章将就此模式做进一步的详细阐述。

第三节 对学前融合教育环境创设的思考

在本节中，将对学前融合教育中的“环境”概念进行辨析，对学前融合教育中的环境创设的思考加以阐述。

一、学前融合教育中的“环境”

对处于学前融合教育环境中的学前特殊幼儿来说，如何受到最少限制却得到最大能力的发展，是环境创设中的重要课题。

（一）物理和心理环境的含义

学前融合教育的物理环境和心理环境都具有其独特的内涵。

学前融合教育背景下的物理环境，是指为学前特殊幼儿创造一个受最少限制、安全、有效的外在环境；而心理环境，则是指创设一个让学前特殊幼儿与同伴、教师、家长之间有效互动的内在环境，其目的在于让学前特殊幼儿在学前融合教育的环境下取得最大程度的发展。

为学前特殊幼儿创设学前融合教育环境并非简单的拿来主义，而是要经过精心设计和调整。融合意味着在为普通幼儿设计的同一环境中安置学前特殊幼儿，然而融合又不仅仅是简单地将有特殊教育需要的幼儿放入其他普通幼儿所处的物理环境中去。

良好的环境能够支持学前特殊幼儿与他人之间的互动，减少学前特殊幼儿在教学活动中焦虑行为的发生。社会生态学家认为，学前特殊幼儿的发展障碍或特殊性不能仅从其身心特征去认识，还应该从其生长和学习的环境中去找原因，如不良的教学方式、经验剥夺、经济条件等。因此，在对学前特殊幼儿的教育上，不能仅仅注意改变学前特殊幼儿的行为本身，也要注意重新设计学前特殊儿童的学习和社会环境。

（二）“最少限制环境”的含义

1975 年，美国政府颁布了《残障儿童普及教育法案》。在该法中，“最少限制环境”是安置有特殊教育需要的儿童的一项基本原则。其核心就是要让特殊幼儿尽可能与普通幼儿一起生活、学习，即将特殊幼儿的限制减少到最低程度。该法案提出社会应为有特殊教育需要的学生提供适当的课程与教育以及充分的服务，以促进他们的发展。学校不仅不能拒绝有生理和智力发展障碍的学生入学，还应该提供给他们适当的安置与合理的课程。特殊幼儿第一次享有了在“最少限制环境”中接受自由、适当教育的权利。在此法案中，融合不仅是指物理环境上的融合，还指参与到为这些特殊幼儿准备的合适的普通教育课程中去。所谓合适，是指活动、教材教具、环境与特殊幼儿的年龄相符，是适合个体现有水平和有利于后续发展的。“最少限制环境”并不单纯指融合或自然环境，而是指在学前特殊幼儿的特定年龄阶段，给予有意义的融合。

1997 年，该法案的修正案提出了从自然环境来进一步完善“最少限制环境”的概念，也就是说融合教育环境在最大程度上为特殊幼儿提供同龄普通幼儿所处的自然环境，并在环境中提供个别化干预，包括特别设计的教学指导和相关服务。

要让特殊幼儿真正完全融合到学前教育中，应该让他们有机会去和其他普通幼儿互动，并且参与到与同龄普通幼儿相同或相似的活动中去，这才是真正的“最少限制环境”。

二、学前融合教育环境的创设

结合我国目前学前融合教育现状，我们可以根据上述物理和心理环境的概念，进行以下思考性探索。

（一）物理环境的创设

有效地增加特殊幼儿利用教育环境的时间与空间，是发展他们从环境中学习的能力、增加与同伴交往互动的机会、熟悉社会情境与交往技能、参与社区活动、提高适应社会能力、预防继发性障碍发生的重要途径。

1. 理念上的考量

任何环境的营造都是主观过滤的结果。我们在为幼儿创设融合教育的物理环境时，一定有自己的教育理念。

（1）环境必须是安全的。

要将全体幼儿特别是特殊幼儿置于一个相对安全的环境，然后才能实施有针对性的教育。对于特殊幼儿来说，他们不会像普通幼儿一样懂得如何躲避已有的危险，如何防范潜在的危险，所以为保证物理环境安全，要求设计者在最初设计教室环境、操场环境的时候就应该充分考虑各方面的因素，包括电线的排布，门窗的高度、宽度、开启设计，无障碍通道的设计，厕所的空间大小，地面的铺设材料，家具的选择，操场地面障碍的排除，等等。应该杜绝尖角、边、突出物、钩角、夹缝、悬浮物等，因为这会对特殊幼儿造成一系列的危险及伤害。

具体措施：保证物体表面、墙面、地面、器械没有尖锐硬角，没有粗糙锯齿面，家具、器械和材料保存完好，经常检修及更换；玩具和部件足够大，不至于被特殊幼儿吞咽；清洁用品放在特殊幼儿不易接触到的地方，与其他物品分开放置；家具大小适中，与特殊幼儿身高、年龄匹配，放置平稳，便于移动；区域划分清晰，保证通道无障碍；地面可用不同材料铺设，但不用水泥等硬面；插座有一定的高度，电线隐蔽，恰当设置学前特殊幼儿保护装置，将灯光也纳入火警系统。

（2）环境要关注个体差异。

将特殊幼儿纳入普通托幼机构，应该对环境做出相应的调整。目前我国的学前融合教育仍是有选择性的，能够进入学前融合教育机构进行融合教育的特殊幼儿大多为听力障碍、轻度智力障碍、肢体发展障碍以及一些轻度自闭症或有自闭倾向的幼儿，所以我们的环境可以有针对性地做出小范围的调整。比如增加一些助听设备，提供多感官通道的刺激物，有序安排环境布置，保证日常活动的稳定性，调整器材的可接近性，等等。

但是未来的发展并不仅仅停留于此，环境要适合各类特殊幼儿，无论他们的需要何在，无论他们的残障程度如何。所以，对环境布置的整体规划显得尤为重要。规划时可以利用家具、地面质地、高低、色彩等不同的材料将活动区域做有效的划分，既可以提供不同的感官刺激，也有利于特殊幼儿对不同区域的认知。

2. 物理环境的分类

物理环境主要是指外在硬件条件，主要分为室内和室外，包括教室建筑风格、设计、布置等。物理环境按区域可以分为家庭环境、社区环境、学校环境等。学前融合教育环境应该特别注重适合特殊幼儿年龄发展的特点。与同龄普通幼儿不同的是，学前特殊幼儿的发展和学习更受自然情境和日常生活影响，因为他们不能自动去适应或利用高质量的学前教育环境，所以为了这些幼儿应更好地注意对物理环境进行调整。

（1）室内活动环境的创设。

创设一个符合学前融合教育课程要求的物理环境是保证教学活动实施的前提条件。在室内活动环境的创设过程中，应该遵循以下原则：

①保证全体幼儿身体健康。出于健康需要，在环境创设时要注意选择易清洗的家具和材料，对玩具表面要做到定期清洗与消毒；不同活动区域都要放置随手可得的清洗用水；在饮食区域要进行一日数次的及时清洗消毒；特殊幼儿自带食物要与其他食物分开放置。

②考虑全体幼儿的需要。在学前融合教育中，环境创设是针对每一个幼儿的，而不仅仅是针对有特殊教育需要幼儿的，所以既要考虑到特殊幼儿的特殊教育需要，又要考虑到普通幼儿的发展需要。既可以利用书架、垫子、橱柜、家具等来划分区域，又可以设计不同质地的接触面来训练触觉，还可利用不同高度、不同材质来帮助特殊幼儿练习“翻”“爬”等运动技能。

③房间布置要注意营造温馨氛围。可以使用软家具、不同质地的物品，尽可能使用自然光；家具、墙面、器材等既要在视觉上有悦目之作用，又不过分刺激；玩具、学习空间要充满各种感官刺激，具有趣味性；教玩具大小适合，材料耐磨，玩具、书籍、图片、书写材料等都要反映不同家庭的文化背景与语言习惯，包括根据需要准备盲文书及放大字体的书籍；添置植物等特殊幼儿喜欢的物品；房间有足够光线，必要时可以拉上窗帘，使用不同的光线度；窗户要有保护措施，玻璃不易碎；声音要有缓冲，有隔音设计，兼顾美学原理。材料、活动和环境要敏锐且适宜地洞察特殊幼儿个体不同的感官需要。

④提供适合家长的舒适环境。学前融合教学中离不开普通幼儿家长的支持，特殊幼儿

的家长则往往作为助教参与其中，帮助教师共同指导特殊幼儿，所以学前融合教育环境的设计也要考虑家长参与的需要。比如，可以设立家长信息中心、家长交流区域，让家长获知每日的活动安排和规则，提供适合家长参考的图书、资料，安排供他们学习的区域。

⑤合理安排区域教学环境。在学前融合教育中，可以明确划分大块活动区域、小块安静区域以及各种有针对性的活动区域。在区域中根据训练目的有针对性地放置教育器材器械等物品。喧闹的活动区域和安静的读书区域要分开；材料、教具、家具等都要适应课程需要，墙面装饰在不同区域反映不同的课程主旨，并且置于特殊幼儿视线位置；早期知识学习可以利用环境进行，如母语发音、加大字体的书、有声读物、盲文书等，同时也要适合不同文化背景、家庭背景的特殊幼儿；教玩具放置在特殊幼儿可以接触到的地方，或者存放于特殊幼儿看不到的隐蔽处，在不同区域内放置储物箱，便于拿取玩具；至少准备三个及以上相同的玩具，便于与普通幼儿进行平行游戏比较；安静区域可放置垫子、摇椅等适宜物品；阅读区域提供适合特殊幼儿发展的书籍；有适宜的灯光、舒适的座椅以满足不同特殊幼儿的需要，家长座椅的安排要有利于亲子阅读。

（2）户外活动区域设置。

学前融合教育不仅仅局限于教室这个封闭的环境中，还有一系列的户外运动。户外不如室内可控，在安全性、监督观察等方面都需要更多关注。由于空间开阔，许多地方成为潜在的危险，所以在环境创设上尤其要注意安全第一。

在学前融合教育中，室外环境创设要考虑那些学前特殊幼儿的优势、缺陷和需要。

室外活动可以提供大肢体运动技能锻炼的机会，还可以提高特殊幼儿游戏水平和社交能力。同时，户外活动提供了充足的自然光、新鲜空气、不同的声音刺激等，还提供特殊幼儿奔跑和尖叫的机会，让特殊幼儿的感官功能、运动技能得到锻炼。

地面铺设可使用自然的小碎石子、细碎果壳等自然材料，也可使用经过人工加工的弹性材料，如经过安全检测的橡胶保护材料等，并有一定厚度；确保器械的周围有一定面积的延伸保护面；达到一定高度的器材在安放时要间隔一定距离并且加固；避免使用有危险性的金属，如开放的S形钩或突出的螺钉；高处安装栏杆或扶手，护栏间隔要小，以免卡住幼儿的头、手、脚；经常检查器材的边角，最好用泡沫或橡胶包裹；清除易使人绊倒的障碍，如石块、树桩及暴露在外的电源插座等；秋千等器材配置安全带等保护装置，安装到适合的高度；经常检查、检修、保养、更新露天器材；有专职人员监督学前特殊幼儿活动的情况，时时确保安全，及时采取措施以避免不必要的伤害。

器材、教具、玩具的选择要做适当的调整，减少对特殊幼儿缺陷的关注，鼓励特殊幼儿面对自然环境中的障碍进行有针对性的训练，使其可以独立、自主地参与活动。器材、教具、玩具等日常学习用具和日常学习计划安排有序、稳定，保持一定的规律性，在常规场合出现。材料的可接近性并不意味着对于学前特殊幼儿来说所有器材都唾手可得，可以适当地放置在他们看得见但拿不到的地方，以训练他们通过言语交流获得材料的能力。

（二）心理环境的创设

创设学前融合教育环境，目的在于使全体幼儿特别是特殊幼儿能掌握社会技能，取得发展性进步，开发最大潜能。对于特殊幼儿来说，身体上的安全是外在的、可以看得见的，而心理上的安全是他们内心的感受，比外在的安全来得更重要。因此，学前教育工作者需关注学前融合教育中的心理环境创设，以使全体幼儿尤其是特殊幼儿获得身心双重安全。

1. 创设良好的师幼互动环境

越来越多的轻度障碍特殊幼儿的家长选择让孩子进入普通幼儿园接受教育。身为教师，应当尊重家长的这一选择。教师要认真对待每一个孩子，对他们一样地温和，一样地敏锐，创建一个和谐的学习环境。因为每个特殊幼儿都是一个独特的个体，都有不同的成长、发展和学习的需要，每个特殊幼儿发展和学习的速率不一，方式也不一样，所以教师首先就要接纳并尊重个体间的差异，尤其是接纳特殊幼儿的发展落后，尊重他们的需要，发掘他们的潜能，重视他们的优势所在而非缺陷。

特殊幼儿从早期的家庭教育环境进入学校环境，是一种转变；教育者从家长转为以教师主导又是一种转变。在这种转变中，特殊幼儿会出现不适应或者心理上的恐惧，这就需要教师发挥主动性，引导特殊幼儿进入一个安全的心理环境。

教师的态度是极为重要的。教师身为师者，其一言一行会影响特殊幼儿，尤其在学前阶段，他们大多数以教师为模仿对象，所以教师的态度决定了他们在此环境中是否开心，是否被接受；同时，教师的态度也影响了其他普通幼儿对特殊幼儿的态度和相处方式。因此，在学前融合教育中，教师的接纳对特殊幼儿而言是一个良好的心理环境。特殊幼儿与普通幼儿实现教育的融合是世界教育发展的趋势，这是社会文明进步的表现。

教师在态度上接纳后，要在教学上也接纳特殊幼儿。因为“最少限制环境”不是简简单单地将特殊幼儿放入与其他一般同龄学前儿童一样的环境，学前融合教育也不仅仅是物理环境上的简单融合。学前融合教育要保证学前特殊幼儿可以得到适合他们发展的服务与支持；特殊幼儿有在“最少限制环境”下参与适合他们年龄活动的机会。教学的目的是培养特殊幼儿情感、认知等方面的能力，使其参与日常生活。针对普通幼儿设计的课程未必适合特殊幼儿，所以一定要进行调整，这样才能给他们提供真正的机会平等。

教师可以用眼神、拥抱、表扬来激励特殊幼儿，让他们认识到学习是有意义的、快乐的事情。同时不忽略他人对学前特殊幼儿的影响，将家长、同龄普通幼儿纳入教学，使其成为一个有效的组成部分。比如：可以在特殊幼儿学习的开端加入成人的帮助，然后根据特殊幼儿的发展情况，逐步减少帮助；也可以让同伴成为最好的示范者和帮助者，通过伙伴教学来达到目的。

2. 创设便于同伴互动的环境

隔离式学前特殊教育体系将特殊幼儿与普通幼儿分离开来，从而使他们很少有共同生活、游戏、学习的机会。有研究表明，即使是在学前融合教育中，也经常会出现有特殊教育需要的幼儿孤独无友的现象。因此，在环境创设时要便于同伴互动。从理论上来说，特殊幼儿从心理上更亲近同龄伙伴，因为他们年纪相仿，有共同的语言、相仿的兴趣爱好等。同伴可以在学习过程中给予及时有效的帮助和支持，可以充分参与到合作学习中进行指导和示范，可以成为特殊幼儿的榜样和模仿的对象，是进行合作学习的最佳人选。

良好的学前融合环境能促进同伴间的合作学习。合作学习为小组成员提供了面对面互动的机会，使他们互相依赖，体现了个体责任，提高了社交技能，获得了小组合作的锻炼。马斯洛的需要层次理论指出，人的行为的内驱力来自自身的需要。合作学习在很大程度上满足了特殊幼儿的交往需要、表现需要、游戏需要，因此能调动他们的学习积极性。“集体动力”理论认为，集体动力是来自集体内部的一种“能源”，在一个合作性的集体中，不同指挥水平、不同知识结构、不同思维方式、不同学习风格的组员可以互相启发、互相补充，在交流的撞击中，产生新的认识，上升到新的水平，用集体的力量来共同完成学习任务。

我们在一项对 6 名自闭症幼儿如何接受学前融合教育的实践研究中发现，经过一年的学前融合教育，除一名特殊幼儿，其他 5 人都在不同程度上与同伴建立起依恋关系。其中：有两名特殊幼儿分别与他所在的班级（一个为普通班，一个为特教班）的同伴形成了较为强烈的依恋关系，在以后接受教育干预过程时，都是以与同伴共同活动的形式来进行的；还有两名特殊幼儿则与某一名特定的同伴（均为普通幼儿）有着较为强烈的同伴依恋，在对这两个特殊幼儿进行教育干预时让特定的同伴也一起活动，强化了特殊幼儿的积极情绪；有一名特殊幼儿，则从完全漠视周围的一切，到对同伴进行长久的注视，用目光表达了对同伴的依恋。在对这名特殊幼儿的观察记录中，摄像机将这种关注同伴的过程拍摄下来，最长的连续注视时间达 20 分钟。

3. 创设便于家园互动的环境

家长在学前特殊儿童成长中不可或缺。国内外有关早期干预的实践和研究表明，父母的参与和配合至关重要，只靠教师的教学远远不够。从家庭教养机构到学校教育安置形式的过渡不能抛开家长的作用。家长参与到了特殊幼儿早期干预计划的制订与实施中，也应理所当然地参与到个别化教育计划的制订中，了解并选择最适合学前特殊儿童的安置形式。

在学前融合教育心理环境的创设中，可以增加家长在托幼机构与孩子接触的时间，安排家长做一些力所能及的事。安排家长作为助理教师，可以照顾到特殊幼儿的特殊教育需要，不影响教师的集体活动安排；可以了解特殊幼儿的能力水平，掌握情况，做出及时有效的观察评估，补充资料及信息；可以在家庭教育中巩固、复习、拓展所学知识技能；可以和教师分享信息；可以和特殊幼儿建立更好更融洽的关系。这些都有利于特殊幼儿更快地适应学前融合教育环境，促进他们与父母之间的亲子关系。

家庭教育是学校教育的延续和补充，学前融合教育应该要求家长参与其中。一方面，家长可以利用有效的观察技能去理解特殊幼儿是否可以在此环境中学到知识、技能和情感，可以在延续的家庭教育中采用相应的教学方法去促进特殊幼儿的学习；另一方面，家长可以参与到教师安排的教学活动中，增加与孩子的互动，让特殊幼儿不产生心理上的恐惧，这样就不会造成行为上的焦虑。

普通幼儿家长的态度直接影响普通幼儿对班级中特殊幼儿的态度和行为，所以对普通幼儿的教育还应该将对他们的家长的教育也纳入其中。学前融合教育机构可以开展一系列活动，如特殊教育普及讲座，帮助家长了解这些学前特殊儿童的现状；亲子活动让所有儿童和家长参与，让家长看到这些特殊幼儿的优点以及他们对平等的渴望。

4. 创设适宜的教学和评估环境

尽可能为特殊幼儿提供一个与其生活环境相类似的真实的自然情境，因为特殊幼儿迁移能力差，很难将从一个情境中汲取的经验运用于另一个情境，所以教师的活动安排、器材使用都要贴近生活。

（1）适宜的教学环境。

用不同的教学方法去帮助特殊幼儿，例如可以通过从讲授到示范再到直接指导，要求特殊幼儿独立完成相关项目；安排独立学习和合作学习相结合，给予特殊幼儿及时的纠正、指导和反馈。同时在教学中也要设置一定的障碍，因为特殊幼儿在未来融入社会的漫长道路中还要经历许多磨难，最初的一帆风顺对他来说并不是一件好事，所以教师在教学过程中要设置一系列真实的障碍，这些障碍要难易有度，是生活中可能遇到的、可以克服的，这样既锻炼了自理能力，又不会挫伤特殊幼儿的自信心。

（2）适宜的教育监督和评估环境。

在学前融合教育机构中，教育环境需要各方进行监督管理，比如家长与教师的日常监督、核查机构的定期检查、行政领导的完善维护等，从而建立完善的体系，明确责任。监督检查机构要自上而下有序地对环境进行监督检查，制定相应的核查表供各阶层的人员对环境进行调整、监督、改善。

学前融合教育是特殊幼儿走向社会的开端，创造良好的物理环境、心理环境，保障特殊幼儿的安全与发展是学前融合教育的关键。在物理环境的创设方面，应着重于为学前特殊幼儿创造一个受最少限制、安全、有效的外在环境；在心理环境方面，在于创设一个让特殊幼儿与同伴、教师、家长之间有效互动的内在环境。两者的最终目的是让特殊幼儿在学前融合教育的环境下获得最大程度的发展。

对于特殊幼儿，每个教育者都有一个心理预期，都希望特殊幼儿往好的方向发展，往既定目标发展。但是特殊幼儿由于能力和发展水平等原因，会出现预期目标未达成的情况，导致幼儿产生自卑、恐惧心理，教师、家长也会随之失望。因此教师要针对具体情况调整期望值，可以适当降低预期目标（但并不是简单地降低要求，而是分解目标）。在这一过程中，教师要提供鼓励、支持并设置适当的挑战项目，帮助学前幼儿达到目标。评估不是为了简单地打分，而是为了评估针对特殊幼儿的教学计划是否合适，特殊幼儿的需要是否得到满足等。

本章小结

本章是我们自己在学前融合教育理论上的探索回溯，主要聚焦了学前融合教育对全体幼儿的发展意义、学前融合教育的理论模式建构以及学前融合教育环境创设的理论思考等三个方面。

思考与练习

1. 学前融合教育对普通幼儿发展的意义何在？
2. 学前融合教育对特殊幼儿发展的意义何在？
3. 如何体现学前融合教育理论模式的实践指导作用？
4. 如何创设有准备的学前融合教育环境？

第五章

特殊幼儿立场的学前融合教育

本章导读

本章将基于特殊幼儿的立场来看学前融合教育的实践。跟随特殊幼儿入园、在园和幼小衔接的步伐，将重点讨论：如何对他们进行保教安置和重点干预？如何为他们制订个别化教育计划和实施适宜的教育干预方法？如何为他们进行有效的幼小衔接？

在此所言的"特殊幼儿"，是指狭义的学前特殊儿童，将聚焦第一章所言及的视力障碍、听力障碍、智力障碍、自闭症和脑瘫五类特殊幼儿。他们虽然是接受保教的对象，但他们更是学前融合教育的主体。如何发挥他们的主体性，如何为他们提供最佳适宜支持，这些都是本章要讨论的重点问题。

第一节　保教安置

保教安置，是指托幼机构根据学前特殊儿童的障碍类型和程度适当地将他们安排在相应融合形式的班级。我们在与保教实践工作者交流中得知，困扰一线教师的是面对不同发展障碍及其程度的特殊幼儿，不知将他们安置在普通班还是特教班，还是应该转介去别的特殊教育机构。为了能给一线教师解惑，本节以视力障碍、听力障碍、智力障碍、自闭症和脑瘫五大类最常见的特殊幼儿为例，具体阐释保教安置的依据和实施。

一、保教安置的依据

让托幼机构教师最感棘手的是，当有发展障碍的特殊幼儿入园时，是把他们安置在

“全融班级”，即完全跟普通幼儿在一起接受保教，还是安置在“半融班级”，即在普通幼儿园里面设置一个特殊班接受保教？为能妥善进行保教安置，通常需以医学评估、家庭信息和教育评估三个部分共同作为依据。针对五类狭义学前特殊儿童的医学评估在第一章已详细描述，在此将聚焦家庭信息和教育评估两个维度来加以阐述。

（一）来自家庭的信息

特殊幼儿在入园前的活动场所主要是家庭。因为家庭是幼儿从出生到成长的第一环境，又是特殊幼儿最熟悉的，所以在家庭环境中他们可能会展示出一种最真实、最自然的状态。因此，从家长处获得安置信息至关重要。教师须通过家长问卷、家长访谈等方法全面了解和掌握行将入园的学前特殊儿童生长发育和心理发展的信息。

然而在与家长的接触中我们也发现，家长有时看不到孩子发展障碍问题所在。还有一种情况是知道自己的孩子有发展障碍，但是怕幼儿园拒绝，在访谈或问卷中不能如实回答。因此，在从家长处获取信息时，首先要打消家长的顾虑，其次要对比教师或其他人的同类调查，进行客观甄别。

1. 家庭问卷

家庭问卷是通过收集一些家庭信息的书面问题，来了解特殊幼儿的发展和行为的事实，以及家长对此的看法。通常是针对特殊幼儿的健康、发展及个人习惯提出问题。

老师首先通过问卷，了解学前特殊儿童从出生到成长过程中个体发展的情况、家庭情况、教养方式、饮食习惯、生活习惯、特殊幼儿的喜好、需要特别关注的地方等。家长每天和特殊幼儿在一起，对其特别熟悉，因此要客观反映特殊幼儿的真实情况，便于老师对特殊幼儿的成长环境、个体发展有进一步了解，掌握第一手资料，为后续教育指导提供依据。

家庭问卷一般包括行为调查问卷和幼儿发展问卷，如图 5－1－1 所示。

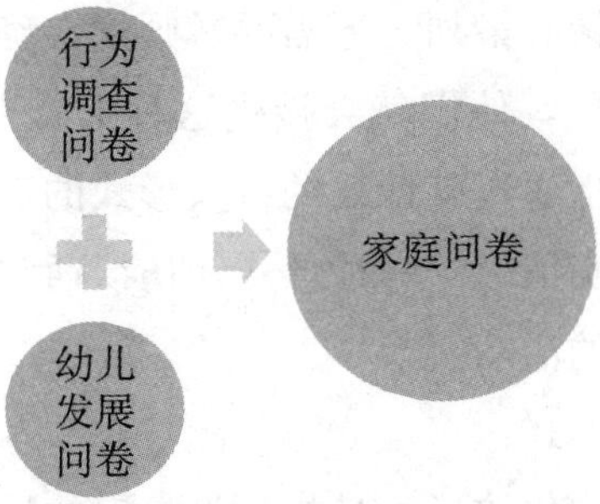

图 5－1－1　家庭问卷的构成

（1）行为调查问卷。这类问卷呈现了特殊幼儿在行为方面面临的挑战。全面的问卷调查涉及特殊幼儿发展、学习、适应及健康等整体发展的优势和弱项。这种问卷对教师很有用。

(2) 幼儿发展问卷。该类问卷通常用于大致了解特殊幼儿的技能和行为，以及判断其是否需要专门的干预，作用是帮助家长和教师了解幼儿身心各个发展领域潜在的问题。教师会根据父母的反映来确定特殊幼儿在每个发展领域的实际情况。

图 5-1-2 显示了针对特殊幼儿评估的常用家庭问卷分类。

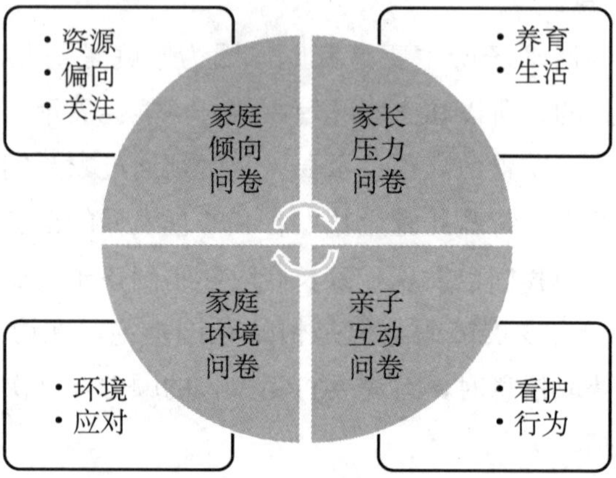

图 5-1-2　收集家庭信息常用问卷的类别

从图 5-1-2 可见，针对特殊幼儿家庭的问卷有四大类别，内容丰富，既涉及家长对学前融合教育的期待和关注，又有亲子间互动的实际情况描述；既关注家长在养育特殊幼儿时感受到的压力，又有对家庭环境和应对生活情况的问询。问卷能帮助教师全面立体地了解特殊幼儿，从而为保教安置工作获取第一手可资参考的书面资料。

2. 家庭访谈

安置开始之际，教师就开始履行基本的责任，将特殊幼儿视为值得尊重的个体，通过家庭谈话，综合考虑家庭、社区文化、语言规范、社会群体、早期经历及当前情况，有效地进行保教安置的准备。

成功的访谈需要的不只是精心策划，还需要教师能够确保交谈氛围舒适并获取有效信息。如果父母感到舒适和受尊重，他们就会接受这种形式，但有时需要更加系统的面试。针对特殊幼儿的家庭访谈，是指通过有计划的口头形式的对话，提问类似于问卷调查的特定信息，以便了解特殊幼儿真实情况的一种形式。访谈通常会设置关于孩子技能和行为的问题或提示，特别是针对日常的活动。

家庭访谈通常有以下两种形式：

(1) 结构化访谈。所谓结构化访谈，是指预设一定的话题，让家庭成员顺着这些问题进行思考并回答的方法。例如：

您孩子最近感兴趣的是什么？

当您想起孩子时，会想到什么词？

您觉得孩子的优势是什么，他（她）有什么特别之处？

您对孩子健康或行为上有疑问或者担忧吗?

(2) 半结构化访谈。在严格的结构化访谈和开放式访谈之间存在半结构化访谈。在半结构化访谈中,通常会设有一个问题类别,但具体问题由访谈情况决定。

家庭访谈的参与者可以是教师和家长,也可以是园方、教师、家长三方。家长介绍学前特殊儿童在家情况及表现,有助于教师了解出现这些状况背后的原因。教师可以进一步了解特殊幼儿的喜好及不愿意干的事情,从而做到心中有数,面对类似的情况时可以及时了解并进行干预。教师还要了解特殊幼儿的成长经历,是否有医院诊断,多方面了解、分析。对于已经确诊的学前特殊儿童,教师在进行访谈时一定要换位思考,引导家长从特殊幼儿健康发展的角度来看待他们的行为和表现,正视特殊幼儿出现的问题,不回避。

表 5-1-1 呈现了以家庭为中心的访谈模式,通常由介绍、调查、总结和偏向、结束四步构成,每一步都有其独特的目的性。

表 5-1-1 以家庭为中心的访谈模式

访谈阶段	目的
1. 介绍 A. 解释访谈目的 B. 确认时间分配和访谈格式 C. 讨论隐私问题 D. 设置物理环境 (如果可能的话)	缓解家长的焦虑,并创造恰当的倾听氛围
2. 调查 A. 开放式陈述 B. 家长是谈话的主角,这是访谈的主要部分	● 验证评估信息,并突出有关内容 ● 识别家庭需要、优势和资源以及其他领域
3. 总结和偏向 A. 总结性陈述 B. 探索家庭偏向	● 澄清与家长所关注问题的一致之处与不一致之处 ● 就家庭需要什么达成一致 ● 对满足需要的顺序达成一致
4. 结束 A. 认可并感谢家长对于干预人员的贡献 B. 确定有关家庭和干预人员在今后的会谈中要达成的或为之努力的目标	● 认可家长的努力 ● 关注下一步会谈将要完成的目标或行动

资料来源:班杜拉-乌兹. 特殊需要婴幼儿评估的实践指导 [M]. 钱文,刘明,译. 上海:华东师范大学出版社,2005.

从表 5-1-2 可见,与家长访谈的主题主要聚焦在特殊幼儿身上,从他们的身体发育情况到语言、情绪和社会性发展等都有所涉及。

表 5-1-2 和家长访谈的可能性主题

侧重点	领域
家庭	对评估过程的理解 家长所关注的问题 有关家庭信息/健康史

续前表

侧重点	领域
幼儿特别是特殊幼儿	健康状况 进食与言语行为 独立便溺 睡眠 社会适应 应付技能 语言和交流行为 喜好的玩具和游戏 家庭以外的经历 感觉、恐惧和情绪

资料来源：班杜拉-乌兹．特殊需要婴幼儿评估的实践指导［M］．钱文，刘明，译．上海：华东师范大学出版社，2005.

3. 家庭观察和表现记录

除了上述通过问卷和访谈对学前特殊儿童做比较全面的了解，为增加信息的客观性，促进之后的学前融合教育的有效家园互动，还应该引导家长对幼儿进行日常生活的观察。下面是根据五大类发展障碍幼儿的特点总结的观察注意事项。

（1）有视、听障碍的幼儿的观察要点。

- 有醒目的物品放在面前时，是否有去拿的愿望
- 看电视的时候是否喜欢凑得很近
- 看东西时是否有喜欢抬头看、低头看、歪着头看的行为
- 在两耳分别发出响声时是否会被声音惊醒
- 对来自身后不同方位的声音是否会循声找寻

（2）有智力发展障碍的幼儿的观察要点。

- 是否会主动注视四周的变化
- 是否对玩具缺乏兴趣
- 是否容易精神不集中、反应迟钝
- 在学会走路后（甚至2～3岁）两脚是否相互乱碰导致频繁跌倒

（3）有肢体障碍的幼儿的观察要点。

表5-1-3归纳了以脑瘫为代表的肢体障碍儿童的观察要点。

表5-1-3　须引起警惕的脑瘫幼儿的观察要点

月龄	症状
3个月	视觉跟踪不灵敏，头围明显小于同龄宝宝
3～6个月	拇指时常内收于掌心
6个月	换尿布时双腿分开比较困难（可能肌张力异常）
12个月	走路时常踮起足尖，像跳芭蕾舞一样

续前表

月龄	症状
0～36个月	身体左右明显不对称：一只手明显比另一只手灵活；爬行中有一条腿不会发力，拖在后面

（4）有自闭倾向的幼儿的观察要点。

因为自闭症儿童大都同时兼有智力、语言、社会和情绪等障碍，所以在这里仅以较小篇幅来阐述观察要点。在日常生活中，家长可以从社会交往、言语能力以及兴趣和行为这三个方面来观察。

①社会交往。

- 是否经常有不理人、不看人，对人缺少反应的行为
- 是否很少与人有眼神交流
- 是否很少与同伴游戏和模仿同伴行为

②言语能力。

- 语言发展是否较同龄孩子迟慢或完全缺失
- 是否对他人的口语有不同程度的理解困难
- 是否出现重复他人说话的鹦鹉学舌式语言

③兴趣和行为。

- 是否特别喜欢旋转的物体，还经常拍手、转圈、尖叫
- 当改变某种固定习惯时情绪是否会特别不稳定、大发脾气
- 是否有特别狭窄而特殊的兴趣范围，玩法单调反复，缺少变化

除了上述观察要点，还可请家长把特殊幼儿在家的一些生活场景拍摄下来，比如在家进餐、盥洗、游戏、运动等，让老师对在居家自然、真实情境中的特殊幼儿有更全面了解和解读。对学前特殊儿童了解得越多，对其保教安置和干预就会越有针对性。在这个过程中，家长也能更全面地认识特殊幼儿存在的问题，更清楚地看到其优势和不足。真实的视频记录既为保教安置提供了参考，也为学前特殊儿童适应幼儿园生活、融入集体提供了有价值的信息。

（二）教育评估

要对特殊幼儿进行妥善的保教安置，并对之进行有效保教干预，除了来自医学和家庭的信息，还有一个重要信息来源就是保教人员的日常观察和运用工具进行的关联评估，因为保教安置不是一锤定音，而是一个随时调整的过程。

1. 保教一线的日常观察

对不同发展障碍的特殊幼儿，保教人员应对其日常行为表现有较为深入的观察和

分析。

（1）可聚焦特殊幼儿的与众不同之处。

对于特殊幼儿，有时一接触就会发现其与众不同，比如视障幼儿、听障幼儿、唐氏综合征幼儿等，我们可以从他们的表现或是借助辅助工具发现其与普通幼儿的不同。但是有一些特殊幼儿是需要我们在与其接触的过程中逐渐发现其异常的，如眼光的游离、情绪的异常、自残行为、攻击性行为、破坏行为、无语言沟通、不听指令、不遵守规则等，一系列异于同龄孩子的表现或行为，教师都要重视。

在幼儿园一日活动中常常会发生以下场景：当其他同伴坐在椅子上专注地听老师讲故事时，有的幼儿会站起来在教室里走动，甚至跑出教室；进行游戏分享时，大家都在认真听讲，有的幼儿会大声尖叫；大家在玩游戏时，有的幼儿把玩具弄得满地都是；班级里种的植物和饲养的小动物，也会被有的幼儿伤害；有的幼儿不喜欢与大家一起游戏，喜欢独处，喜欢旋转的物品；有的幼儿不会表达自己的需求；有的幼儿听不懂老师的指令。当班级中有这类幼儿出现时，老师要引起重视，多关注，多观察，多记录，把他们的一些异常言行记录或拍摄下来，及时与园长、家长沟通。

（2）可以根据各类发展障碍的特点来观察特殊幼儿。

①视力障碍幼儿。视力障碍幼儿有两类：一类往往有盲相或称“盲态”，表现为快速地摇头，按揉眼睛，偏着脑袋，将自己的手在眼前晃动并转圈，表情呆滞，行走时手脚动作不协调，摇摆身子等。另一类是低视力幼儿，他们虽不那么容易被发现，但是可以通过以下几个方面进行辨别：在过度用眼后或近距离看物品时，时常按揉眼睛；看东西时常常把一只眼睛闭上或遮住；对强光或一般的光线都非常敏感；有一些特别的面部表情和动作，如眯着眼睛看、眨眼睛、皱眉、面部扭曲等。但是这类幼儿的听觉、触觉、嗅觉的灵敏度较正常幼儿发达。

②听力障碍幼儿。听力障碍严重的幼儿一般都能被较早确诊，但轻度听力障碍幼儿往往长期不被发现，导致将他们的行为及学习问题归咎于智力落后、情感障碍，不利于他们今后的成长。出现以下任何一种行为都可能预示着幼儿有听力障碍：喜欢侧耳倾听，常把一耳侧向老师，甚至手掌贴在耳朵后面；经常请求教师重复讲过的话；常使用手势及其他动作；语言发展迟滞，不能完成口头指令；喜欢学别人做动作；表现出一定的行为问题等。

③智力障碍幼儿。如果是唐氏综合征，我们从外表上能很快辨识出来；如果不是，我们需通过其行为表现来识别。有智力障碍的幼儿与普通幼儿比较，其行为常表现出固执性，缺乏随机应变的能力。他们在个性上的特点是主动性不足，不善于控制自己的行动，

更缺乏有目的行动，容易为外在动机所左右。在活动中，智力障碍幼儿对自己感兴趣的活动愿意参与，但是在活动中常常由于能力的限制，不能和同伴很好地一起游戏，有时甚至会出现各种状况，如不遵守规则，甚至有捣乱行为出现。

④自闭症幼儿。他们不喜欢与人交往，或逃避与人交往的机会。在游戏活动中，往往独来独往，很少与同伴一起游戏，更鲜有互动。在集体活动中，注意力不能集中，多动，难以坐在自己的座位上听讲，并经常干扰同伴活动。有攻击性行为或破坏行为，有的还有自残行为。

⑤脑瘫幼儿。从观察中很容易发现大多数脑瘫幼儿与普通幼儿的不同，他们常常需要支架、拐杖或轮椅来帮助自己行动。有些特殊幼儿智力上可能正常，有些可能智力低下，对他们的观察，应该更多聚焦在其情绪表达和言语交流上。因他们在行动上受到很大限制，所以在学习活动和游戏活动甚至生活自理方面都可能会有更大的局限性。通过观察和有针对性的指导，增强他们的感觉能力、认知能力、情感反应乃至运动能力至关重要。

2. 相关评估工具的运用

保教一线教师不仅需要日常观察，还须借助关联评估工具，以期迅速准确地对特殊幼儿进行甄别和安置考量。

我国目前使用或编制的评估依据主要有《丹佛发育筛选测量修订本》《幼儿发育核查表》《学前特殊儿童发展评估工具》等。

《丹佛发育筛选测量修订本》提供了目前最普遍的发育筛查方法，运用的是发源于美国的丹佛发育筛查测验（Denven Developmental Screening Test，DDST）。该筛查法用于早期发现 2 个月至 6 岁小儿智力发育问题（初筛）。保教工作者运用丹佛发育筛查测验对可能有问题的儿童进行筛查，对有高危因素的儿童进行发育监测。丹佛发育筛查测验从多个维度评价 0～6 岁儿童的心理行为发育，帮助我们了解他们发育的各个里程碑的程序性和时间性，其检查和评价方法是我们了解儿童发育评价方法的基础。

《幼儿发育核查表》由汤盛钦、韦有华和高民根据《发育量表》（Developmental Checklists）编译修订。发育量表的 A 式适用于 4～6 岁幼儿，B 式适用于 6 岁以上者，我们适用的是 A 式，故译为《幼儿发育核查表》。《幼儿发育核查表》的修订版共有 139 个项目，由一般情况、听觉、视觉、运动、语言、行为和认知等七个部分构成，专业人员和教师以及父母可以用它了解 4～6 岁幼儿目前的心理发展和行为特点及存在的问题。

《学前特殊儿童发展评估工具》由上海市教委编制，对学前特殊儿童五大领域进行评估，包括感知能力评估表、运动能力评估表、认知能力评估表、语言与沟通能力评估表、社会适应能力评估表。学前特殊儿童感知能力评估表包括视觉、听觉、触觉、平衡觉、本体觉和其他觉等六个分量表。学前特殊儿童运动能力评估表包括颜面部运动、口腔运动、头颈部运动、躯干运动、上下肢运动、手指运动、复杂运动等十一个分量表。学前特殊儿童认知能力评估表分七个评估模块，即注意、记忆、模仿、恒常性、概念学习、推理、问题解决，每个模块又分为两到三个评估维度。学前特殊儿童语言与沟通能力评估表包括听说生理功能、辨音与构音能力、词语理解与运用能力、会话技能、语用能力、非言语交际能力、沟通态度与沟通习惯等七个模块。学前特殊儿童社会适应能力评估表包括家庭适应能力、学校适应能力和社区适应能力三个分量表。

除了立足本国的关联评估工具，我们还可借鉴国外的一些评估工具（见表5-1-4）。

表5-1-4　不同障碍领域的评估量表

障碍类型	测验/作者	适用年龄范围
听觉	卡罗莱纳聋和听觉障碍儿童图片词汇测验 (Layton & Holmes，1985)	2岁6个月至6岁
	哥伦比亚心理成熟度量表（第3版） (Burgemeister，Blum & Lorge，1972)	3岁9个月至9岁11个月
	引发语言的语法分析 (Moog & Geers，1983)	2岁6个月至11岁11个月
	希斯基-内布拉斯加学习能力测验 (Hiskey-Nebraskatest，1966)	3岁至18岁
	约瑟夫学前和小学自我概念筛选测验 (Joseph，1979)	3岁6个月至9岁11个月
	考夫曼儿童评估调查表——非言语量表 (Kaufman & Kaufman，1983)	4岁至12岁6个月
	雷特国际操作量表（阿瑟修订版） (Arthur，1952)	3岁至8岁
	梅德-坎道尔聋和听觉障碍学生社会-情感评估表——学前量表 (Meadow-Kendall，1983)	3岁至6岁11个月
	独立行为量表 (Bruininks，Woodcock，Weatherman & Hill，1984)	婴幼儿
	史密斯-约翰逊非言语操作量表 (Smith-Johnson，1977)	2岁至4岁
	文兰适应性行为量表——修订调查表 (Sparrow，Balla & Cicchetti，1984)	婴幼儿

续前表

障碍类型	测验/作者	适用年龄范围
聋-盲双残	卡利亚-阿祖萨量表：对聋-盲双残儿童的评估 （Stillman，1974）	出生至 8 岁
视觉	WPPSI 盲童（修订版） （Ray & Ulissi，1982）	4 岁至 6 岁 5 个月
	贝特尔发展调查表 （Newborg，Stock，Wnek，Guidubaldi & Svinicki，1988）	出生至 8 岁
	布里根斯早期发展诊断量表（修订版） （Brigance，1991）	出生至 6 岁 11 个月
	视觉障碍学生发展技能的非正式评估 （Swallow，Mangold & Mangold，1978）	出生至 16 岁
	帕金斯-比纳盲人智力测验 （Eavis，1980）	3 岁至 18 岁
	学前儿童定向和运动能力筛选 （Dodson-Burk & Hill，1989）	出生至 5 岁
	语言理解和表达量表：对视觉障碍者的评估 （Anderson & Smith，1979）	出生至 5 岁
	瑞奈尔-辛金发展量表——视觉障碍 （Reynell & Zinkin，1979）	出生至 5 岁
	斯坦福-比纳智力量表（第 4 版） （Thorndike、Hagen & Sattler，1986）	2 岁至成人
	基本概念的触觉测验 （Caton，1986）	5 岁至 9 岁
行为评估	学前聋童操作量表 （Moog & Lane，1984）	2 岁至 5 岁 5 个月
	养育压力指数 （Abidin，1995）	1 个月至 10 个月
	学前学校和幼儿园行为量表 （Merrell，1994）	学前与幼儿园幼儿
	基于游戏的跨学科评估 （Linder，1993）	婴儿至 6 岁
自闭症	针对教育计划的自闭症筛选工具 （Krug，Arick & Almond，1993）	婴儿和幼儿
	针对自闭症和异常儿童的行为评定工具 （Marcus & Baker，1986）	54 个月以下幼儿
	针对自闭症及发展性障碍儿童的个别化评估和处置 （Schopler，Reichler，Bashford，Lansing & Marcus，1979）	1 岁至 12 岁

资料来源：班杜拉-乌兹．特殊需要婴幼儿评估的实践指导［M］．钱文，刘明，译．上海：华东师范大学出版社，2005.

从表5-1-4可见，对特殊幼儿的障碍领域评估主要分为听觉、视觉、行为评估和自闭症，这些评估量表年龄跨度虽然大，但都适用于学前特殊幼儿。

综上所述，为使保教安置和学前融合教育中的教育干预更具适宜性，除了医生出具的专业诊断，还可以通过家庭访谈、问卷以及观察调查来了解特殊幼儿的身心发展情况；同时保教一线教师还可以依据日常生活观察和使用关联评估工具，对特殊幼儿进行贯穿一日生活的评估，通过评估了解他们具备的各种能力与发展水平，同时发现其优势能力和弱势能力，为后续教育康复提供依据，扬长补短、因材施教，促进学前特殊幼儿的全面发展。

二、保教安置的实施

下面对五类特殊幼儿的具体保教安置理念、形式、流程进行说明。

（一）保教安置理念

学前融合教育以学前特殊幼儿获得爱与尊重、生存与发展的需求为核心，在“学前融合保教”理念的倡导下，主张将有特殊教育需要的幼儿尽可能安置在普通幼儿园乃至普通班中，与普通幼儿一起进行生活、游戏、学习和运动。

1. 尽可能融合

不管何种发展障碍，特殊幼儿都应该尽可能在幼儿园这个大环境中，与普通幼儿平等享受到来自幼儿园科学、全面的保教与关怀，让学前特殊幼儿以适合自己的方式和节奏发展。在保教安置过程中，应注重学前特殊幼儿与普通幼儿的共同发展。为此，我们须构建普特融合、保教并重的课程体系，以利增进学前特殊幼儿在自然环境中与普通幼儿的交往，为将来融入社会奠定基础。

2. 有效融合

对每个学前特殊幼儿如何进行融合安置，取决于其适应能力、个体发展水平、家长意愿、医教结合评估等。幼儿园一日生活皆课程，在一日生活中，要鼓励学前特殊幼儿在老师、同伴、家长的帮助和支持下融入班级集体中，适应班级的环境，能参与到游戏活动、生活活动、运动活动、学习活动中，遵守各种规则，进行简单的交往。同时教师要营造班级良好的融合氛围，接纳、悦纳特殊幼儿，在互帮互助、温馨和谐的氛围中，使普特幼儿共同成长。

3. 促进师幼互动

幼儿园管理者、教师、幼儿和家长应该积极互动，通过各种努力排除特殊幼儿在幼儿园中的参与障碍，减少甚至消除任何歧视行为。每位教师、每位工作人员和普通幼儿，用爱心接纳学前特殊幼儿，一起生活和游戏，在共同活动中互帮互助。

（二）保教安置形式

关于保教安置形式，将分别从群体和个体两个层面来陈述。

1. 群体视角

从群体视角来看，保教安置主要有三种形式：全融合、半融合和非融合。

（1）全融合安置形式。它是将学前特殊儿童完全安置在普通班级中，全部时间都和普通幼儿在同一环境内学习和接受融合教育。这是限制最少的环境，适合一些障碍程度比较轻、情绪比较稳定、能听懂简单指令、能进行简单生活自理能力的学前特殊儿童。

（2）半融合安置形式。它指学前特殊儿童部分时间和普通幼儿一起学习，部分时间在特教班进行生活活动、游戏活动、学习活动等，抑或在资源教室接受教育康复训练。接受半融合安置形式的主要是中重度学前特殊儿童，通过教育评估发现其优势与发展的可能，选择性安排到普通班参加部分活动的融合。这种安置形式对学前特殊儿童的限制程度略为增加，但经过实证研究，对中度以及部分重度的视力、听力、智力障碍幼儿以及自闭症幼儿而言，半融合模式是最行之有效的。

（3）非融合安置形式。它指学前特殊儿童在一起，在特殊教育机构或干预机构接受保教。一般重度或极重度发展障碍的幼儿进入这种安置模式。这些特殊幼儿平时无法和普通幼儿一起接受保教，但附近有爱心的普通幼儿园园长可能会定期安排“反向融合”，即让普通幼儿到机构与特殊幼儿进行一些生活活动或游戏活动。

在这三种教育安置形式中，我们应依据“最少限制环境”的原则，将学前特殊儿童安置在融合程度尽可能高一些、限制相对更少一些的教育形态中，并根据他们的情况做适当弹性的教育安置调整。

上述三种形式主要针对 3～6 岁特殊幼儿，对 0～3 岁特殊婴幼儿的安置见表 5-1-5。

表 5-1-5　对 0～3 岁特殊婴儿的弹性化多元安置形式

康复安排	适应人群	目标
一周一次来特教指导中心	0～2 岁特殊婴幼儿，极重度特殊婴幼儿	指导家长掌握必要的康复技能，观察婴幼儿发展状况，制订合理的计划，融洽师生感情
一周多次来特教指导中心	2～2.5 岁中度特殊幼儿	帮助个体康复与家长指导相结合，实施教育服务
半日制特教指导中心训练	2.5～3 岁中、轻度特殊幼儿	因人而异，实施学前融合教育并进行家教指导
全日制特教指导中心训练	即将升入实施学前融合教育的托幼机构特教班的幼儿	实施学前融合教育的同时，进行家园互动工作
送教上门	极重度特殊婴幼儿	了解婴幼儿家庭教育情况，适时指导或制订可行的个别化教育计划

2. 个体视角

从个体视角出发，主要是根据特殊幼儿不同的障碍种类和程度进行相应的保教安置。

（1）视觉障碍幼儿。

二级低视力幼儿应安置在普通幼儿园的普通班接受学前融合教育；一级低视力幼儿应安置在普通幼儿园的特教班；一级盲和二级盲幼儿则应安置在盲童学校。

（2）听觉障碍幼儿。

听觉障碍幼儿如果戴上人工耳蜗或助听器，能使听力损失在26～40分贝甚至41～55分贝水平，他们都应安置在普通幼儿园的普通班接受学前融合教育；如果听力损失在56～70分贝水平，可能就需安置在聋校的学前班。

（3）智力障碍幼儿。

运用韦克斯勒智力量表（4～7岁儿童量表）测出的智商范围在55～69，社会适应行为略低于一般幼儿的水平，可安置在普通幼儿园的普通班；测出的智商在40～54之间，社会适应行为显著低于一般幼儿的水平，建议安置在普通幼儿园的特教班；测出的智商如低于40，且有非常严重的社会适应障碍的，则建议安置在特殊教育机构或辅读学校的学前班。

（4）自闭症幼儿。

自闭症幼儿的智力、语言、情绪控制和社会适应行为虽有明显的障碍，但其综合发展水平只是略低于一般水平的幼儿，且无特别明显的伤人行为，可安置在普通幼儿园的普通班；自闭症幼儿的智力、语言、情绪控制和社会适应行为有非常明显的障碍，综合发展水平显著低于一般水平的幼儿，且有明显的伤人行为或自伤行为，建议安置在普通幼儿园的特教班；自闭症幼儿的智力、语言、情绪控制和社会适应行为有极其明显的障碍，其综合发展水平显著低于一般水平的幼儿，且有特别频繁的伤人行为，则建议安置在特殊教育机构或辅读学校的学前班。

（5）脑瘫儿童。

除非完全无法独立行走、摄食和如厕等，脑瘫幼儿应该都安置在普通幼儿园的普通班。

（三）保教安置流程

在保教一线安置特殊幼儿，通常须有七个步骤，如图5－1－3所示。

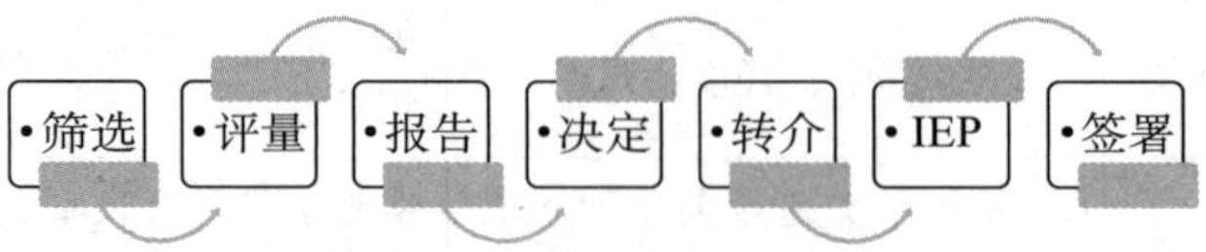

图5－1－3　保教安置的基本步骤

具体操作步骤如下：

（1）筛选。父母、教师和医生等任何与特殊幼儿有关的人员通过观察或运用筛选工具发现有特殊需要的可疑对象。

（2）评量。由评估小组利用适当的正式或非正式的诊断工具进行评分和解释。

（3）报告。由评估小组及父母共同讨论评估结果。

（4）决定。由专门小组检查特殊幼儿的特殊教育需要并对其接受学前特殊教育的资格进行审核。

（5）转介。特别严重的学前特殊儿童转介给特殊教育康复指导中心或特殊学校的学前班等。

（6）IEP。为进入普通幼儿园接受学前融合教育的特殊儿童设计个别化教育计划。

（7）签署。父母或监护人同意转介或签署个别化教育计划。

综上所述，本节以五大类最为常见的发展障碍幼儿为例，重点阐述了在学前融合教育中，对学前特殊儿童进行保教安置的依据和措施，以期为保教一线人员提供实践指南。

第二节　计划与干预

在特殊幼儿得到妥善安置进入学前融合教育场所后，首要的任务就是为他们制订个别化教育计划和合适的教育干预方法。第六章和第七章将详细讨论在幼儿园的一日活动中如何促进特殊幼儿的五大领域发展。

一、个别化教育计划

个别化教育计划（individualized education program，IEP），原针对学龄阶段的发展障碍儿童制订，但现在已渗透到了学前融合教育领域。

（一）概念和原则

了解个别化教育计划的概念，知晓其制订原则，将有助于保教一线教师在学前融合教育中为特殊幼儿度身定做教育计划。

1. 概念

个别化教育计划是为接受特殊教育的每一位学前特殊儿童制定的适应其个人发展需要的教育方案。对学前特殊儿童实施学前融合教育之前必须组织一个包括教育行政人员、带班教师、父母及特殊幼儿（必要和可能时）在内的小组，共同商定教育或训练的内容及措施，制定一份书面教育方案。

这份教育方案应包括以下内容：特殊幼儿达到身心发展水平的说明，特殊幼儿在园期间预期达到的短期发展目标和长期目标，给特殊幼儿提供学前融合教育和服务的项目，实施上述教育服务的预定日期和实施期限，以一年为周期的评估目标、评估办法及评估日程表。

2. 原则

虽然学前特殊儿童的发展障碍种类和程度各有不同，但为他们制订个别化教育计划时所应秉持的原则有共通性。与制定保教安置方案相同，教师需参照特殊幼儿的评估结果和安置情况，确定初步的个别化教育计划。在实施计划过程中，应依据特殊幼儿自身发展状况及家长反馈做适时调整。经过一段时间后，教师对幼儿自身及家长的反馈进行反思，对幼儿做重新评估。个别化教育计划制订的依据主要来自特殊幼儿自身发展水平和家长的反馈以及普通幼儿的反馈。

（1）需根据特殊幼儿自身发展水平。

幼儿自身发展水平是制订个别化教育计划的主要依据，唯有此才可能真正做到“因材施教”。因此，每学期开始，要对每个特殊幼儿进行能力评测，根据特殊幼儿的自身发展状况，确定他们的发展基线水平，由此制订个别化教育计划的内容、方法和时间，在此基础上对幼儿实施学前融合保教。在这个过程中，应当为每个特殊幼儿做好个别化训练记录，根据实践情况，组织教师和家长乃至医生一起进行评估讨论，并适时、适当地调整个别化教育计划。

（2）需根据特殊幼儿家长的反馈。

家长是特殊幼儿的照料者和第一任教师，因此他们的反馈也是制订个别化教育计划的重要依据。家长能为我们提供特殊幼儿在家庭中的日常表现情况，使我们加深对这些特殊幼儿的动态了解，从而制订出有针对性的个别化教育计划。我们可为家园互动设计两个个别化教育计划版本的记录表格，请家长负责填写家庭版记录表，主要涉及特殊幼儿完成个别化教育计划情况、家长对特殊幼儿的评估及反馈意见，这份记录表每周收回一次。个别化教育计划制订小组汇总后再进行评估和修改个别化教育计划。

（3）需根据普通幼儿的反馈。

特殊幼儿参加学前融合活动最重要的收获莫过于能和普通幼儿一起学习和生活，这为特殊幼儿融入主流社会打下良好的基础。普通幼儿对特殊同伴的融合活动的评价也是重要的反馈。幼儿的评价与教师的评价不同，他们的观察更细致入微，评价更富情感化，能反映更多的细节。因此，每次融合活动结束后，都应选一些在活动中与特殊幼儿互动较多的幼儿进行简单的个别访谈。访谈可以是半开放的，但主要应该有“今天你和×××玩了什么？”“你喜欢和×××一起玩吗？”“你觉得和上次比起来今天他玩得怎么样？”“你觉得他和你一起玩的时间应该长一点儿还是短一点儿呢？为什么？”等等。在这样的访谈中，教师经常能捕捉到一些重要的信息，补充教师的反馈，作为特殊幼儿融入集体教育个别化教育计划的重要依据。

（二）具体内容

在制订个别化教育计划时可以分为两个部分：一是将学前特殊儿童置于集体之中实

施集体性教育计划，二是根据学前特殊儿童的发展障碍和类型来度身定做个别化教育计划。

1. 融入集体的个别化教育计划

为了能让特殊幼儿迅速地融入学前融合教育集体中，有必要为他们制订融入集体的个别化教育计划。如前所述，在制订个别化教育计划前，教师应先对特殊幼儿进行综合评估，在全融合或半融合的教育情境中，制订出相应的个别化教育计划，并安排相应的学前融合教育活动时间。

制订的融入集体的个别化教育计划并非固定不变，而是根据幼儿自身发展状况、普通班教师和幼儿的反馈进行实时调整。教师对反馈整合与反思后重新评估，确定恰当的安置模式，最终制订新的教育计划。为特殊幼儿制订融入集体的个别化教育计划的步骤和内容见图 5-2-1。

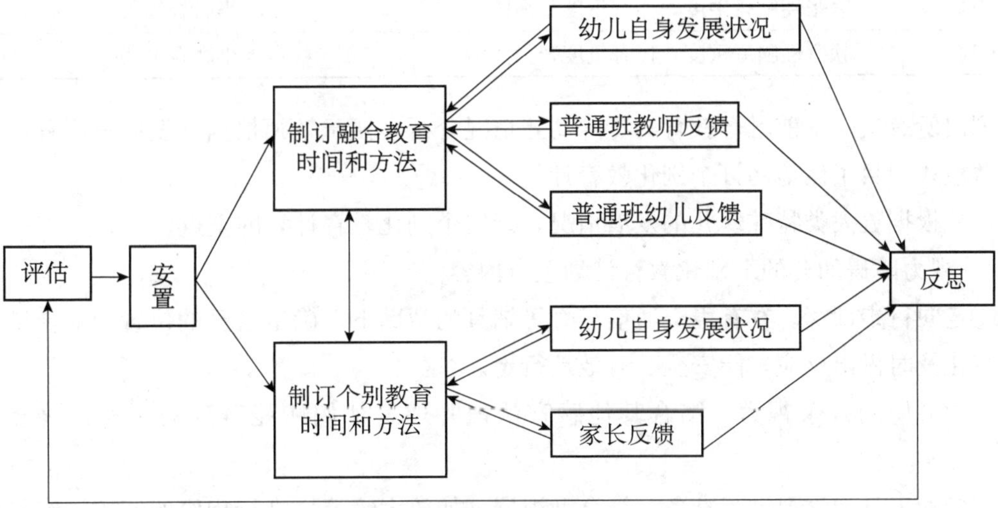

图 5-2-1 为特殊幼儿制订融入集体的个别化教育计划步骤

资料来源：雷江华．融合教育导论［M］．北京：北京大学出版社，2012.

从图 5-2-1 可知，当特殊幼儿接受保教安置后，就应立即根据特殊幼儿发展状况及家长反馈来编制个别化教育计划，而这个过程是来回往复直至进入“反思”阶段；而在“反思”阶段，还会吸纳普通班幼儿及教师的反馈，这些又为特殊幼儿制订融入集体的个别化教育计划提供参考。整个过程类似“循证医学”，数次验证、数次修改，循环往复以日臻完善。

2. 根据个体特征的个别化教育计划

学前融合教育会接纳各种类型的特殊幼儿，在此仍以最常见的五大类发展障碍幼儿为例，具体说明如何根据他们的障碍类型和程度来制订个别化教育计划。

（1）制作所有接受学前融合教育的特殊幼儿的情况分析表，如表 5-2-1 所示。

表 5-2-1　学前特殊幼儿的情况分析表

调查对象	残障类型与残障程度	安置模式
C1	自闭症轻度与语言障碍	全融合模式（个训时至特教班）
C2	紧张性脑瘫中度，智力正常	全融合模式（个训时至特教班）
C3	自闭症中度，有语言	半融合模式
C4	自闭症中度，有语言	半融合模式
C5	自闭症中度，无语言	半融合模式
C6	自闭症重度，无语言	半融合模式
C7	唐氏综合征，中度智力障碍	半融合模式
C8	紧张性脑瘫中度，伴有中度智力障碍	半融合模式
C9	紧张性脑瘫中度，伴有中度智力障碍	半融合模式
C10	软瘫性脑瘫重度，伴有重度智力障碍	半融合模式
C11	紧张性脑瘫中度，伴有重度智力障碍	半融合模式
C12	软瘫性脑瘫重度，伴有重度智力障碍	半融合模式

列出所有接受学前融合教育的特殊幼儿情况分析，便于教师根据其发展障碍程度和保教安置模式一目了然地制订个别化教育计划。

（2）根据五大类特殊幼儿的发展情况，确定个别化教育计划的重点。

1）视力障碍幼儿的个别化教育计划重点内容。

①定向行走训练。在有声交通信号灯等辅具的帮助下，确定自己的位置，对街道和路面的变化及时做出反应，能安全、有效地行走。

②学会使用残余视力。结合其他感官认识并理解他们所能看到的一切，学会生活自理。

③借助工具为学习进行准备。结合助视器（如放大镜等）进行相应的使用训练，为学习文化知识做准备。

④自己保管辅具。尽可能自己取、戴视觉辅具，需要时在教师协助下摘下或戴上。

2）听力障碍幼儿的个别化教育计划重点内容。

①听觉训练。包括听觉察觉、听觉注意、定位、识别、记忆、选择、反馈等。

②模仿声音。去听生活中各种声音，包括流水声、铃声、翻书和走路的声音等。

③口语训练。鼓励发声表达自己的意愿，结合语境重复正确发音，提高口语表达能力。

3）智力障碍幼儿的个别化教育计划重点内容。

①感知能力。视觉、听觉、触觉、肤觉、味觉、口腔感觉、嗅觉、本体感觉训练。

②运动能力。粗大动作、精细动作和身体协调能力练习。

③语言能力。听懂指令、读懂简单的文字、口语表达、简单的书面语表达。

④自理能力。穿衣、脱衣、吃饭、排便、使用交通工具等独立生活技能。

4）自闭症幼儿的个别化教育计划重点内容。

①行为优化。改善发脾气、扔东西、攻击性行为、自伤行为等。

②语言提升。通过社会交往增强言语理解、言语表达和语用交流。

③社会生活技能。社交礼仪、人际交往基本能力等。

5）脑瘫幼儿的个别化教育计划重点内容。

①静止性肌张力。改善坐、站姿态。减缓坐-站时的痉挛。

②姿势性肌张力。加强坐-站协调性。降低肌张力，减少坐-站迟缓。

③运动性肌张力。克服肌张力障碍，增强运动弹性。

二、保教干预的模式

根据学前特殊儿童的发展障碍种类和程度量身定制个别化教育计划后，重要的就是进行保教实践。在此主要聚焦常用于学前特殊儿童的保教干预模式。在幼儿园实施的学前融合普通课程将在第六章阐述。

（一）应用行为分析模式

应用行为分析模式，是根据行为主义的原理与方法来改善学前特殊儿童行为的模式，具体流程见图 5-2-2。

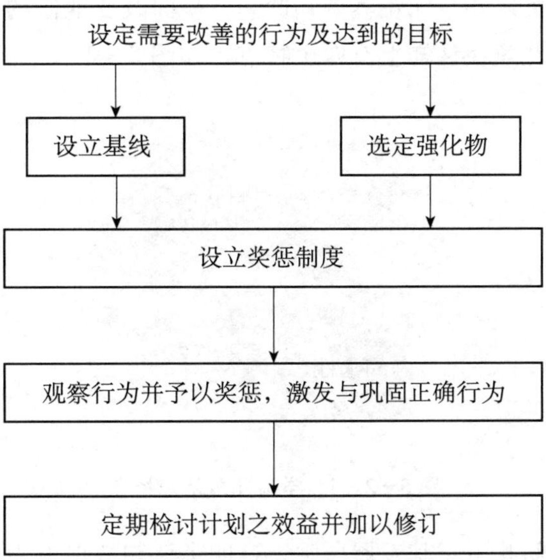

图 5-2-2　应用行为分析模式流程

根据图 5-2-2 所示，首先应为学前特殊儿童设定学习与训练目标，设计合适的情境和选定可影响目标行为的强化物，这些强化物可以是正强化的鼓励，如拥抱、微笑或物质奖励，也可以是负强化的惩戒，如暂时限制某种权利等，以此增加、矫正或消退他们自发的不适宜行为，建立新的适宜性适应行为（见图 5－2－3）。

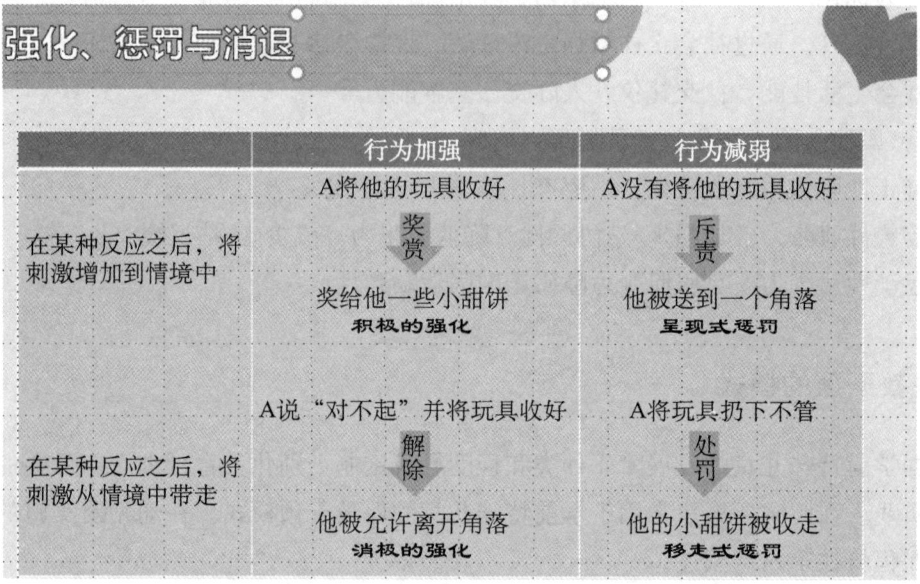

图 5－2－3　调整适应行为时强化与惩罚方法

（二）认知行为矫正模式

认知行为矫正模式是根据认知过程影响情感和行为的理论假设，通过认知和行为技术来改变学前特殊儿童不良认知，纠正其认知曲解，从而改变他们的行为，使其保持良好的身心状态的模式。学前儿童在认知上有四个特点，如图 5－2－4 所示。

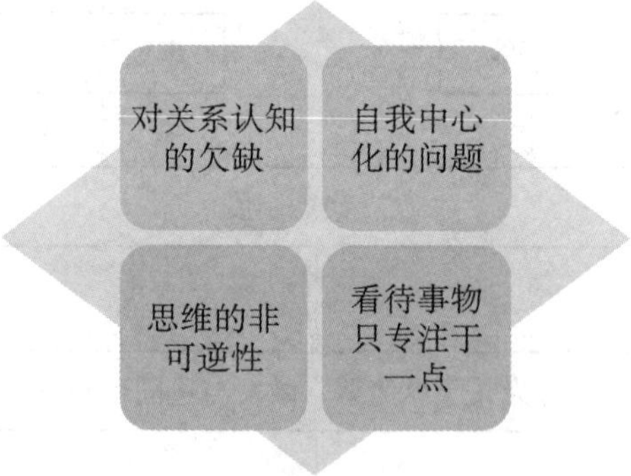

图 5－2－4　学前儿童认知特点

有发展障碍的特殊幼儿由于其发展所限，这四个认知特点更为突出。为了提升其认知水平，可根据贝克（Aeron Beck）1985 年归纳的认知疗法进行五个步骤的练习，如图 5－2－5 所示。

步骤 1：识别想法，即识别介于外部事件与个体对事件的不良情绪反应之间的那些想法。如一个特殊幼儿不能完成某项游戏任务，可能会认为自己很笨，同伴不愿意与他一起

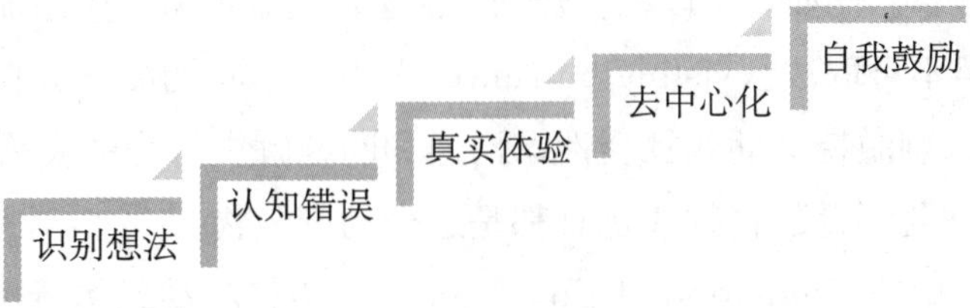

图 5-2-5　学前特殊儿童认知行为矫正步骤

玩耍，于是变得灰心丧气。

步骤 2：认知错误，即改变自己头脑中固有的想法、观念、信念。如一个口头表达能力不好的特殊幼儿通常认为自己语言能力差，无法正常表达。

步骤 3：真实体验。让特殊幼儿进行真实体验，以改变其错误想法。

步骤 4：去中心化，即让特殊幼儿认识到并不是所有人都与自己一样用同一个视角看待事物，从而能注意别人的想法。

步骤 5：自我鼓励。让特殊幼儿用自己的独特方式认识自己情绪波动的特点，并对自己进行正面鼓励。

（三）合作学习模式

合作学习模式强调以学习者为中心，特殊幼儿在一个由 2～6 名同伴组成的小组中彼此互助，共同完成学习任务，并以小组总体表现为奖励依据。

合作学习典型模式包括师生互动模式与生生互动模式，前者包括一对多模式、一对一模式、多对一模式、多对多模式，后者包括星形模式、环形模式、网状模式、层级模式等。

（四）差异教学模式

差异教学模式强调立足于特殊幼儿的个体差异，满足他们各自的学习需要，促进其获得最佳发展。差异教学模式要求教师改变教学的进度、水平或类型，以适应学习者的需要、学习风格或兴趣。在差异教学课堂中，教师应根据特殊幼儿的发展水平、学习兴趣和学习需要来主动设计和实施多种形式的教学内容、教学过程与教学成果。按照个别化教育计划来实施的个别化教学就是差异教学模式的基本要求。

（五）活动本位模式

活动本位模式是以具体的游戏活动为主要干预策略的干预模式。

策略 1：遗漏法（forgetfulness）。教师故意遗漏某项学习材料或用具，让特殊幼儿去发现。这种方法既可以促进特殊幼儿的行动力和问题解决能力，也可以用于了解特殊幼儿的认知能力和做事能力。例如，绘画课没有准备画笔，让特殊幼儿发现被遗漏的部分。

策略 2：新奇法（novelty）。特殊幼儿通常会被新的玩具或活动吸引，利用这一特性可以引发特殊幼儿产生教师期望的行为反应。对于重度障碍的特殊幼儿，很适合在例行或日常活动中使用新奇法来教学。例如，可以在特殊幼儿熟悉的儿歌或游戏中添加新的动作。

策略 3：可视但不可取法（visible but unreachable）。将物品摆放在特殊幼儿看得见但拿不到的位置，可以刺激特殊幼儿社会性、沟通和问题解决行为的发展，尤其适合于沟通能力的训练。特殊幼儿喜爱的食物或玩具都是适合的刺激物。

策略 4：违反期望法（violation of expectation）。指将活动或例行作息中的某一个熟悉的部分或步骤予以省略或改变，使其与特殊幼儿的期望不符。有许多违反惯例的方式会让特殊幼儿感觉有趣或奇妙。例如，教师拿铅笔另一端的橡皮擦来画画或书写。违反期望法的目的有二：一是了解特殊幼儿的辨别力和记忆力，二是引导特殊幼儿做出各种沟通反应和问题解决行为。

策略 5：逐层分析法（piece by piece）。对于需要组合片段物件或使用到多项、多次物件的活动，教师可以逐次限量分配提供。例如，教师在点心时间逐步分发葡萄干、小饼干等。

策略 6：寻求帮助法（assistance）。安排必须有教师或同伴协助使用的器材或需师生共同参与的活动。这种教学法可用于训练特殊幼儿的语言沟通能力、粗大动作、精细动作和生活自理能力。例如，把食物放在特殊幼儿打不开的盒子里，这样特殊幼儿就需要寻求教师的帮助才能打开盒盖。

策略 7：干扰妨碍法（sabotage）。教师刻意且隐秘地干扰活动进行，可以刺激特殊幼儿的问题解决技巧和沟通行为。例如，教师先趁特殊幼儿不注意时把门锁住，然后借机鼓励特殊幼儿离开教室。

策略 8：中断或延续法（interruption or delay）。中断是指教师将特殊幼儿的某一连锁行为予以中止，使其无法继续该行为；延续是指暂停活动或稍加延伸，引起特殊幼儿的反应。例如，特殊幼儿在刷牙时，教师故意限制他使用牙膏，并且问他“你要什么”，激发特殊幼儿意识到须设法表示他需要牙膏来完成刷牙的行为。

上述适用于特殊幼儿的五个保教干预模式，可供实施学前融合教育的一线教师参考。

第三节　幼小衔接的实施

在此所言的幼小衔接，是指学前儿童从幼儿园大班进入小学一年级的特殊时期，此时期恰好是结束幼儿园生活、开始接受正规小学教育的初期，也是特殊幼儿心理发展的一个重要的转折期。

一、幼小衔接特点

对普通幼儿来说，离开幼儿园到小学就是跨过一个非常重要的坎，而对学前特殊幼儿而言，更是一个严峻的人生课题。

幼小衔接期分为入学准备期和入学适应期。幼儿园与小学有着很大的差异，其中教育内容、教育方法、作息时间、学习要求、照顾程度、日常活动量的不同，可能使特殊幼儿角色转换出现断层，表现出种种不适应。

（一）幼儿共同面临的挑战

据国内专家统计，约30%的新生有不适应现象，导致学习兴趣低落、恐惧、焦虑以及攻击等行为发生。香港某团体2005年对90名一年级新生家长的调查表明，有25.5%的孩子出现两项及以上的不适应行为，58%的幼儿在步入小学初期有哭闹不安的表现。

普通幼儿在幼小衔接过程中尚且表现出重重困难，而特殊幼儿由于自身的特点，导致了更多入学不适应。

（二）特殊幼儿面临的挑战

特殊幼儿在认知、人际交往等能力上普遍较差，幼儿园原有的教学模式、师生与同伴关系的中断以及教学环境的改变将使他们在入学初期表现出更多不适应。

1. 认知能力低下

有发展障碍的特殊幼儿大都伴有认知能力低下。由于认知进程缓慢，难以理解语词概念等，他们在面对即将进入小学的学习时会感到困难重重。还有一些特殊儿童由于语言方面的障碍，不能与他人建立良好的同伴关系，影响其入学甚至今后的学习。

2. 入学适应困难

入学适应困难是特殊幼儿在幼小衔接期普遍存在的问题，这种困难在学前特殊儿童身上表现尤为突出。受认知和语言能力所限，不少特殊幼儿在遵守学校规则方面存在相当大的困难。对自闭症幼儿来说，由于刻板性影响，他们需要高度一致的学习和生活环境，即使是细微的变化也将导致他们的局促不安、哭闹等，幼儿园到小学的学习环境巨大转变将使其难以适应。

学前特殊儿童虽然个体差异大，但他们存在着一些共性，即普遍表现出认知能力低下、学习习惯不良、人际交往能力差等问题，这值得我们去关注并做出相应支持。

二、幼小衔接策略

迄今为止，国内较少有人关注学前特殊儿童幼小衔接的问题，因此研究也寥若晨星。鉴于此，本节将集中于6～7岁的学前特殊儿童，探讨这些特殊幼儿在进入小学前的入学准备和进入小学的第一学期如何使他们更顺利地完成幼小衔接的策略。

根据加里·麦西伯夫（Gary Mesibov）等研究人员于1996年提出的以结构性教育为核心的自闭症与沟通相关障碍儿童的治疗与教育（treatment and education of autistic and related communication handicapped children）模式，我们以客观环境结构化、作息安排视觉化、学习任务分解化、奖励与选择图像化等做法为参考，提出以下幼小衔接策略。

（一）形成师生间良好互动

无论对学前特殊儿童，还是对刚步入小学的学龄特殊儿童来说，教师都是最重要的同伴。因此，形成良好的师生互动必不可少。

1. 教师身体力行促进特殊幼儿的认知能力

对大多数特殊幼儿而言，他们的思维更直观和具体。因此，教师在教授新知识、培养其认知能力时，要经常使用一些实物给幼儿以直观感受。例如，教师帮助幼儿掌握身体各部位名称时，往往采用“把手指认”“自身工具化”的策略。在教特殊幼儿认识“耳朵”时，教师可以自己为示范，让特殊幼儿一一触摸感受。而当介绍较抽象的概念如表示动作的词时，常常采用“抽象概念动作化”的策略。例如，教师讲《龟兔赛跑》的故事时，为了让特殊幼儿理解“跑”的意义，就给特殊幼儿示范这一动作，并要求他们一起模仿。

2. 教师与特殊幼儿形成良好的人际关系

智力发展迟缓和自闭症等特殊幼儿往往会表现出情绪不稳定。在幼儿园，特殊幼儿之间很少一起玩，也很少交流，难以与他人进行交往。在培养特殊幼儿交往的能力时，教师要从师生关系的建立着手。为使特殊幼儿建立对自己的信任，教师应采取情感支持的教育策略，时时处处对特殊幼儿进行表扬、鼓励，让他们“体验成功”。如果特殊幼儿能回答问题，教师就和全班小朋友以微笑和竖大拇指的方式进行表扬，并说“你真棒!”。对于自闭症幼儿，教师可更多采用亲吻、拥抱的策略。一旦特殊幼儿表现出积极的反应，就去亲一亲，抱一抱，以资鼓励；若表现出消极情绪，教师也可把自闭症儿童抱在怀里，进行抚慰。通过这些方法，特殊幼儿能逐渐对教师产生依恋，并慢慢学会与同伴进行交往。

3. 未雨绸缪，及早培养特殊幼儿的学习习惯

一般来说，特殊幼儿自主能力较差，自我控制能力也较弱。为培养特殊幼儿的良好学习习惯，教师采用“实时模仿，及时鼓励”的策略，即将一些小学的课堂规则运用到幼儿园教学中，为特殊幼儿提供模拟的小学课堂情境。如将课时延长至 30 分钟，上课方式以讲授中穿插一些游戏为主。若儿童表现较好，及时给予表扬和奖励（如糖果等）。另外，为使特殊儿童对小学有切身的体验，教师可组织特殊儿童到即将就读的小学参观，感受真实的课堂情境与氛围，引导他们对小学的学习生活形成预设。

（二）形成同伴间良好互动

同伴是强化物，能够提供可被模仿的示范。同伴间的互动作为幼小衔接期的重要教育策略，不仅可以使特殊儿童建立与发展人际关系，还能在一定程度上发展其认知能力。特殊儿童间的个体差异大，能力发展各异，学习的效果也不同。因此，教师可采用“小老师”“同伴示范”的策略，即当特殊幼儿学习某项知识或活动时，让习得较快的普通幼儿作为“小老师”，以“示范”“手把手教”的方式，帮助其掌握学习内容。在这样的活动

中，“小老师”们得到了同伴的表扬，自我效能提高了。同时，教师也让这些“小老师”以“你真棒!”等语言鼓励其他伙伴，激起他们的成就感，使之拥有更多的积极情绪。

（三）形成亲子间良好互动

相当一部分特殊幼儿缺少父母关爱，感受不到家庭的温暖，表现出孤僻、退缩等性格。此策略的运用在于为特殊幼儿提供安全良好的人际环境，给予必要的交流性支持，帮助特殊幼儿认识到幼小学习的差异，减少特殊幼儿由于脱离原来的幼儿园环境而产生的焦虑不安感等。例如，要求家长通过讲故事的方法，介绍一些小学生的学习生活。采用角色扮演法，让特殊幼儿有直观的体验。另外，也提倡家长带领孩子到一些公共场所，与同龄伙伴或一年级儿童进行游戏等，培养儿童良好的人际关系。

在幼小衔接过程中，家长的作用不可忽视。父母在特殊幼儿大班时期可以通过各种方法让孩子了解小学学习的情况，培养他们的社会交往能力。入学初期，除继续进行原有的互动内容，应更多关注特殊幼儿的学习情况及他们的入学表现等。学校可通过定期召开家长会及邀请家长到学校了解孩子的在校表现，发现孩子的困难所在，以便对孩子进行有针对性的教育训练。此外，为加快特殊幼儿对小学生活的适应，教师可结合单元主题教学组织“亲子活动”，如在“我是小学生”主题教学中，教师引导家长陪孩子熟悉校园，让特殊幼儿对校园有直观的了解，并认识到“我是这个校园中的一员”，加深对“小学生”这一概念的理解。

研究结果表明，这些策略是行之有效的。因为在加强了幼儿园与小学教师之间的交流与沟通后，幼儿在学前阶段就为入学做好了各种准备，而进入小学后，教师又注意在继承幼儿园原有结构化教学模式的基础上引入了新的内容，特殊儿童在转折的关键时期能较顺利地度过幼小衔接期。

三、入学适应期的教育策略

一般在特殊幼儿入学前，幼儿园和小学教师已经进行了充分的交流与沟通。特殊幼儿进入辅读学校等机构后，教师应对新生材料进行深入分析，延续之前的保教干预模式，并适当增添新的教学内容，来逐步帮助特殊幼儿适应小学的生活。进入小学后的主要策略如下：

（一）形成师生间良好互动

与学前阶段使用的教育策略相比，“师生互动”有着不同的内涵。

大部分特殊幼儿在幼儿园期间对教师形成了较强的依恋，但进入小学后，他们面对的是新教师。师生关系的重新建立对他们而言是有困难的。在入学的最初几天，“闷葫芦”可能会成为这些特殊新生的典型表现。教室里会出奇地安静，没有人开口，课后也很少有人交流。对于这一情况，教师应给予充分的情感支持，运用“交朋友”等策略，与他们拉近心理距离。如和这些特殊儿童一起玩玩具、给他们讲故事等。在课堂上，教师在朗读或提出简短问题时可握住他们的手；在交谈时，弯下腰或蹲下以保持和这些特殊儿童视线在同一水平位置，使师生关系逐渐建立并亲近，让这些特殊儿童建立对教师的信任。

（二）养成良好的行为习惯

这些特殊儿童在幼儿园时，虽然已接受过生活和学习习惯等方面的教育，但是入学之初，小学课堂对他们而言还是很陌生。有的特殊儿童会对教师的指令置之不理，有的特殊儿童很难坚持半小时，表现出哭闹、局促不安等。为培养他们的良好习惯，教师可采取“实物奖励”的策略。通过与家长的交流，教师了解这些特殊儿童喜爱的食品或玩具，当他们上课能听从教师指令、主动和教师或同学打招呼、午餐时能按秩序排队时，及时给予其喜爱的食物作为强化物，并辅以积极的表情、言语、肢体语言，如微笑、拥抱、拍手鼓掌等进行表扬，促进良好行为的保持与养成。对于进步极缓的儿童，教师可采用积极鼓励和“代币法”，帮助特殊儿童建立信心，使他们看到自己的进步，从而塑造良好行为。每当他们有一点儿进步时，如上课吵闹次数由平均每天 5 次减少至 3 次，就给予红五角星作为代币，一旦集到一定数量时，就给予物质上的奖励，以鼓励儿童的积极性。

综上所述，当特殊幼儿面临幼小衔接的重要关头，需要在陌生环境度过小学的第一学年适应期时，与之有关联的所有人员都应当运用有效的支持策略来全力支持！

本章小结

本章基于特殊幼儿的立场，围绕其从入园接受学前融合教育到毕业进入小学学习的四年所应该也必须接受的教育策略和方法进行了详细叙述：聚焦特殊幼儿的保教安置话题，从依据和实施两个维度来详加阐释；紧扣特殊幼儿在幼儿园的生活、游戏和学习等活动，着力陈述了个别化教育计划的制订和实施该计划所运用的保教干预模式的要点；沿着特殊幼儿从幼儿园走向小学的轨迹，详述了特殊幼儿在幼小衔接中的特点及对其所开展的支持策略。

思考与练习

1. 如何在学前融合教育中适切地安置狭义学前特殊儿童？
2. 如何根据狭义学前特殊儿童的发展特点制订个别化教育计划？
3. 如何帮助狭义学前特殊儿童顺利进行幼小衔接？

第六章

渗透活动中的学前融合教育

本章导读

活动，是学前融合教育课程的构成要素。本章从构成幼儿园课程的四大板块——生活活动、游戏活动、学习活动以及运动来分别解析学前融合教育蕴含的价值。同时，通过实际案例呈现来说明教师在学前融合教育中是如何通过生活活动、游戏活动、学习活动以及运动来促进狭义特殊幼儿发展的。

第一节　学前融合教育中活动的价值

生活活动、游戏活动、学习活动以及运动是幼儿园课程构成的基本板块，也是学前融合教育组织实施的主要路径。全国各地的教育部门对这四大活动都有定义，在此主要以笔者所在地上海市教育委员会颁布的文件为依据，分别阐述这四大活动的概念和分类，并透视这四大活动在学前融合教育中的独特价值。

一、生活活动的促进价值

陶行知先生指出，“生活即教育”，真正的教育是生活与生活的摩擦。生活活动始终贯穿于幼儿园课程中，也是促进学前特殊幼儿发展的重要路径。

（一）生活活动的内容

上海市教委 2004 年颁布的《上海市学前教育课程指南（试行稿）》（简称《课程指南》）

指出，生活活动是指生活自理、交往礼仪、自我保护、环境卫生、生活规则等方面的活动。幼儿园的生活活动通常可以分为“入离园”“餐、饮”“如厕盥洗”“午睡”“过渡环节”五个板块。

根据上海中小学课程教材改革委员会编写的《学前教育教师参考用书（试验本）：生活活动（4～6岁）》，幼儿园的生活活动可具体划分为如图6-1-1所示的四类。

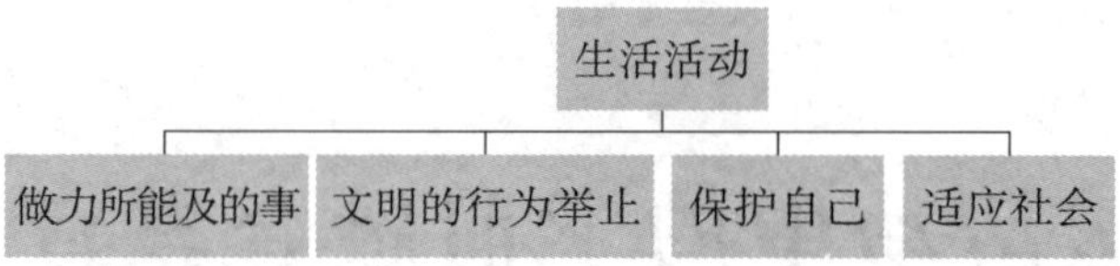

图6-1-1　生活活动分类

其中“做力所能及的事”以及“保护自己”属于健康领域，“文明的行为举止”和“适应社会”属于社会领域。

（二）生活活动的意义

上海市教委颁布的《课程指南》指出，生活活动旨在让幼儿在真实的生活环境中自主、自觉地发展各种生活自理能力，形成健康的生活习惯和交往行为，在共同生活中能够愉快、安全、健康地成长。合理有序的生活活动能满足全体幼儿特别是特殊幼儿的心理、生理需要，促进其身心健康发展。

（1）促进身体健康成长。

良好的生活卫生习惯是幼儿身体健康成长的关键因素。通过生活活动，特殊幼儿可以和普通幼儿一起养成规律作息、不挑食偏食、多饮白开水、早晚自己刷牙等良好习惯。

（2）培养良好的心理素质。

幼儿在自我服务的过程中可以增强自信心和自我意识。他们在愉快、轻松、自愿的状态下获得生活自理能力的锻炼和提升，并逐渐成为自信和独立的人。

（3）获得积极的情绪体验。

幼儿在生活活动中获得初步的自理生活、自我服务等适应社会的能力的同时，可保持情绪的稳定愉悦，获得身心全面发展。

（4）掌握必要的生活技能。

生活活动能使幼儿学习到一定的生活自理技能，理解集体生活规则，形成良好的生活习惯，提高与教师、同伴进行互动合作的能力。这些必要的生活技能是幼儿拥有独立生活能力的重要一步。

二、游戏活动的促进价值

喜爱游戏是儿童的天性。游戏活动也是学前融合教育最重要的学习媒介之一，幼儿在学前融合教育的游戏活动中可以不断探索并积累经验，全面和谐健康快乐地成长。

（一）游戏活动的内容

游戏活动是基于儿童内在需要的自发、自主、自由的活动。游戏活动是幼儿园最基本的活动，是通过模仿和想象，反映周围现实生活，适合幼儿年龄特点的一种有目的、有意义的独特的社会活动。幼儿在游戏中可以释放精力，满足自身成长的需要。

《学前教育教师参考用书（试验本）：游戏活动（4～6岁）》将幼儿园游戏活动分为四类，如图6-1-2所示。

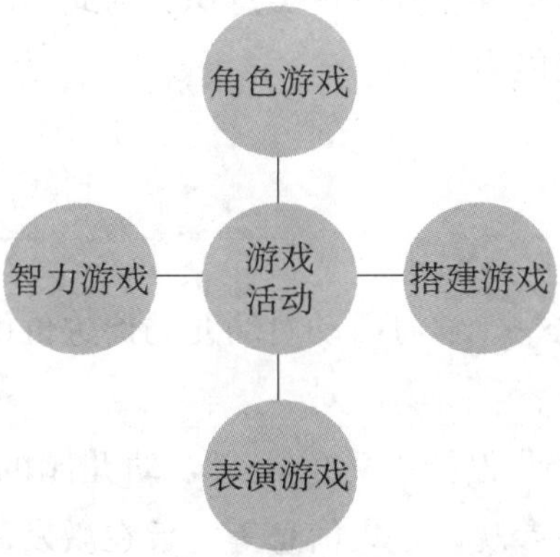

图6-1-2　幼儿园游戏活动的分类

图6-1-2所示的角色游戏、搭建游戏、表演游戏都属于创造性游戏。而这三种游戏都含有智力考查因素，所以下文的游戏活动的意义不再涉及智力方面。

（二）游戏活动的意义

游戏活动对普通幼儿和特殊幼儿都具有重要意义。

（1）促进感官通道发展。

搭建游戏和表演游戏等都会促进普特幼儿视觉、听觉等发展；户外运动游戏如大陀螺、平衡木、大龙球等能促进幼儿前庭平衡感发育。

（2）促进幼儿语言发展。

游戏，特别是角色游戏，让普特幼儿之间会有更多的交往意愿，从而能激发他们使用语言的积极性。

（3）促进幼儿想象力发展。

幼儿在游戏中是自由自在、充满想象力的。在角色游戏中，幼儿可以“以人代人”，即把自己想象成另一个人，如小医生；在建构游戏中，幼儿用积木、塑料、沙子等材料，构造出一幅幅作品。这些活动都会促进普特幼儿想象力的发展。

（4）促进幼儿社会性发展。

游戏，特别是角色游戏，能促进幼儿从自然人发展到逐渐掌握社会道德行为规范与社会行为技能，成长为一个社会人。

（5）促进幼儿科学素养发展。

幼儿在游戏中能获得对材料颜色、形状、大小、空间比例等的知识，积累有关空间方位的概念，获得组合、排列、架空等感性知识，还能据此获得工程、技术和数概念等科学素养。

（6）促进幼儿审美能力的发展。

幼儿在游戏中能表达自己对于周围世界的感受、理解、想象和情绪体验，在建构游戏中可以培养对形状、颜色、结构等组合的审美意识。与此同时，在欣赏自己的游戏作品时也可得到美的熏陶，提高审美能力。

三、学习活动的促进价值

作为幼儿园的基本活动之一，学习活动对幼儿的促进价值也显而易见。

（一）学习活动的内容

根据上海市教委颁布的《课程指南》的定义，幼儿园的学习活动主要包含讨论、阅读、听赏、制作、表演、实地参观、收集信息等，旨在激发幼儿主动探索、积极体验，使幼儿在认知能力和态度上不断进步，为后续学习打下基础。

目前，幼儿园通常是以集团教学或幼儿的个别化学习两种形式来开展学习活动。表6-1-1显示的是《课程指南》中聚焦的幼儿园学习活动的部分基本经验及其内容示例。

表6-1-1　幼儿园学习活动基本经验及其内容示例（部分）

基本经验	内容示例
1. 用各种感官主动感知周围事物的特征，比较事物的异同，发现事物之间的关系	● 感知特征：物体的轻重、大小、形状、色彩、高矮、软硬、轻响、甜酸 ● 发现关系：发现沉与浮、斜坡与速度、空气与燃烧、植物与阳光、水与温度的关系 ● 分类排序：按物体的特征、功用等进行分类，按一定规律排序
2. 尝试多途径收集信息、物品与材料，乐意交流和分享	● 方式：咨询、访问、参观、调查 ● 媒体：海报、照片、图书、广告、报纸、刊物、录像、电视、广播、网络 ● 物品与材料：日常用品、玩具、废旧材料
3. 了解自己的身体特征及生长中的变化和需要，比较自身与他人的不同，体验成长的快乐	● 外形外貌特征 ● 五官四肢功能 ● 性别差异 ● 生长变化：身高、体重、高矮、胖瘦、年龄、换牙 ● 个人喜好：喜爱的东西、爱做的事、自己的长处

续前表

基本经验	内容示例
4. 亲近大自然，有观察、探索周围事物和现象变化与发展的兴趣，初步了解人与自然的关系	● 自然物：沙、石、水、泥、土、木、稻草、竹子 ● 自然现象：风、雨、云、雷、闪电、太阳、月亮、星星、彩虹及季节、天气的变化 ● 生物体变化：蚕宝宝、蝌蚪、果树等动植物的变化 ● 相关活动：种植园地、自然角、照料小动物、收集种子、拾落叶活动 ● 环保实践：垃圾分类安放，节约用水、用纸，废品回收及利用，美化环境
5. 对周围环境中的数、量、形、时间、空间等现象敏感，运用已有经验和简单的数学方法解决生活和游戏中的问题	● 数认知：唱数，点数物体，认数，默数，认识时钟、货币面值 ● 数运用：测量长度，比较高矮，统计数量，数量守恒，买卖游戏 ● 各种规则和不规则的形状 ● 空间：上下、前后、左右、里外、中间 ● 时间：上午、下午，白天、晚上，现在、昨天、今天、明天，日、星期、月、四季、年

（二）学习活动的意义

学习活动对普通幼儿和特殊幼儿的发展具有重要意义。

（1）分化教学尊重个性发展。

分化教学是指教师根据个体差异来设计和实施学习活动的教学方式。在集体学习形式中，教师会根据普通幼儿和特殊幼儿以及特殊幼儿间的个性差异，采用多元化的教学资源来组织和实施学习活动。在学习活动中，教师根据多元智能理论，并据此为普通幼儿和特殊幼儿设计适宜的课程并运用不同的策略，由此尊重幼儿的学习差异。这既可激发幼儿特别是特殊幼儿的学习动机，又能提升幼儿特别是特殊幼儿积极的自我形象。

（2）多种形式支持幼儿发展。

在学习活动中，教师可运用多种策略来立体支持幼儿发展。

①小组活动。在集体学习活动中，教师安排和组织小组活动，为心理发展水平相当的幼儿设立一个相应的学习目标，在适当的环境中形成小组，便于同一水平的幼儿互相学习。

②协作教学。对有特殊幼儿的班级实施集体教学活动时有两位或多位教师组成教学小组，通过共同备课，一起施教。这种协作教学的方式能让教师有针对性地满足幼儿特别是特殊幼儿的发展需要并提供实时的支持。

③同伴辅导。在进行集体或个别化学习活动时，教师可根据学习目标，让普通幼儿成为特殊幼儿的小老师。普通幼儿在教师带领下，了解学习内容，用游戏等方法激发特殊幼儿同伴的学习兴趣，并策略性地带领特殊幼儿同伴参与到学习活动中，从而提高他们的学习能力。

④合作学习。合作学习是指普通幼儿与特殊幼儿进行合作的一种学习方式。即使是有

发展障碍的狭义特殊幼儿，也会具有某些强项，如视觉记忆特别强。在进行集体学习活动时，可让这些特殊幼儿与普通幼儿一起完成某些活动，如涂色或搭建积木。通过这样的合作学习，会改变普通幼儿认为特殊幼儿各方面都差的偏见，从而增强特殊幼儿的信心。反之，普通幼儿也可能在与特殊幼儿共同解决某项学习任务时获得成功感。

四、运动的促进价值

幼儿的运动，属于健康领域。因为幼儿的思维大都是动作思维，所以运动在幼儿的发展中也具有举足轻重的地位。

（一）运动的内容

教育部2012年颁布的《3～6岁儿童学习与发展指南》的“健康领域”部分明确指出，幼儿园运动活动的目标主要是让幼儿获得动作发展，包括具有平衡能力，动作协调、灵敏，具有一定的力量和耐力，以及手的动作灵活协调。同时，还强调了幼儿每天的户外运动不少于2小时，体育运动时间不少于1小时。季节交替时要坚持运动。可见，运动在幼儿园一日生活中占有重要地位。

上海市教委颁布的《课程指南》指出，运动主要指体操、器械运动、自然因素锻炼等活动，旨在提高幼儿身体素质、动作协调能力和适应环境的能力，为幼儿健康的体质奠定基础。《学前教育教师参考用书（试验本）：运动（4～6岁）》将幼儿园运动活动分为四类，如图6-1-3所示。

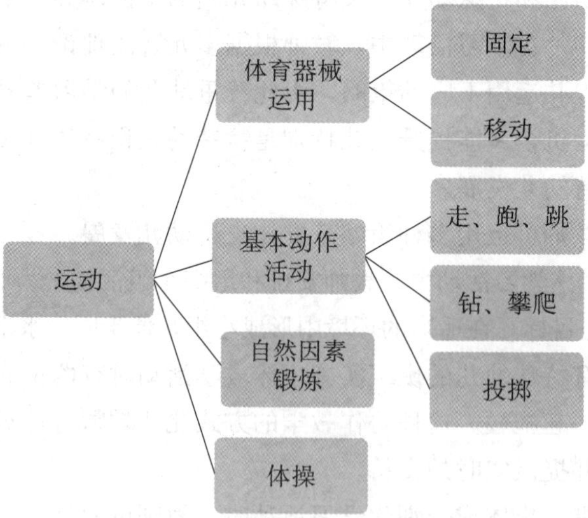

图6-1-3 运动的分类

（二）运动的意义

运动不仅能够促进幼儿生长发育，增强其体质，对幼儿的心理发展也起积极作用。

（1）有助于培养幼儿勇敢、抗挫的精神。

幼儿在运动时容易遭遇困难，如果他们能在运动中不懈努力，就能以勇敢尝试之心，克服困难，建立自信心。如当幼儿面对较高的平衡木时，不敢过去，教师就可以通过设计游戏情境等方法来鼓励幼儿大胆尝试；当幼儿能自己独立走过平衡木时，就会获得成功感。这是运动带来的独特魅力。

（2）有助于培养幼儿自信开朗的性格。

良好的运动环境能激发幼儿积极参与运动的兴趣。良好的情绪能使幼儿的精神状态处于较佳水平，注意力集中、记忆清晰、想象丰富、思维灵活。因此，愉快的情绪是幼儿身心发展不可缺少的心理条件。

（3）有助于培养幼儿诚实可信的品格。

竞技运动容易吸引幼儿，但也容易让幼儿产生求胜怕输的心理。在运动中，教师要引导幼儿坦然面对输赢，久而久之，便能培养幼儿诚实的品格。

（4）有助于培养幼儿的集体主义精神。

集体主义精神在运动中尤为突出。幼儿园里的集体竞赛活动、运动会、操节比赛等形式，能够促进幼儿在运动中体验集体荣誉感，知道自己是集体的一分子。

（5）有助于幼儿的全面发展。

培养幼儿身体动作的协调性，锻炼大肌肉动作和小肌肉的精细动作，促进身体健康和大脑的发育。同时，运动也能培养幼儿的意志品质和社会交往能力。

第二节　融合活动促进特殊幼儿发展案例

本节将聚焦狭义特殊幼儿在一日四个活动中面临的主要挑战以及如何帮助这些特殊幼儿有效参与到这些活动中。

一、特殊幼儿在学前融合活动中面临的挑战

如前所言，狭义特殊幼儿都伴有发展障碍，因此，他们要参与到幼儿园的生活活动、游戏活动、学习活动乃至运动中都会面临程度不一的挑战。只有清楚地认识到他们所面临的具体困难，我们的支持才会有的放矢、切实有效。

（一）生活活动中面临的挑战

下面将围绕狭义特殊幼儿在生活活动中面临的共通以及独特的挑战进行分别陈述。

1. 共通的挑战

视力障碍、听力障碍、智力障碍、脑瘫以及自闭症五类幼儿虽然发展障碍的种类不同、程度各异，但他们在生活活动中面对的挑战有些却带有共通性。

（1）自理能力较弱。不管是低视力的视障幼儿，还是在佩戴助听器或者人工耳蜗后听

力才能达到正常水平的听力障碍幼儿，抑或有智力发展障碍的幼儿、自闭症儿童，在生活活动中面临的主要挑战是自理能力较弱。原因之一是他们不善表达生活需求。普通幼儿到了3岁以后比较容易表达自己的生活需求，但这五大类特殊幼儿大都伴有语言发展障碍，会直接影响他们的需求表达。比如“我要小便”“我还想吃”等这些简单的句子有时也不能很好地表达，需要老师在生活活动中细心关注和主动询问。

（2）在生活活动中反应迟缓。狭义特殊幼儿受发展障碍所限，在幼儿园的生活活动中也会处处显示出各种不便，如动作缓慢。其因可能是他们理解生活指令能力较弱。当教师在生活活动中发出如“快来扣扣子”或“把自己的衣服折叠好”等指令时，由于听觉和对语义的理解不那么灵敏，特殊幼儿在执行指令时有时就会慢半拍。生活活动迟缓可能会让特殊幼儿产生社会适应不良，比如不自信、习得性无助等。

2. 独特的挑战

除了上述共通的挑战，各类特殊幼儿在生活活动中面临的挑战还有一些独特之处。

（1）集体进餐困难。对自闭症等特殊幼儿而言，他们在集体生活中面临的最大挑战就是集体进餐。主要表现为缺乏自主进餐意识和技能、乱扔食物、发脾气等。50％以上的自闭症幼儿还会表现出严重的偏食挑食问题。更严重的进食问题还包括拒绝进食、进食困难。研究显示，9.5％～25％发展障碍的儿童会表现出进食障碍。

（2）难以入眠问题。研究发现，约73％的自闭谱系儿童存在睡眠障碍，主要包括异睡症和睡眠障碍。异睡症指睡眠时间或睡前行为异常，睡眠障碍则指睡得过多或过少。自闭症幼儿大都表现为精力过剩，往往很难在规定的时间与同伴们一起午睡，即使一起午睡，也无法做到像普通幼儿那样在幼儿园卧室幽暗的环境中保持安静。

（二）游戏活动中面临的挑战

狭义特殊幼儿在游戏中，既有独特之处，也面临不小的挑战。

1. 独特性

有些特殊幼儿，比如自闭症幼儿，由于视觉记忆很强，非常擅长使用雪花片、积木等进行建构游戏。他们往往能在较短的时间内迅速拼搭出作品。具备这样的游戏独特性，能使这些特殊幼儿在学前融合教育中获取自信。

2. 挑战性

但是大多数狭义特殊幼儿在游戏中还是面临不小的挑战。主要体现在以下几个方面：

（1）游离且重复动作。在游戏中，有些特殊幼儿会在行为上表现得漫无目的，既不愿意耐心细致地运用物体来做游戏，也不愿意和其他儿童进行交流。有些特殊幼儿通常只使用几种玩具，动作简单且不断重复。如不断敲击或抛掷玩具。

（2）缺乏想象。受模仿能力、交往能力和思维能力所限，有些狭义特殊幼儿无法进行角色游戏和表演游戏。他们无法通过“以人代人”和“以物代物”等来进行模仿和想象，因此游戏过程显得较为单调枯燥。

（3）缺少语言。语言既是思维的工具，又是人际交往的手段。狭义特殊幼儿常有发音困难或全然没有语言等发育迟缓特征，在游戏时因不懂老师的命令和要求而反应迟钝，更难与同伴和老师沟通来表达自己的想法，因此他们的游戏水平往往很低，时间也难以持久。

（三）学习活动中面临的挑战

对狭义特殊幼儿而言，集体教学形式的学习活动挑战是最大的。最重要的原因是这些特殊幼儿的心理年龄往往与其生理年龄有较大落差，所以很难适应生理年龄相同幼儿的学习。

（1）无法跟上节奏。除了外出参观等活动，特殊幼儿受其语言、思维等发展所限，通常是无法跟上教师讲课的节奏。课堂上的集体教学活动，往往以语言领域、科学领域或艺术领域居多。当教师用语言来讲述绘本或一个数概念的时候，即使语速较慢、多次重复，大多数狭义特殊幼儿也很难及时理解，由此很难跟上全班普通幼儿的节奏。

（2）容易走神游离。由于跟不上教师讲述节奏，大多数特殊幼儿会出现走神游离的情况，如图 6－2－1 所示。

图 6－2－1　在集体教学活动中走神游离的自闭症幼儿

（四）运动中面临的挑战

大多数狭义特殊幼儿与普通幼儿相比，在运动方面并无特别大的挑战。但脑瘫幼儿以及伴有运动发展障碍的特殊幼儿还是会在运动中面临不同的挑战。在动作发展上，表现为身体机能发展缓慢，粗大动作、精细动作的协调能力或平衡感的发展不理想。

（1）下肢无力运动。下肢肌无力的脑瘫幼儿因需他人搀扶或者只能坐在轮椅中行动，在幼儿园运动中，无法参与走、跑、跳等需要下肢力量的活动。有些具有一定行走能力的幼儿，则会很艰难地进行站或走等基本下肢运动。

（2）上肢反应迟钝。伴有运动发展障碍的幼儿在动作发展方面最差的是视动控制，上肢动作不协调，缺乏速度与灵巧性。

（3）上下肢缺乏协调。轻度脑瘫以及伴有运动发展障碍的幼儿在运动中往往会表现出上、下肢的大肌肉控制力差，行为动作不协调，反应缓慢、呆板和不灵活等问题。

综上所述，狭义特殊幼儿不管是在生活活动、游戏活动还是运动中，都会表现出一些异于普通幼儿的特征；而在学习活动，特别是以集体教学形式进行的学习活动中，他们面临的挑战最大。

二、通过活动促进特殊幼儿发展的策略

学前融合教育通过幼儿园的生活、游戏、学习和运动的一日活动，来促进全体幼儿的身心发展。理应全盘论及对全体幼儿的促进意义，但受篇幅所限，此处只聚焦促进狭义特殊幼儿发展的策略。

（一）生活活动促进特殊幼儿发展的策略

下面以教师通过生活活动对一位自闭症幼儿进行保教为例，展示其如何根据自闭症幼儿的发展特征，基于一定的心理学理论来灵活运用保教策略。

案例1

运用“小先生制”提高自闭症幼儿生活自理能力

1. 案主背景

小A，5岁男孩，经医学测试，显示存在自闭症症状。丹佛发育筛查测验结果表明，个人社会、精细动作适应性、语言和大运动这四大能区的发展都有迟缓。

小A自我料理能力弱，须教师手把手帮助其脱裤子如厕、打开水龙头、握住他的手去拿肥皂等才能完成生活流程。小A无法表达自身需求，经常用尖叫的方式表示愉悦和不安，在集体生活中容易影响他人。与教师和同伴有较好的依恋关系，喜欢肢体接触比如拉手、拥抱。

2. 运用理论

针对上述案主的情况，我们该依据怎样的教育理论来实施有效的保教呢？教师结合班级大部分幼儿乐意去帮助小A的情况，经过认真学习和讨论，找到了陶行知的“小先生制”教育理论来对小A进行干预。

早在20世纪30年代，陶行知先生就正式提出“小先生制”设想。所谓“小先生制”，就是让儿童教儿童，让在某一方面已有经历或已获得某技能的儿童成为教授同伴的小老师。根据“小先生制”理论，在幼儿园生活中，教师引导、鼓励幼儿去成为“小先生”，普通幼儿扮演的“小先生”会主动积极地帮助特殊幼儿，以此来提升特殊幼儿的生活自理能力，能解决带班过程中“老师一刻也无法离开特殊幼儿”的窘状。

我们将该理论运用到这个案例中，就是让那些具有良好生活习惯和行为表现的幼儿成为该自闭症幼儿的“小先生”，来帮助小A获得生活活动的相应进步。

3. 步骤和记录

教师在班中实行“小先生制”，可分为准备期、实行期和检验期这三个阶段（见表6-2-1）。

表6-2-1　“小先生制”活动实行过程

<table>
<tr><th></th><th>教师</th><th>普通幼儿</th></tr>
<tr><td rowspan="3">准备期</td><td>1. 全身心接受、了解特殊幼儿</td><td rowspan="3"></td></tr>
<tr><td>2. 确认特殊幼儿近期发展目标</td></tr>
<tr><td>3. 两位教师、一位保育员共同做到“不回避、多沟通、多引导”</td></tr>
<tr><td rowspan="4">实行期</td><td>1. 发放“小先生制”家长问卷，了解普通幼儿家长的想法，获得他们的支持</td><td rowspan="2">在老师引导、家长助力下，普通幼儿逐步接受特殊幼儿</td></tr>
<tr><td>2. 采访普通幼儿家长对于“学前融合教育”“小先生制”的看法以及疑问</td></tr>
<tr><td>3. 引导幼儿开展“小先生制”活动，跟踪观察特殊幼儿及“小先生”的表现</td><td rowspan="2">有意愿、有能力的幼儿尝试做“小先生”，通过为特殊幼儿做榜样、语言提示、行为帮助，来支持特殊幼儿</td></tr>
<tr><td>4. 分析“小先生”的支持是否能够正面促进特殊幼儿生活自理能力发展，及时调整引导策略</td></tr>
<tr><td>检验期</td><td>将实行“小先生制”前后的特殊幼儿自理能力情况进行比较，分析原因，总结“小先生制”活动开展是否有利于所有儿童的发展</td><td>有意愿、有能力的幼儿帮助支持特殊幼儿，感受做“小先生”的快乐</td></tr>
</table>

实录1：

时间：2018年11月29日。班运动后，小A和大家一起进入盥洗室，站在水池前发呆。正在旁边排队的志愿做“小先生”的小璋说：“来来，我帮你卷袖子。”他一手拉着小A，一手帮忙拉起小A的袖子。

小璋帮小A卷好袖子，一边说“你看我呀，就这样洗手”，一边给小A示范如何用洗手七步法正确洗手。小A仍旧站着不动，小璋又走到小A身边嘀咕道：“怎么袖子又掉下来了。”说着又一次帮小A卷起了袖子（如图6-2-2所示）。

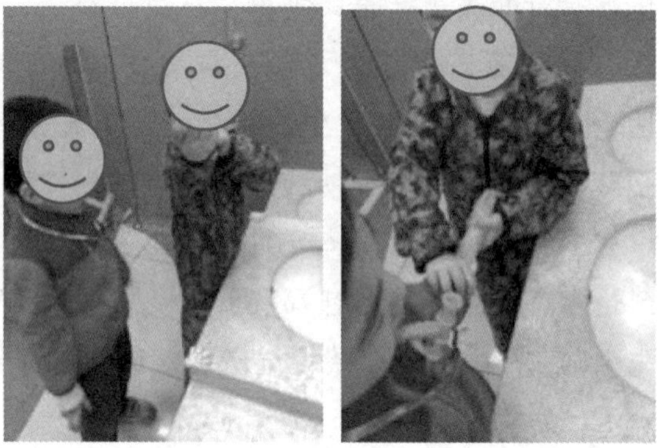

图 6-2-2 热心帮助自闭症幼儿的“小先生”

实录 2：

时间：2018 年 12 月 27 日上午。另一位“小先生”小星拉着小 A 的手进入盥洗室，对小 A 说：“你看（像我一样洗手）……”小星认真示范着洗手动作，小 A 在一边专注地看着，但是没有跟着做。小星用眼神向老师寻求帮助，老师鼓励小星道：“你可以拿起小 A 的手帮他一起洗，还要告诉他怎么洗哦！”

“小先生”小星拿起小 A 的手帮他洗，教师在一边提醒道：“冲冲湿。”小星也重复道：“冲冲湿。”“摸摸肥皂。”小星马上又重复教师的话：“摸摸肥皂。”手上也跟着做了起来。小 A 在小星的帮助下顺利按照顺序洗好手（如图 6-2-3 所示）。

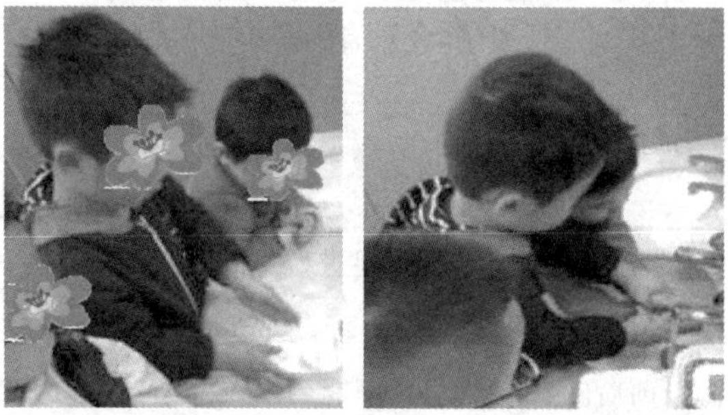

图 6-2-3 直接帮自闭症幼儿洗手的“小先生”

两个记录都显示了“小先生”为小 A 做榜样示范，甚至手把手帮助他进行生活活动的过程。“小先生”扮演了重要角色，帮助特殊幼儿提升生活自理能力。

4. 实施效果

在学前融合教育中，运用陶行知“小先生制”的教育理论，我们取得了初步成效。

一是提升了特殊幼儿的生活自理能力。“小先生制”活动的展开，促进和提升了特殊幼儿自理能力发展。在学前融合教育的生活活动中，针对自我照料能力弱的幼儿，尝试使用“小先生制”的办法，在个案中体现出能有效帮助特殊幼儿提升自我照料技能。

二是增强了普通幼儿的积极社会情感。“小先生制”活动有效地促进了有意愿、有能力的普通幼儿积极担当“小先生”，培养了他们对特殊幼儿的关爱以及宽容的情感。如前所述，在班中实行“小先生”活动后，孩子们对小A的关注是：他有什么需要我帮助？小A许多“特别”的行为也能被大家宽容接受，没有抱怨也没有别样的眼神，这种氛围让教师也十分动容。

三是让教师更能立体关注幼儿。“小先生制”活动的展开，更能激发教师对自己教育观念的思考。教师在组织“小先生”活动后，班级管理从“教师重点关注特殊幼儿”变为“大家一起关心特殊幼儿”，压在教师身上重担无形分散，这为教师班级管理提供了良性循环的条件，也利于教师关注更多其他幼儿。“小先生制”提供给特殊幼儿、普通幼儿以及教师的不单单是一种干预办法、支持手段，最主要的是在融合教育过程中形成了有效、良性的互动循环机制。

案例2

通过家园共育培养特殊幼儿生活技能

1. 案主背景

小Y，女，4岁，入园时被鉴定为中重度听障，伴有语言发育迟缓，对话只有简单的单词，没有句子。生活上需要老师一对一帮助，对指令没反应，从不主动与他人沟通。中班携带助听器之后能够在教师的帮助下跟着其他幼儿基本完成在园生活流程。

小Y非常胆小，但是她的手部精细动作发展不错，平时安静时喜欢画画、做手工，小班的时候已经能学会自己穿衣、穿袜子等。

2. 运用理论

根据小Y的具体情况，我们找寻合适的心理、教育理论来指导实践。比如美国哈佛大学教授加德纳提出的多元智能理论就比较合适。

加德纳提出的多元智能理论认为人的智能是多元的，语言智能、数理逻辑智能、音乐智能、空间智能、身体运动智能、人际交往智能、自我认识智能以及自然智能这八项智能在每个人身上会表现出优势智能和弱势智能的不同。

我们分析了小Y的情况，认为应该最大程度地发挥其优势。通过持续观察，我们发现小Y的优势智能就是视觉空间智能和身体运动智能，可以此带动听障所带来的语言智能、自我认识智能等弱势智能。我们在与家长商议后，觉得应该运用多元智能理论，充分发挥小Y的优势智能来带动她的生活活动学习较妥。

3. 步骤和记录

我们制订计划，通过家园互动来支持小Y习得、强化在园的生活自理技能。

教师和家长每天都会仔细讨论小Y的在园表现。当与家长沟通小Y的在园情况后，小Y妈妈深感无奈。为此，在和家长进行沟通后，我们决定用家校共育的方式推动小Y

的发展。教师和家长坚定地站在同一阵线上，充分发挥小Y的视觉优势，拟借助视觉支持系统在家中和幼儿园共同对小Y进行生活自理能力促进支持。

达成共识后，教师每周将主要的生活指导内容发给小Y妈妈，其中有老师提出的清晰的生活要求以及操作步骤，方便小Y妈妈在家用同样的方式进行教授；同时，小Y只要能及时学会这些生活自理的内容，教师就及时进行表扬和鼓励。家园共育更好地推动小Y融入幼儿园生活。

实录1：

时间：2018年4月17日。中班午睡时间结束，孩子们陆续起床，王老师今天准备利用一些时间和大家分享如何把被子叠整齐。老师请了雯雯给大家示范："先把长毯子变短（一折二），再把它变成一块'豆腐干'（折成方形）。"配合雯雯的动作和老师的解说，孩子们都跟着做起来。小Y一直坐在床上没动，等大部分孩子出去了，小Y还是坐着不动。老师走过去拍拍小Y，靠近小Y用手势加语言询问小Y"是否听得见"，小Y看着老师抓抓耳朵，摇摇头。老师帮小Y调整了助听器的位置，但是此时，其他孩子们早已经出去玩了。看到小朋友们都走了，小Y脸上表情十分落寞。平日活动中这样的状态时常发生，小Y在生活活动中总是会慢一些，有什么办法可以让小Y跟上大家，又不用大家来帮忙，让小Y更自信呢？

实录2：

时间：2018年4月22日。老师和小Y妈妈约定好，本周就发"如何叠被子"的生活视频。一周后，小Y午睡起床，老师拉开窗帘对大家说："下午好！"小Y已经醒了，她一骨碌爬起身，套上卫衣、裤子，立即开始叠毯子，三下五除二，不但叠得整整齐齐，关键还是班里最快的。老师走过去对她竖起大拇指，小Y开心地笑了。老师问："小Y，你的被子怎么叠得那么好呀？"小Y慢慢吐出一句话："妈妈教，老师教。"

次日，老师还将小Y叠被子的过程拍下来并打印成图，贴在卧室显眼处，做成了《生活小贴士》，鼓励大家也要和小Y一样，把被子叠得整整齐齐。小Y每天走进卧室看到图片都会笑起来。从此以后，小Y叠被子一直是班里最快最好的。

可以看到，家校合力的效果是非常明显的，家长及时支持，教师及时反馈，就能形成良好的循环，更好支撑特殊幼儿在园的生活。

4. 实施效果

一个学期的家园共育，幼儿、教师和家长都有不同收获。

一是幼儿的生活自理能力大幅提高。家园有效互动后，小Y在"叠被子""进餐""洗手""运动后擦汗"等环节都表现得十分积极，和以前"慢半拍"的状态相比，有了很大改变。

二是教师的家长观得到改善。教师将原先对家长以指导为主的观念转变为应与家长平等携手，精诚团结，共同推进小Y的生活能力的养成，收到了事半功倍之效。

三是家长的自信心得到强化。家长通过与教师的配合协调，学会了用视觉支持系统以及口头表扬等正强化的方式激发孩子自理生活的积极性，既最大限度地帮助小Y改善了在园的生活质量，提升了她的生活技能，又使家长自信满满。

（二）游戏活动促进特殊幼儿发展的策略

游戏，是幼儿园的基本活动，也是学前融合教育中促进特殊幼儿发展的最佳途径。

案例1

建立良好的同伴关系提升自闭症幼儿游戏水平

1. 案主背景

小B，4岁男孩，医生用“儿童自闭症评估量表（CARS量表）”将他评估为有中度自闭症倾向的幼儿：人际关系上表现出较多回避他人，很难模仿他人的行为进行游戏；情绪反应较稳定，但动作表现出一定的刻板性；视听觉反应比较灵敏；有简单的口头言语，但对视等非口头交流较少。

2. 运用理论

在我们对小B的观察中发现，他虽然不会直接跟同伴一起游戏，但他注视同伴的时间远长于注视教师的时间。因此，我们以美国心理学家哈里斯所提出的群体社会化发展理论为我们的实践依据。

群体社会化发展理论指出，儿童社会化是被其所在社会接纳的过程，是通过学习逐渐成为一个有明确行为、语言、技能、恰当的信念和态度的社会成员的过程，是一种高度情境化的学习形式。儿童同伴群体一旦形成，就成为儿童社会化发展的主要环境。儿童从群体学习社会文化，形成自己的群体文化。学前融合教育正是让身心发展和认知水平处于初始萌芽阶段的幼儿体验初步的群体文化。幼儿之间的交往是相互回应式交往，普特幼儿之间的同伴交往是提高特殊幼儿发展水平的有效手段。

3. 步骤和记录

对于小B这种很难主动与同伴产生互动的情况，教师通过教研活动以及和幼儿们商议后一致认为，需要引导普通幼儿来主动与小B交往。为此，要设计一些有关小B的个人情况介绍，如小B的生日、小B喜欢什么、我们怎么帮助小B等等，让普通幼儿能了解小B，从而进行良好的同伴帮助。

“小组轮流制”促进了解。通过学前融合教育中的游戏活动，我们为普通幼儿和小B之间创造更多同伴合作交往的游戏机会。我们为小B进行了“小组轮流制”活动，请小B在第一组参加游戏活动，持续一周后请小B到第二组参加游戏活动；再持续一周后请小B

到第三组参加游戏活动。普通幼儿在“小组轮流制”活动中都了解、接纳了小B，小B也在“跑组”的过程中逐渐认识班级中幼儿，普特幼儿都能体会到共同游戏的快乐。

音乐游戏促进同伴互动。教师在活动中发现小B对音乐有强烈的兴趣，在音乐律动活动中花很长时间注视同伴和老师。因此，教师引导普通幼儿来和小B一起玩。在音乐游戏中，小B虽然动作不熟，但能在同伴的持续引领下，开始和同伴一起进行音乐游戏。

4. 实施效果

游戏活动中的同伴互动对自闭症幼儿的发展促进主要体现在以下两个方面：

一是特殊幼儿能与同伴相互接纳。通过音乐游戏，小B能被同伴接纳。普通幼儿经常会主动跑过来拉小B的手，甚至抱起小B，欢声笑语充满了教室。而小B也慢慢习惯于和同伴一起游戏，一改往日总是只对录音机表示好奇、不与人交往的习惯。当被同伴拉起小手时，小B会露出一个大笑脸。

二是增强了特殊幼儿的自信。在小B能遵守基本规范后，教师通过设置一些相对简单的游戏活动，让小B在普通幼儿的帮助下完成，并给予及时的强化，对其进行奖励。在班级的奖励园中，小B经常能看到自己被表扬，增强了自信心，也强化了与同伴游戏的动机。

案例2

多感官通道提升听障幼儿游戏水平

1. 案主背景

小C是听障儿童，5岁男孩。耳蜗手术前未接受康复训练，其听觉能力和语言能力均属于四级水平。通过观察和与家长沟通，我们了解到听障儿童在学习能力上比普通幼儿弱，生活活动中因为听不清楚老师的指令和同伴的语言，常常跟不上同伴的节奏。因此，游戏活动中小C经常会自己一个人发呆，东张西望，无法与同伴一起游戏。

2. 运用理论

本案例的幼儿由于听觉障碍在幼儿园的活动中有诸多不便。研读蒙台梭利教学法后，我们就以蒙台梭利的感官教育理论来指导我们的实践。

蒙台梭利认为，感官教育符合幼儿心理发展的需要，智能的培养首先依靠感觉。通过感官的练习使儿童能辨认、分类、排列顺序，这就是智能和文化学习。算术能力、书写能力、语言能力，甚至实际生活能力、对良好秩序的遵守都由感官教育引出。通过感官教育，可以在早期发现某些儿童在感官机能方面存在的欠缺，以便及时治疗和纠正。

3. 步骤和策略

根据小C的实际情况，教师制订教学计划时首先了解听障儿童的生理和心理特点，在充分考虑到在学习上的特殊需要后，来确定游戏活动教学的技巧和策略，调动小C多种感官通道，有效满足听障幼儿的发展所需。在教学过程中，通过视觉、触觉、嗅觉等多种活动开展教学，用“摸一摸”“闻一闻”“尝一尝”等活动，让听障幼儿的注意力持续时间更长，学习兴趣得到提高。

家园沟通共同促进。通过家园沟通，家长提前获知本阶段主要的游戏内容和游戏形式，了解到孩子在家也需获得相关的生活和知识经验，同小C一起对所要进行的游戏活动进行前期了解，便于小C在幼儿园的学前融合游戏活动中有兴趣，愿意参与。

生生互动共同游戏。游戏是最容易促进普特幼儿之间互动和情感交流的方式。教师引导普通幼儿与小C进行有更多感官通道的游戏。在游戏中，同伴会让小C去摸毛茸茸的玩偶，还会让小C看着自己的口型，跟说“宝宝好玩”等词，同伴还会通过音乐节奏让小C跟着拍小手（如图6-2-4所示）。

图6-2-4 和普通幼儿进行角色游戏的听障幼儿

4. 实践效果

一是游戏水平提升。小C在游戏中通过对同伴的观察和多感官通道刺激，逐渐学会了模仿普通幼儿的游戏行为。小C能以快乐愉悦的心情参与到有趣的游戏中，增强了与同伴间的良性互动。

二是社会性得到发展。小C利用多种感官通道，参与到同伴的游戏活动中，游戏参与度及兴趣明显提高，性格也开朗了很多，常常见到他脸上挂着笑容。有同伴参与的游戏活动切实促进了小C的社会性发展。

三是接纳度提升。在和小C的游戏中，同伴们从一开始的不愿意，到后面愿意主动和他一起游戏，普通幼儿的接纳度有了很大提升。当小C听不清楚同伴的话语时，这些游戏伙伴会用动作、眼神和口型等来告诉他应该怎么做。在不断助人的过程中，同伴们对小C的理解和接纳与日俱增，小C也乐意与同伴一起游戏和交流。

（三）学习活动促进特殊幼儿发展的策略

如前所述，幼儿园的学习活动，特别是集体教学形式的学习活动，对狭义特殊幼儿来说是挑战最大的，通过学习活动对他们进行学前融合教育实践，难度也相应是最大的。下面将分别从日常的学习活动促进策略和为他们撰写“学习故事”两个维度来呈现案例。

案例 1

利用视觉刺激提升特殊幼儿学习能力

1. 案主背景

DD，3 岁半的男童。入园时鉴定为精神发育迟缓，脑瘫。在集体活动中无法安坐，不能理解老师的指令，在各个活动中游离在集体外。同时，其语言发育迟缓，只会发单独的音节。入园后，我们发现 DD 喜欢鲜艳的颜色，常常会在阅读区翻阅彩色绘本，在教师的指导下，能够说出颜色的名称以及简单的词语，如汽车、西瓜等。

2. 运用理论

我们通过观察和与家长交谈，了解到 DD 喜欢翻阅彩色绘本，对颜色、图案敏感，其他智能略弱。由此，我们依然运用多元智能理论来指导我们的实践。该理论在前面的案例中已有说明，在此不再赘述。根据多元智能理论，我们决定通过 DD 的优势视觉智能，来带动他的语言等其他弱势智能。在集体学习活动中，尽可能地用视觉刺激元素来代替单纯语言提示。

3. 步骤和策略

（1）干预前观察。刚入园时，每当收玩具的提示音乐响起，小班幼儿能将手上的玩具放到橱柜里，走向自己的座位，准备进入集体学习。可 DD 好像完全没听到音乐似的，依然在图书角专心看书。老师走过去，扶起 DD 和他说：“老师马上要给大家讲故事了，我们过去坐好，好吗?”DD 站了起来，可只是走到教室中间来回踱步。老师又和他说：“DD，找个空位子坐好。”DD 在教室当中转了一圈，便坐在了地上。教师知道这是 DD 这样有智力发展障碍的脑瘫幼儿的认知特点，因为他们无法理解抽象的语言指令，这时教师需要运用幼儿感兴趣的事物作引导，让他们有初步的参与集体学习的意识。

（2）视觉提示引导进入。教师在日常活动环境中加入了彩色图片和有 DD 本人照片的各类图片以增强对 DD 的视觉刺激，让 DD 形成进入集体学习活动的意识。

例如，教师将 DD 端坐在椅子上的照片打印若干份，分别贴在椅子靠背和座位上，每次集体教学开始之前，教师就会引导 DD 先找到贴有自己照片的椅子，DD 很容易就坐到自己的座位上，等待老师进行集体教学。

（3）音乐帮助稳定情绪。DD 刚入园时，在集体教学活动中往往只能安坐一分钟左右，即使教师会带 DD 去看贴有自己照片的椅子并让他坐下来，可经常只过一分多钟，DD 又开始摇晃着身体坐不住了。但当音乐响起来时，DD就会迅速安静下来，虽然身体依然在摇动，但是没有离开座位。

4. 实践效果

(1) 能够参加集体教学活动。经过一个学期的视觉支持和音乐陪伴，到学期快结束时，DD已可以坐在自己的小椅子上坚持5分钟左右并参与到集体活动中。尽管有时DD也会离开座位或大声喊叫几声，但当老师把他拉到身边或用卡片、手势来提醒他安静地坐下时，DD虽然有些不愿意，但是还是能够继续坐下来并坚持一段时间了。

(2) 获得表现机会，增强自信。当进行的是DD最感兴趣的集体音乐活动时，教师会请他参与打节奏和拍小手等。每次DD虽然还不能完全配合，但是只要他能用小铃铛跟着敲出响声，或用小手拍出掌声，教师会立刻给予DD在集体面前表现的机会，这时全班幼儿也会为他鼓掌和说“DD，你真棒!”，DD非常享受这样的表现机会，脸上挂满了自信的笑容。

综上所述，当我们通过学前融合教育中的学习活动促进特殊幼儿发展时，教师应首先做到了解幼儿，了解特殊幼儿各种行为的原因。在了解幼儿的基础上，应该仔细观察幼儿，去摸索儿童发展领域中幼儿感兴趣的优势领域，在幼儿能够理解、可达到的能力范围内，尝试用各种办法进行合适的支持，以改善目前的情况。

案例2

为语言发育迟缓幼儿撰写的“学习故事”

“学习故事”是新西兰教育部颁布的国家课程中的一种评价体系。为幼儿撰写“学习故事”，意在发现幼儿的闪光时刻，把幼儿培养成有意愿、有能力的学习者。学前特殊儿童特别是狭义特殊幼儿，因为各种发展障碍，往往让人们聚焦在他们发展缺陷上，却忽略了他们也是有能力、有意愿的学习者。我们在学前融合教育实践过程中，曾用了整整一年的时间为20名狭义特殊幼儿每月撰写一篇“学习故事”。在此将呈现为一位语言发育迟缓幼儿所撰写的“学习故事”。

“石头剪子布”的故事

1. 案主背景

XX，男，5岁。医院诊断其为轻度语言发育迟缓幼儿：入园时不会主动与老师和同伴打招呼、问好，眼睛不和我们对视；与老师同伴几乎没有语言交流，凡是他喜欢的玩具都要拿过来玩，同伴不愿意就抢，有时候会出现打同伴的情况；喜欢独自一个人在园里飞奔，还希望老师去追逐他。

2. “闪光”时刻聚焦

当缺少游戏材料后，在同伴相助下，XX能运用自己的方法——“石头剪子布”来解决游戏材料不够的问题。

开篇：发生了什么？

混龄活动开始后，XX 开始排队走横梯，并能在不需要别人扶的情况下掌握平衡，顺利走过。在一位老师的引导下，XX 来到操场上的自由搭建区，开始用长短木板、圆柱搭建通道。待到自己搭出了一条通道，便试着上去走了走。与此同时，同伴天天在旁边用长木板、梯子和大圆筒搭建可以从上面攀爬和从下面走的通道。XX 和天天在自己搭建过程中会对对方的作品有一定的关注，材料上也有一定的重合。搭建了一会儿，天天和 XX 因为都想拿一条长木板而争执起来（如图 6-2-5 所示）。

图 6-2-5 同伴间发生小冲突

两人争执了一会，老师开始还有点儿担心，因为按照惯例，XX 常常会对同伴动手。可是今天，还没等老师走上前，XX 却向同伴天天提议："我们石头剪子布，谁赢了谁拿！"同伴表示同意，两人走到一旁，XX 模仿同伴开始用"石头""剪子""布"的手形来 PK。XX 出手稍慢，但赢了。天天喊着要求重来。于是"石头剪子布"又进行了一轮，这次是天天获胜。当天天拿着木板去搭建时，XX 也走到了天天搭建的区域，看天天如何搭建，并蹲下就如何搭建提出自己的见解，还尝试在搭建好的作品上走、爬，也吸引来了小班的弟弟妹妹。

透视：故事意味着什么？

搭建过程中同伴的互相观摩、配合、解决问题，为幼儿提升与他人的社交能力提供了很好的机会。XX 在和同伴有争执的情况下会欣然接受解决问题的方法。

启发：故事带来的思考。

XX 在搭建过程中维持了较长的注意时间，且在与同伴互动的过程中既有被动的参与（比如看别人的活动），也有主动参与搭建，在遇到争执的时候也能够主动解决问题。今后可以引导 XX 尝试"石头剪子布"之外更多解决问题的方法，比如主动进行语言沟通请求别人、让其他幼儿先玩等。

（四）运动促进特殊幼儿发展的策略

运动，在学前融合教育中占有重要的地位。下面将呈现为狭义特殊幼儿撰写的两篇"学习故事"案例。关于"学习故事"，前面已有详尽介绍，在此不再赘述。

案例 1

一步一步往前进

1. 背景介绍

MM，女，5 岁。MM 1 岁左右时，母亲发现孩子眼睛发育异常，经医院诊断为脑瘫，在大运动及语言方面发育迟缓，并伴有远视。在幼儿园表现为不愿意参加运动，过度依恋母亲。身体动作不协调，下肢无力，精细动作差。在早期干预中运用行为学习理论，通过不断操作练习，建立条件反射，并运用社会学习理论，将 MM 放入普通幼儿群体中，相互交流，逐步脱离母亲，现在已经能与同伴一起参与运动了。

2. 故事聚焦

通过学习故事的形式来记录 MM 的"哇"时刻，看到特殊幼儿也是有能力的学习者，在成人和同伴帮助下能够完成游戏任务。

教育实施的具体策略：创设融合运动的环境，让普通幼儿给特殊幼儿做示范，让其模仿动作。

教育实施的初步效果：MM 能走上较低的平衡板，在同伴和老师的搀扶下，走完平衡板。

3. 故事记录

MM 很喜欢和小朋友在一起玩。其他小朋友一开始也都愿意和 MM 做朋友，可是玩了一会儿之后就会纷纷离开了 MM。问这些孩子原因，他们的回答是："MM 走得太慢啦！""MM 容易摔跤！""和 MM 玩太没劲了！"

虽然被同伴们嫌弃，但 MM 还是喜欢跟着那些小朋友，还会友善地拍拍他们，然后仰起头看看老师，好像对老师说："这是我的好朋友。"MM 对每个人都是温柔的，轻轻地抱着别人，像担心会弄碎一个瓷娃娃一般。

当有个大班的小哥哥引导 MM 靠膝盖的力量踏上平衡板时，看着 MM 那吃力的小脸，老师知道，她正在挑战自己，让自己不屈服于这个小小的平衡板。终于，在几次努力之后，MM 终于踏上了这条勇敢者小路（如图 6－2－6 所示）。

因为 MM 的视线不够集中，经常会分散注意力，所以在走平衡板的过程中，很可能会摔下来，这就需要一旁的陪伴者不停地提醒和搀扶。大班的哥哥一直都能陪着 MM 玩，真是不容易呀！

渐渐地，在运动中 MM 也尝试挑战了更高难度的动作：走架空的楼梯。这需要更强

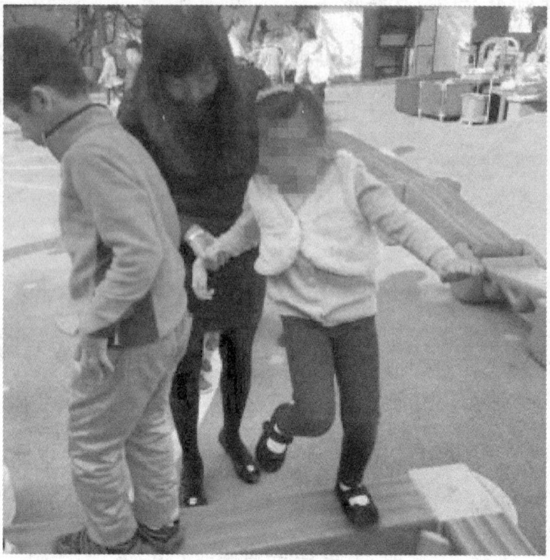

图 6-2-6　终于踏上平衡板的特殊幼儿

的注意力和更多的耐力。要知道 MM 基本是将全身的重量放在搀扶她的人身上，因此每次带一圈运动下来，搀扶者也是满身大汗。功夫不负有心人，MM 慢慢地敢于尝试走这些以前只可远观、属于勇者的道路。现在的搀扶一定会换来日后 MM 的独立行走。

4. 故事的意义

MM 能够在同伴的陪伴下尝试不同的运动小路，而不像以前，遇到从没有做过的事情就会哭闹，现在变得勇敢了，身体上有了巨大的变化：韧带不那么紧了，意志力也在增强。

5. 后续计划

教师会根据 MM 的具体情况以及发展程度来设计不同的运动小路，比如先低后高、先短后长的道路，让 MM 在兴趣中进行训练，使她的协调性更强。

案例 2

勇往直前

1. 案主背景

LL，女，6 岁，是启智班里的一位智力发展迟缓的女孩，但她性格活泼好动，愿意与熟悉的人打招呼。她的外婆对她的个别化训练也比较重视，在认知方面比其他启智班幼儿更胜一筹。但她比较难控制自己的情绪，有时对老师的指令不予理睬，我行我素。她喜欢参加混龄运动，表现比较配合。

2. 理论依据

行为主义的“动力定型”理论，即通过多次重复练习，获得固定反应，让幼儿获得身体的机能记忆。

教育实施的具体策略：鼓励普通幼儿接纳特殊幼儿一同游戏。

教育实施的初步效果：特殊幼儿获得成功的体验，同时普通幼儿也学会接纳不同的同伴一同游戏。

3. 故事记录

LL站在晃桥边，看着眼前摇来晃去的桥，按捺不住激动的心情，不住地跳脚："我也要玩，啊，我也要玩！"教师在一旁喊道："嗯，晃桥还可以上一个小朋友，停一停！"等晃桥停稳后，LL战战兢兢地跨了上去。教师提醒她双手抓住绳索后，晃桥启动了。晃桥一动，她开始害怕了，身体站不直，神情紧张，嘴里喊着："慢一点儿，慢一点儿……"慢下来之后她又对教师说："我要下来了！"她向教师伸出了手，下来站稳之后，看着其他幼儿玩。

LL没有去其他地方，看到其他同伴陆陆续续地上上下下，她也不急着上去，眼神却充满期待。

不一会儿，有个小姐姐拉着她的手说："LL，不要害怕，我带着你玩吧！"LL挣脱她的手："不要，不要！""LL，还想玩吗？让小姐姐带着你，晃桥就要启动啦！"教师顺势说道。小姐姐很照顾她，让LL和自己面对面，当晃桥幅度较大时，LL紧紧抓着小姐姐握住绳索的手，脸上出现了笑容。

小姐姐去其他区域玩了，稍事休息后，LL稳稳地站在晃桥上，身体舒展了，也会根据晃动的幅度前后调换双脚。LL会玩晃桥啦！

4. 故事的意义

驱动力：LL想玩晃桥，是因为好奇，不管是普通幼儿还是特殊幼儿，好奇心能够让他们迅速判断出是去尝试还是放弃。

因势利导：第一次尝试，不熟悉，紧张，没关系，只要还想尝试，那就慢慢来。有同伴愿意主动帮助，增加了LL的信心，便产生了社会性的联结和发展。

重复练习：不管是认知还是技能，都需要熟悉和练习。LL就是在重复练习中，动作协调了。

综上所述，我们进行学前融合教育时，关键是让普特幼儿在幼儿园的一日活动中进行更多的人际互动。教师和家长也要采取更多的互动策略，来促进狭义特殊幼儿的成长。概括而言，通过活动促进特殊幼儿发展的策略有以下几个特点：

(1) 活动设计需有"四性"。在生活活动、游戏活动、学习活动和运动四大板块中，每一活动区域的设计和安排都要具有科学性、趣味性、挑战性和适应性。只有这"四性"兼备，才可让普特幼儿有兴趣、有意愿参加到各项活动中。

(2) 活动实施须考虑个性。创设的每一个活动区域要考虑到普特幼儿特别是狭义特殊幼儿的不同能力水平。比如对于腿部力量薄弱的孩子，在设计道路时要有宽窄不同的平地道路让其锻炼。对于一个喜欢拍球但经常乱跑的孩子，就设计一个让其和普通幼儿一起拍球、玩花式球的区域。这样，让普通班的幼儿也能看到特殊幼儿有很大的本领，将融合真正走入幼儿心中。

(3) 充分调动同伴的力量。普特幼儿均可以成为“小先生”。在幼儿园一日活动中，要更多发挥普通幼儿的积极主导作用，让普通幼儿能主动帮助特殊幼儿。在普特幼儿交互共同活动中，让特殊幼儿有模仿的对象，同时也让普通幼儿学会关心和帮助比自己弱小的幼儿。

本章小结

本章通过两节的内容，分别阐释了幼儿园的生活活动、游戏活动、学习活动和运动在学前融合教育中的价值，介绍了教师在学前融合教育中如何通过这四大板块内容来促进狭义特殊幼儿发展的具体策略。

思考与练习

1. 在学前融合教育中，学习活动的意义体现在哪里？
2. 在学前融合教育中，运动的意义体现在哪里？
3. 在学前融合教育中，如何有效运用生活活动策略？
4. 在学前融合教育中，如何有效运用游戏活动策略？

第七章

促进五大领域发展的学前融合教育

本章导读

教育部颁布的《3～6 岁儿童学习与发展指南》旨在帮助幼儿园教师和家长了解 3～6 岁幼儿在健康、语言、社会、科学以及艺术五大领域的学习与发展的基本规律和特点，建立对幼儿发展的合理期望，实施科学的保育和教育，让幼儿度过快乐而有意义的童年。本章将据此探讨学前融合教育在促进 3～6 岁普特幼儿五大领域发展方面的意义，同时分析通过学前融合教育来促进狭义特殊幼儿在五大领域发展的策略。

第一节　3～6 岁儿童五大领域发展概述

教育部颁布的《3～6 岁儿童学习与发展指南》（以下简称《指南》），从健康、语言、社会、科学、艺术五大领域描述了幼儿的学习与发展的一般规律和典型表现。每个领域按照幼儿学习与发展最基本、最重要的内容又划分为若干方面，每个方面由学习与发展目标和教育建议两部分组成。目标部分分别对 3～4 岁、4～5 岁、5～6 岁三个年龄段末期幼儿应该知道什么、能做什么、大致可以达到什么发展水平提出了合理期望，指明了幼儿学习与发展的具体方向。

一、五大领域的学习与发展目标

我们将根据《指南》，分别呈现五大领域及其学习与发展的具体目标内容。

（一）健康领域的发展

《指南》将健康领域的学习与发展目标划分为“身心状况”“动作发展”“生活习惯与生活能力”三个子领域。其中“身心状况”包括幼儿身体和心理两个方面的发展状况。健康的体态、安定愉快的情绪、一定的适应能力是幼儿阶段需要学习与发展的具体目标，集中表现为幼儿在身体形态、机能和心理发展方面的基本状况。“动作发展”包括身体大肌肉动作和手部小肌肉动作的发展目标。幼儿的动作发展是身体机能发展状况的重要标志，同时也与幼儿心理的发展具有内在联系。“生活习惯与生活能力”包括良好的生活与卫生习惯、基本的生活自理能力、基本的安全知识和自我保护能力。这些能力可以为幼儿今后的独立生活打下基础，也是幼儿适应社会生活必备的重要能力（见表 7－1－1）。

表 7－1－1　《指南》健康领域学习与发展目标

领域	子领域	目标
健康	身心状况	1. 具有健康的体态
		2. 情绪安定愉快
		3. 一定的适应能力
	动作发展	1. 具有一定的平衡能力，动作协调、灵敏
		2. 具有一定的力量和耐力
		3. 手的动作灵活协调
	生活习惯与生活能力	1. 具有良好的生活与卫生习惯
		2. 具有基本的生活自理能力
		3. 具备基本的安全知识和自我保护能力

有学者对幼儿健康领域的核心经验做了梳理①（见表 7－1－2）。

表 7－1－2　幼儿健康领域的核心经验

维度	核心经验
运动	身体控制与平衡能力
	身体移动能力
	器械（具）操控能力
生活	生活自理能力
	安全和自我保护能力
心理健康	情绪管理能力

（二）语言领域的发展

《指南》指出：“语言是交流和思维的工具。幼儿期是语言发展，特别是口语发展的重

① 柳倩，周念丽，张晔．学前儿童健康学习与发展核心经验［M］．南京：南京师范大学出版社，2016.

要时期。幼儿语言的发展贯穿于各个领域，也对其他领域的学习与发展有着重要的影响：幼儿在运用语言进行交流的同时，也在发展着人际交往能力、理解他人和判断交往情境的能力、组织自己思想的能力。通过语言获取信息，幼儿的学习逐步超越个体的直接感知。”由此可见，儿童期的语言学习与发展非常重要。如果能抓住幼儿语言发展的关键期，不仅可以促进语言学习，还可以带动其他领域的发展。

语言领域作为幼儿学习与发展的五大领域之一，在《指南》中有着明确的学习与发展的目标要求。

《指南》将语言领域的学习和发展目标分为两大类。如图 7－1－1 所示，语言领域学习与发展目标包括：(1)“倾听与表达”的学习与发展目标，其又包括“认真听并能听懂常用语言”“愿意讲话并能清楚地表达”“具有文明的语言习惯”三个目标；(2)“阅读与书写准备”的学习与发展目标，其包括“喜欢听故事，看图书”“具有初步的阅读理解能力”“具有书面表达的愿望和初步技能”三个目标。两大类型六个条块的语言学习与发展目标，清楚地指出了学前阶段儿童语言学习和发展需要具备的经验状况。

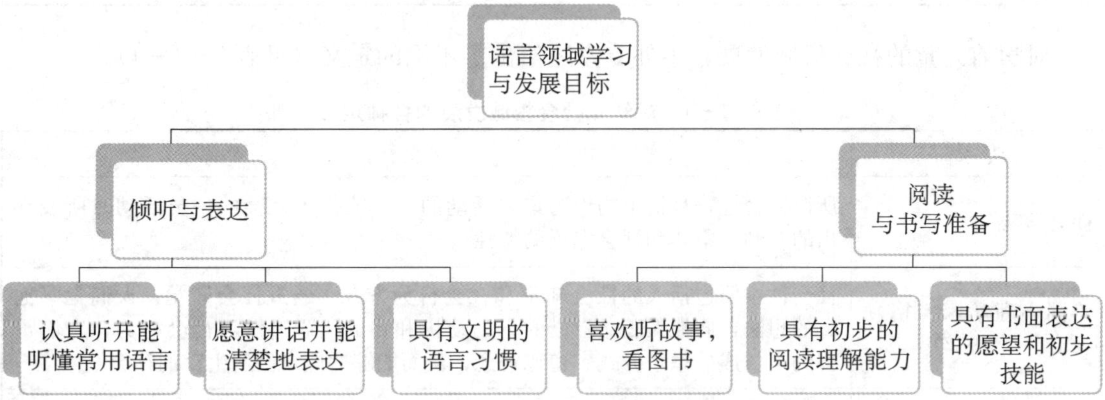

图 7－1－1　语言领域学习与发展目标

《指南》也指出：“幼儿的语言能力是在交流和运用的过程中发展起来的。应为幼儿创设自由、宽松的语言交往环境，鼓励和支持幼儿与成人、同伴交流，让幼儿想说、敢说、喜欢说并能得到积极回应。为幼儿提供丰富、适宜的低幼读物，经常和幼儿一起看图书、讲故事，丰富其语言表达能力，培养阅读兴趣和良好的阅读习惯，进一步拓展学习经验。”《指南》还给出了许多建议：“幼儿的语言学习需要相应的社会经验支持，应通过多种活动拓展幼儿的生活经验，丰富语言的内容，增强理解和表达能力。应在生活情境和阅读活动中引导幼儿自然而然地产生对文字的兴趣，用机械记忆和强化训练的方式让幼儿过早识字不符合其学习特点和接受能力。”

（三）社会领域的发展

《指南》指出，幼儿社会领域的学习与发展是其社会性不断完善并奠定健全人格基础的过程。社会性是儿童学习与发展不可或缺的能力，是儿童成长为合格公民所必须具备的特性，更是造就完整健全人格的基础。良好的社会性发展对幼儿身心健康和其他各方面的发展都具有重要影响。

《指南》依据学前儿童社会发展的主要途径和内容，将儿童的典型社会行为能力分为“人际交往”和“社会适应”两个子领域及7个典型目标（见表7-1-3）。

表7-1-3　《指南》社会领域学习与发展目标

领域	子领域	目标
社会	人际交往	1. 愿意与人交往
		2. 能与同伴友好相处
		3. 具有自尊、自信、自主的表现
		4. 关心、尊重他人
	社会适应	1. 喜欢并适应群体生活
		2. 遵守基本的行为规范
		3. 具有初步的归属感

对学前儿童的社会领域发展，中外专家还给出了不同的定义（见表7-1-4）。

表7-1-4　对幼儿社会领域发展的各种定义

专家	定义
社会学家	所谓社会性，是指生物作为集体活动的个体或作为社会的一员活动时所表现出的有利于集体和社会发展的特性
美国心理学家齐格勒（Ziegler，1987）	社会性主要包括人的社会知觉和社会行为方式。通过社会知觉，人们觉察他人的想法，向他人表达自己的行为动机和目的；通过学习社会行为，人们掌握约定俗成的举止方式、道德观念，从而能够适应自己所生存的社会
美国心理学家伯克（Berk，2005）	儿童的社会性发展主要是指儿童在情绪交流、自我理解、了解他人、人际技能、亲密关系、道德推理和道德行为等方面的变化
道奇（Dodge，1985）	儿童社会性能力应当包括社会认知、信息加工、交流和解决问题的能力，以及自我控制能力
西方神经科学家和儿童心理学家	儿童的社会发展主要通过对他人的兴趣、自我意识、情绪发展、社会性行为和自理能力等几个方面来表现。其包括对自己的知觉能力、与他人交往的能力、社会性情绪、社会性行为、自理能力
陈会昌（1994）	我国儿童的社会发展内容包括儿童的自我意识、气质、同伴关系、社会认知、社会性情况、社会行为、社会技能、道德体验与道德行为、自我控制能力、独立性等方面的发展
庞丽娟和李辉（1993）	儿童社会发展包括自我系统的发展、社会系统的发展、社会规则系统的发展

表 7－1－4 中专家对儿童社会领域发展的定义虽然各异，但概括起来无外乎儿童对自身的认识、与他人交往的意识和行为两大内容。

（四）科学领域的发展

《指南》在科学领域纳入了“科学探究”和“数学认知”两个既相互联系又相对独立的子领域（见表 7－1－5）。

表 7－1－5 《指南》科学领域的学习与发展目标

（一）科学探究	（二）数学认知
目标 1：亲近自然，喜欢探究 ● 各年龄段二至三个方面的典型表现 ● 两个方面的教育建议 目标 2：具有初步的探究能力 ● 各年龄段两至五个方面的典型表现 ● 四个方面的教育建议 目标 3：在探究中认识周围事物和现象 ● 各年龄段四至五个方面的典型表现 ● 三个方面的教育建议	目标 1：初步感知生活中数学的有用和有趣 ● 各年龄段两个方面的典型表现 ● 四个方面的教育建议 目标 2：感知和理解数、量及数量关系 ● 各年龄段四个方面的典型表现 ● 四个方面的教育建议 目标 3：感知形状与空间关系 ● 各年龄段两至三个方面的典型表现 ● 两个方面的教育建议

为进一步理解《指南》科学领域的内容，也便于与后面呈现的案例相关联，在此引用《指南》中“数学认知”子领域目标 2“感知和理解数、量及数量关系”的具体内容（见表 7－1－6）。

表 7－1－6 《指南》“数学认知”子领域目标 2 的具体内容

3～4 岁	4～5 岁	5～6 岁
1. 能感知和区分物体的大小、多少、高矮长短等量方面的特点，并能用相应的词表示 2. 能通过一一对应的方法比较两组物体的多少 3. 能手口一致地点数 5 个以内的物体，并能说出总数。能按数取物 4. 能用数词描述事物或动作。如“我有 4 本图书”	1. 能感知和区分物体的粗细、厚薄、轻重等量方面的特点，并能用相应的词语描述 2. 能通过数数比较两组物体的多少 3. 能通过实际操作理解数与数之间的关系，如“5 比 4 多 1”“2 和 3 合在一起是 5” 4. 会用数词描述事物的排列顺序和位置	1. 初步理解量的相对性 2. 借助实际情境和操作（如合并或拿取）理解“加”和“减”的实际意义 3. 能通过实物操作或其他方法进行 10 以内的加减运算 4. 能用简单的记录表、统计图等表示简单的数量关系

（五）艺术领域的发展

艺术教育是幼儿园教育过程中非常重要的一项内容，在幼儿园活动中正确实施艺术教育有着举足轻重的作用。《指南》将艺术分为“感受与欣赏”和“表现与创造”两个子领域，其下面又各有两个目标（见图 7－1－2）。

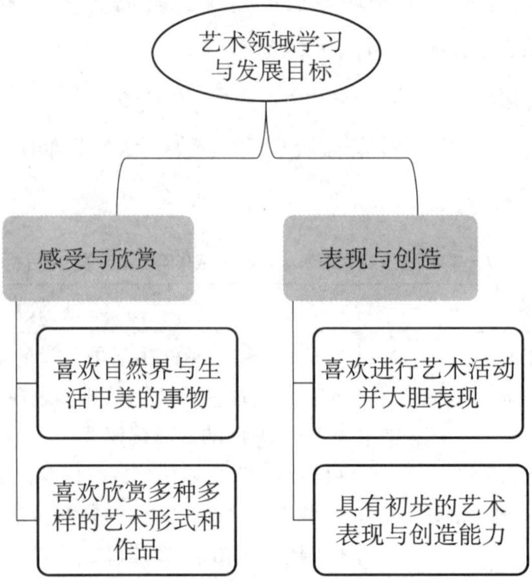

图 7－1－2　《指南》中的艺术领域学习与发展目标

《指南》在艺术领域所提出的具体要求为："引导幼儿学会用心灵去感受和发现美，用自己的方式去表现和创造美。"同时，成人应对儿童的艺术表现给予充分的理解和尊重，不能用自己的审美标准去评判儿童，更不能为追求结果的"完美"而对儿童进行千篇一律的训练，以免扼杀其想象与创造的萌芽。艺术领域作为提高儿童素质的一个方面，是对儿童进行美育的重要手段，对陶冶儿童的情操、培养儿童的心灵有着极其重要的作用。

二、幼儿五大领域发展的意义

幼儿在健康、语言、社会、科学、艺术等五个领域的发展相互渗透，能从多个角度促进他们的情感、态度、能力、知识、技能等方面的综合发展。学前融合教育关注普特幼儿的五大领域发展，使学前融合教育真正做到以幼儿为本，促进他们身心全面发展。

（一）幼儿健康领域发展的意义

学前儿童处于自身人生发展的关键时期，学前阶段是身体发展和机能发展极为迅速的时期。儿童在幼儿教育机构中获得良好的教育，对其今后发展有着重要意义。《幼儿园教育指导纲要（试行）》明确指出："幼儿园必须把保护幼儿的生命和促进幼儿的健康放在工作的首位。"《指南》也从幼儿学习与发展的角度提出了幼儿在健康领域应当学习与发展的具体目标，旨在围绕幼儿的健康做好各项工作，促进幼儿健康成长。

1. 健康领域的学习与发展是其他领域学习与发展的基础

健康领域的学习与发展在幼儿学习与发展中有着重要地位，是其他领域学习与发展的基础。幼儿发育良好的身体是他们的发展认知、习得社会交往等能力的基础。幼儿只有体质强健、情绪愉快，才能精力充沛、精神饱满，积极主动地投入对外部世界的探索之中，才能与他人建立良好的关系，才能获得丰富的感性经验，获得社会行为的良好发展。幼儿身体能力的发展还是进行早期阅读、绘画、表演以及形成操作工具能力的基础。

2. 健康领域与其他领域的学习与发展相互渗透

《指南》中的健康领域所涉及的幼儿情绪发展以及对集体生活环境的适应等方面的目标，还出现在《指南》的社会领域的发展目标中。幼儿的健康领域与社会领域是密切关联、相互补充的。幼儿在这两个领域的学习与发展都有助于幼儿的身心健康。同时，幼儿在其他领域的学习与发展也有助于幼儿身心健康成长。例如，幼儿在了解与探索物质世界和周围环境的过程中可以获得对物质特性以及有关安全等方面的知识和经验，这有助于提高幼儿对危险事物的认识与判断能力，更好地保障自身的安全。又如，幼儿要清晰地向他人表达自己内心的想法和情绪情感，发展健全的心理人格，又离不开语言能力的发展。可见，幼儿在健康领域的学习与发展应与其他领域的学习与发展有机结合、相互渗透。

3. 健康领域的发展是幼儿身体、心理发展的需要

幼儿的身体健康主要体现在身体各组织、器官和系统的正常发育与机能的不断完善上。只有身体发育正常，才能更好地发挥生理功能，才能更好地适应环境及抵抗疾病。生理上的严重缺陷极有可能造成幼儿某些方面的发育障碍，同时带来生活、学习的不便。不仅如此，正常发育的身体还是心理健康的基础。例如，幼儿脊柱的发育情况直接关系到体态是否正常，同时，也会对内脏器官的发育以及心理的发展等方面产生重要的影响；幼儿神经系统良好的发育是进行智力活动的基础，也是表现出正常行为的前提。幼儿心理发展的状况直接影响心理健康。

4. 健康领域对特殊幼儿的意义

幼儿园要树立正确的健康观念，在重视幼儿身体的同时，也要高度关注幼儿的身心健康发展。在对特殊幼儿的教育问题上，需要积极地寻求各种教育策略，促进特殊幼儿身心健康发展。

对于学前特殊儿童而言，健康领域的学习与发展非常重要。《上海市学前特殊教育课程指南》将健康与运动划入发展性课程，提出了最基本、最重要的发展要求。其中，健康与运动包括生活自理、精细动作、粗大动作三大板块，旨在指导特殊幼儿学习生活自理，积极参与运动锻炼，使他们具有良好的身体与心理素质，为进一步发展奠定坚实的基础。

（二）幼儿语言领域发展的意义

语言在我们的生活中无处不在，幼儿的语言渗透在日常生活的方方面面，体现在各个领域的活动过程中。《幼儿园教育指导纲要（试行）》也明确指出“发展幼儿语言的重要途径是通过互相渗透的各领域的教育”，并要求“在丰富多彩的活动中去扩展幼儿的经验，

提供促进语言发展的条件”。可见，语言领域和其他领域有着密不可分的关系，同时也对幼儿其他领域的发展起着非常重要的作用。

1. 语言发展与认知发展相互支撑

语言是幼儿认知世界最直接、最常见的方法之一。语言的学习与发展使幼儿认识外部世界、认识他人、认识自己，在世界与自己头脑之间建立关系，给他们认知世界、改造世界的自信。而语言的规范又使幼儿沿着一定的轨迹发展思维。因此，语言和认知是相互支撑、共同发展的。一方面，幼儿认知发展水平决定其语言发展水平；另一方面，语言作为心理表征符号，一旦被幼儿所理解和掌握，就能对他们的认知发展起到推动和加速的作用。

2. 语言发展推动社会性发展

语言是人类重要的交际工具，我们通过语言表达思想、交流情感。语言的发展使幼儿能表达出自己的需求和感受，说出自己的想法，让成人或同伴了解自己，以获得情感上的满足。同时，语言也帮助幼儿开展人际交往、建立良好的人际关系。幼儿在进行社会交往活动时，运用语言交流的过程，也是理解他人和判断交往情景的过程，还是不断提升交往能力的过程。此外，当遇到冲突或争端时，幼儿用语言去协商，可以避免情绪失控或粗暴的行为。

3. 语言发展与其他领域发展相互促进

语言作为一种符号系统，与音乐、美术和舞蹈等不同符号系统沟通互动。语言的学习与发展可以帮助幼儿理解音乐、美术的内容，拓展经验。当听到一首歌或看到一幅画时，他们可以用语言表达出自己的理解和感受，这让他们获得更好的体验。儿童语言的发展能带动自己全面发展，而其他领域的发展也是提高语言能力的一个必要条件。可见，语言发展与其他领域发展相互促进、相辅相成。

4. 语言发展对普通幼儿的意义

幼儿语言的发展遵循着一定的规律，具有阶段性。对大部分普通幼儿而言，他们的语言学习与发展不需要经过刻意的训练和学习，只要创设宽松、自由的语言交往环境，成人作为支持者、倾听者、交流者、合作者、促进者来支持、鼓励、吸引幼儿与教师、同伴或其他人交谈，让他们体验到语言交流的乐趣，幼儿便能正常习得母语的结构、语义与语法。他们会按照一般的、典型的发展顺序完成每个阶段的语言发展任务。他们的语言能力与其他能力不断相互促进、共同发展。

5. 语言发展对特殊幼儿的意义

对于特殊幼儿来说，由于种种原因，他们在口语，以及语言的理解、应用和表达方面往往存在困难，从而影响他们的学习与认知及社会互动能力的发展。他们的语言学习需要更明显和特别的方法。较早发现幼儿的语言障碍并进行及时有效的干预，对于狭义特殊幼儿语言的发展非常重要。

《上海市学前特殊教育课程指南》发展性目标中明确提出，促进残疾幼儿身心的全面发展，培养残疾幼儿良好的生活和学习习惯，使其在运动、认知、语言与沟通、社会适应、表达表现等方面获得提升。同时将习得初步的交往技能、认真倾听、基本理解他人用各种方式表达的信息、基本做到能用言语或非言语的方式表达自己的意愿，作为发展性目标。在发展性课程中也将语言与沟通作为五大领域之一。由此可见语言领域对特殊幼儿的重要性。

特殊幼儿的认知能力随着语言的发展不断提高。听觉障碍儿童语言的发展可以使他们更好地表达复杂的意思，将感知经验与词语运用相结合，学会表达自己的思维；视力障碍儿童语言的发展能够帮助他们表达和接受复杂的语法、语义以及各种空间关系；随着语言的发展，智力障碍儿童的思维认知能力会不断提高，思维调节能力变强。

特殊幼儿由于种种原因，在人际交往中往往处于较为消极和退缩的状态。语言与沟通能力的发展，能够帮助特殊幼儿学会运用口语或肢体语言、表情等表达需求，与同伴、成人进行有效的互动与沟通，建立较好的人际关系。随着语言的发展，听觉障碍儿童与同伴交往会逐渐增多，更容易对别人产生信任，在社会交往中不再只与同类儿童一起游戏，扩大了交友范围；视力障碍幼儿随着语言能力的发展可以建立自信，克服自卑情绪；智力障碍幼儿则可以提高社会交往能力，主动与人接触交谈；语言发展也有助于自闭症儿童在社会交往中建立伙伴关系，进行良好的社会互动。

（三）幼儿社会领域发展的意义

幼儿社会领域发展能促进幼儿自我意识的觉醒，增进幼儿的社会认知，激发幼儿的社会情感，引导幼儿的社会行为，提高幼儿的社会适应能力，培养幼儿良好的道德品质。幼儿园社会领域教育内容是根据幼儿园社会教育目标所选取的。幼儿园社会领域的特点、现象、事实、规则及问题等，依照一定的原则，形成了一个有机的整体。幼儿的社会领域发展对于幼儿素质的全面提高有着举足轻重的作用。

1. 社会领域发展有利于幼儿身体生长发育

社会领域发展与幼儿的身体生长发育存在着密切的关系。在与同伴的交往中，如果能够和谐相处，大家就会感觉愉快、轻松，内分泌系统就会始终处于平衡状态，身体的每个器官都能正常运转，这有利于幼儿的身体正常发育。反之，幼儿之间相处不融洽，经常处于一种负面情绪当中，会使他们的内分泌系统发生紊乱，影响各个器官的正常运转，从而影响其身体生长发育，甚至会给身体健康带来危害。

2. 社会领域发展促进幼儿形成健康心理

一个真正健康的人应该是一个身心都健康的人，身体健康可以通过体育锻炼或日常保养来实现，健康心理的保持则更为复杂、更为困难。有研究显示，目前我国有约17%的青少年存在心理问题，通常表现为沉默寡言、不合群、注意力容易分散等。这些心理问题看起来是到学龄后才出现，但研究表明，学前期的个体经历与此有着密切关系。如能在幼儿期进行有效的社会教育，促进幼儿的社会性发展，就能够使幼儿愿意与伙伴相处，一起学习、一起游戏，在集体中找到归属感，并能树立乐观向上的生活态度，感受到自己存在的价值和意义，增强自信。

3. 社会领域教学有助于对幼儿智力的培养

智力是一个含义广泛的词语，对人际关系的感知力、理解力和想象力也是智力的重要组成部分。幼儿园如能注重幼儿的社会领域发展，促进他们对包罗万象的社会现象和事物的充分感知和理解，就能培养幼儿的感知力、理解力和想象力。

4. 对特殊幼儿发展的意义

社会领域发展能培养学前特殊儿童的社会角色意识。社会角色是指一个人在特定的社会和团队中占有适当的位置，并执行该社会和团体规范了的行为模式。

学前特殊儿童通过学前融合教育，逐渐融入班级和幼儿园的集体中，并能通过言语或非口头形式等多种方式来表达自己，就能渐渐培育出符合社会期望的积极情绪。同时也能逐渐通过对方的反馈理解对方的意图，在生活环境中不断积累经验，从而习得扮演合适的社会角色的技能。

（四）幼儿科学领域发展的意义

科学是运用记忆、推理等思维形式，反映现实世界各种现象的本质和规律的知识体系。幼儿的科学领域发展是指幼儿探究和发现周围世界中的各种事物或现象的能力。幼儿园科学教育就是充分利用周围环境或为幼儿创设条件、提供物质材料，或选择适合幼儿的探究课题，以不同的方法、不同的程度指导幼儿参与各种科学探索活动，帮助幼儿主动获取科学经验、建构概念、学习科学的方法，养成科学严谨态度的过程。

1. 能激发幼儿的好奇心和探究兴趣

幼儿科学领域发展聚焦的是科学探究和数学认知，是自然界中的事物和现象。大自然以及周围生活中的各种事物与现象最能引起幼儿的好奇心和探究兴趣，也是幼儿发现事物特征，概括、分类和寻求事物间关系等思维活动发生的最集中领域。因此，科学领域的学习与发展目标紧紧围绕着激发探究和认识兴趣、体验探究和解决问题的过程、发展初步的探究和解决问题的能力等方面展开。

2. 科学概念是生活和学习的基础

《指南》中的数学认知领域的内容侧重于我们常说的数和形，这些是儿童早期数学学习的核心内容。对数和数量关系的初步理解是儿童早期数学学习的第一步，也是最重要的一步。理解和运用数是儿童日常生活必备的重要技能，也是儿童学习几何、测量等其他数学知识技能的前提。同时，对数和数量关系的初步理解也能促进儿童的逻辑思维和推理能力的发展。同样，形状和空间知识是儿童认识和了解周围世界的一项重要技能，也是几何学习的基础。

3. 对学前特殊儿童的意义

能发挥某些特殊幼儿的科学领域强项。有些特殊幼儿特别是高功能自闭症幼儿在数学上表现出很高的天赋。他们对数字很敏感，甚至在三四岁就有负数概念。在学前融合教育实践中，这些特殊幼儿的数学能力如果能得到展现，就会增强其自信心，也会改变普通幼儿对特殊幼儿同伴的刻板印象。

增强学前融合教育干预的抓手。《指南》指出，幼儿在科学领域发展中要走进自然、探究自然。有不少研究证明，学前儿童特别是特殊幼儿，都非常喜欢在大自然中与鲜花和绿叶为伴。因此我们在实施学前融合教育过程中，可以大自然为活教材，让普通幼儿与特殊幼儿一起，徜徉在自然中，放松其心情，陶冶其情操。

（五）幼儿艺术领域发展的意义

艺术既属于意识形态，又具有不同于其他意识形态的特性。人类的社会是一个有着自身内部结构的有机系统。各种形式的艺术实践活动可以使学前儿童受到美的熏陶，学会表达自己的内心世界，加强与社会上的人们的交往。

1. 艺术领域发展给予幼儿深刻的审美体验

艺术的核心是审美，审美作为人感知世界的一种方式，是以体验的形式存在的。体验是主客体高度融合的状态，是即时的、真实的，其体验的价值具有自足性，可以从不同的语言——形象、声音、肢体动作等来加以表达。对于每一个学前儿童来说，艺术具有宝贵的发展和享有的价值。在艺术的推动下，幼儿能初步学习感知周围环境和艺术之中的形式美和内容美，逐步形成对美的认知。

2. 艺术领域发展推动幼儿综合性艺术智慧的发展

各类艺术活动之间有许多天然的关联，人们可以借助不同的艺术形式来表达相同的情感和内容。一种已经产生的感觉引起另一种感觉，或一种感觉借助另一种感觉的作用而得到加强的心理现象称为“联觉”。譬如最常见的“色彩音乐”就是通过借助人的视觉和听觉相互作用，从而产生联觉现象来增强音乐的效果。从文学、艺术的角度说，这种联觉现象被称为“通感”。正是这种通感，可以触发人类的情感体验扩大，内容增加，力度增强。艺术活动是具有较丰富的感情形式的创造活动，它的具体形象性、情感渗透性能与学前儿童本身特有的纯朴性、浓厚的生命色彩以及自由创造性相吻合。在积极投入艺术活动的过程中，幼儿学习自由表达自己的感受，发展审美情感和表达能力，促进人格的完善。

3. 艺术领域发展与其他领域发展相互促进

《幼儿园教育指导纲要（试行）》明确指出，各领域的内容要有机联系，相互渗透，注重综合性。艺术是幼儿的朋友，当语言不足以表达情绪时，艺术表现就成为他们生活的一部分，给予幼儿表达自己想法、享受生活乐趣、探寻未知世界的喜悦。学前时期的艺术发展能够影响幼儿的生活习惯、性格特征、知识技能和思考方式。

4. 艺术领域发展对特殊幼儿的意义

不少特殊幼儿在艺术领域有非常突出的表现。学前融合教育不仅能使学前特殊儿童获得公平的教育资源，还给了他们展现艺术才能的机会。艺术领域的发展不仅能增强特殊幼儿感受美、欣赏美、创造美的能力，还能促进他们在智力、情绪、言语等方面的发展。以审美的眼光去看待世界，可以使特殊儿童变得有创造力、自信和乐观。通过艺术活动对特殊幼儿进行生活经验指导，可激发他们的思想和情感，使他们尝试着用不同的表达方式和表现形式将自己的内心世界呈现给他人。研究表明，学前特殊儿童参与音乐、绘画和阅读的活动后，幸福感明显增强。

第二节　特殊幼儿五大领域发展策略

我们在了解幼儿五大领域发展的基本概念和对普特幼儿所产生的重要意义后，有必要探讨在学前融合教育背景下特殊幼儿在五大领域发展中面临的挑战，以及促进狭义特殊幼儿五大领域发展的具体策略。

一、特殊幼儿在五大领域发展中面临的挑战

下面将分别对狭义特殊幼儿在健康、语言、社会、科学以及艺术领域所面临的挑战进行阐述。

（一）在健康领域面临的挑战

不同障碍类型的幼儿在健康领域发展所面临的挑战不尽相同。在此列举的是后面有相应教育策略进行干预的特殊幼儿的发展情况。

1. 脑瘫幼儿

脑瘫幼儿面临的最大挑战是健康领域中的动作发展能力。

障碍程度较轻微的脑瘫幼儿可以坐在地板上，但当双手拿物体的时候可能控制不了平衡。他们一般可以在有成人帮助的情况下维持其他坐姿，并能自如地转换座位，扶着物体站在稳定的地方。有时能够伴随些许的不协调交替运动进行短距离的腹爬，或者手膝并用爬行移动，或者扶着家具慢慢移动。障碍程度较重的脑瘫幼儿虽能坐在椅子上，但他们需要依靠特制的椅子来控制躯干，从而解放双手，扶着物体爬起来站在稳定的地方并做短距离的移动。转身有些难度时则需要助步器或者大人帮助掌握方向和转弯，并在房间里短距离行走，但还是很难在不平的地面上维持身体平衡。

2. 自闭症幼儿

自闭症幼儿大都会遇到生活习惯差、自理能力弱的情况。

他们往往不会自己独立穿衣，甚至不会自己拿着杯子喝水。想喝水的时候不说出自己的意愿而去抢别人的杯子，即便是用瓶子喝水，也经常会洒一身水。一般自闭症幼儿手部的精细动作能力差，自己不能拧开瓶盖，要么不用力，要么用很大的力，经常是瓶子打开了，可盖子不知飞到哪里了。喝完了水，不知道去盖上盖子。经常是使劲晃动瓶子，使瓶子里的水洒出来；要么将水倒在地上，然后将瓶子扔掉。

有的幼儿有便意时知道去厕所，但没进厕所就已经把裤子脱下来了，经常把周围的人都吓了一跳，教他正确的做法还会发脾气，咬自己的手。进了厕所不知道关门，需要别人提醒。

（二）在语言领域面临的挑战

不同障碍类型的幼儿在语言领域所面临的挑战不尽相同。在此列举的是后文有相应教育策略来进行干预的特殊幼儿的发展情况。

1. 语言发育迟缓幼儿

语言障碍幼儿由于机体受损引起语言发展异常，往往在理解或使用口语、书面语或其他符号系统时出现障碍。这类幼儿语言发展的速度、程度一般低于正常幼儿。

（1）语言理解缓慢。语言障碍幼儿在相应年龄段可能没有发展到相应的语言水平，他们可能会理解语言，但理解能力往往落后于相同年龄的同伴。

（2）语言表达困难。语言发展障碍的幼儿存在语言表达困难的情况，常常不会说话或者说话令人无法理解，话语颠倒、混淆、不连贯、不成句等，不会说出复杂的句子。

2. 自闭症幼儿

自闭症幼儿的语言发展和正常幼儿语言发展相比，存在明显的差异。主要表现在语言能力发育的迟缓，语言应用能力障碍，语言重复，语音、语调、语速等方面的异常。

（1）语言表达延迟。自闭症幼儿普遍开口说话比较晚，语言发展早期便明显落后于同龄正常幼儿。如正常幼儿 2 岁以后已经能较好地表达自己的需求，但很多自闭症幼儿 2 岁以后才刚掌握数量有限的单词。

（2）回声式语言。语言的重复是自闭症幼儿最大的特点。当别人问他们问题时，他们常常会重复别人的问题而不回答。这种“鹦鹉学舌”式的特点，可能源于自闭症幼儿缺乏共同注意的能力。

（3）言语沟通障碍。一些自闭症幼儿虽然有一定的语言能力，但他们说话频率少，缺乏与他人交往的愿望和能力。同时，他们的语言表达能力有明显的缺陷，语言理解能力较差，因此很难与人产生共鸣。他们常常会自言自语或说一些别人听不懂的话。

（三）在社会领域面临的挑战

不同障碍类型的幼儿在社会领域发展所面临的挑战不尽相同，在此列举的是智力障碍幼儿的发展情况，后文有相应教育策略来进行干预。

智力障碍幼儿社会领域发展所面临的最大挑战是缺乏安全感和与人交往的技能。

（1）缺乏安全感。由于智力发展受阻，这类幼儿的语言发展速度缓慢，内容贫乏，在与普通幼儿沟通时无法准确表达自己的意愿。有些智力障碍幼儿比较胆小内向，看到陌生人常常会显露出紧张害怕的情绪，对动物或者一些自然现象也表现出极度惊恐，安全感低。

（2）缺乏与人交往的技能。智力障碍幼儿的智力因素直接决定其认知水平、理解能力、观点采择能力等，进而影响其人际交往和社会适应能力。社会系统向他们提出了与普通幼儿差别不大的挑战，这对心智不成熟的智力障碍幼儿而言非常困难。

（四）在科学领域面临的挑战

不同障碍类型的幼儿在科学领域发展所面临的挑战不尽相同，在此列举的是语言发育迟缓幼儿的发展情况，后文有相应教育策略来进行干预。

科学思维可能是这些语言发展障碍幼儿面临的主要挑战。与普通幼儿相比，语言发育迟缓幼儿的思维仍然处在动作思维阶段，在科学领域活动中，他们更多地依靠动作思维，而较难借助概念判断和推理进行思维。

语言发育迟缓幼儿在发展过程中，还容易出现概念的扩大或缩小，他们分析事物比较粗率，无法将事物的各个部分严格区分开来。此外，语言发育迟缓幼儿的抽象概括能力多停留于初级水平，仅能概括他们容易做到的事和事物的外在共有属性。

（五）在艺术领域面临的挑战

不同障碍类型的幼儿在艺术领域发展所面临的挑战不尽相同。在此列举的是后文有相应教育策略来进行干预的特殊幼儿的发展情况。

1. 视觉障碍幼儿

视觉障碍幼儿具有较强的听觉选择性，对各种声音的分析、辨别能力较强；听觉注意力较集中；听觉记忆更发达。

（1）感受与欣赏方面。视觉障碍幼儿由于功能障碍，艺术领域的发展主要依靠听觉和触觉，他们一般通过听觉和手、脚或身体的某一部位触摸物体来感受艺术。

（2）表现与创造方面。视觉障碍幼儿以听觉记忆和触觉记忆为主，视觉障碍的想象以听觉表象、触觉表象为主要材料，通过再造想象来获取间接的知识。低视力幼儿通过触觉、运动觉以及手的协调能力培养，激发出空间概念和想象力，学会简单的绘画知识与基本技能，培养出对美术作品的欣赏和想象能力。

2. 脑瘫幼儿

许多脑瘫幼儿对节奏与乐调表现出浓厚的兴趣。原先比较呆板的脑瘫幼儿会在欢快的音乐中变得活泼好动，注意力涣散的好动幼儿会在节奏优美的乐曲中安静下来变得神情专注。但受动作发展限制，他们在进行艺术表现时会遇到很大困难。在优美旋律的引导下，他们愿意尝试随着优美的旋律学习发音、唱歌，甚至动腿、动手，但往往力不从心。

二、促进特殊幼儿五大领域发展的案例

此处所呈现的都是我们在保教一线亲自实践的案例。虽然不太成熟，但希望能够抛砖引玉，为同人以后的学前融合教育实践提供参考。

（一）促进特殊幼儿健康领域发展案例

下面将分别呈现促进脑瘫幼儿和自闭症幼儿健康领域发展的教育案例。

案例 1

促进脑瘫幼儿运动能力发展

1. 案主背景

姓名：小 R

性别：女

年龄：6 岁

类型：脑瘫

行为表现特征：

由于早产的关系，小 R 先天的运动能力弱于其他同龄孩子，由于腿部肌张力高，很多运动项目都受限，但幼儿园里的玩具、运动器械是其最想触摸和尝试的物品，所以每次户外运动，我们都会对小 R 的运动内容给予协助和调整。升入大班以后，除了知识内容不断丰富，对幼儿的运动能力也提出了新的要求，那就是需要学会跳绳。对于特殊幼儿来说，跳绳的动作是从平衡、协调上提出的一个很大的挑战。

在日常生活中，由于是单亲家庭，爸爸对小 R 的要求比较高，小 R 每天晚上都要进行身体锻炼（拉筋、踢足球等），每一天的内容都会根据医生的要求进行调整，并且爸爸要求小 R 凡事都要先试试，不要总说自己不行，不要不尝试就放弃，并且爸爸也是这样要求自己的。

小 R 现在是一个大班的孩子，在日常活动中，最大的挑战就是运动。性格倔强的小 R 还是愿意去尝试新的活动内容，尤其是运动项目。我们以鼓励、帮助等方式给予小 R 在运动上的支持。

2. 理论依据

通过观察，发现对于小 R 运用加德纳多元智能理论进行行为分析较为合适。老师发现

小 R 的内省智能和人际交往智能都是其优势智能，可以带动其弱势智能如肢体动觉智能。

我们在观察中发现，小 R 在做自己喜欢的事情时性格坚强，不愿意认输，会听取老师的建议；遇到困难时，不退缩，乐意接受不同的挑战，在问题面前能自己先想办法解决。同时小 R 也是一个在乎别人肯定和帮助的孩子，喜欢看到老师对自己的行为给予赞赏与认可，这让她感到心满意足，也更能激发尝试的愿望。

同时，我们发现小 R 在平衡木的运动项目中表现出一种幸福感、一种成功的喜悦，能在活动中投入、专注地尝试着通过平衡木，面对新的挑战有很强的探索精神。由于双下肢肌张力高，行走姿势异常，小 R 在上桥和下桥时会遇到不同程度的困难，但小 R 会凭借自己倔强的性格去尝试和解决，也能接受别人在这一过程中给予的善意的帮助。小 R 最终获得了成功。

3. 实录

今天运动活动开始，小 R 选择了自己“爬行”独木桥的运动项目。

在独立地爬过一段平稳的桥面，走到一段需要下台阶的道路时，小 R 开始用手一次次地向前试探，又缩回来，计算着前行时的安全系数和成功的可能。几次尝试后，小 R 转过身，以倒退的方式“前进”，再一次用左右脚分别进行试探，尝试着爬下台阶。站在黄色独木桥上时，小 R 先选择了右脚站稳，左脚向下试探。发现这样的姿势左脚并不能碰到地面，小 R 收回了左脚，改变下台阶的方式，这回小 R 选择了左脚站稳，右脚下。在下行的过程中，小 R 还巧妙地用自己的右膝盖支撑了一下自己，小手也慢慢跟上，就这样经过一次次失败之后的调整再尝试，小 R 成功地走下了台阶。

小 R 每周都会到康复中心进行康复训练，从小 R 的妈妈那里我们了解到，在康复中心，医生会让小 R 多进行腿部韧带的各种康复训练活动，以锻炼小 R 的腿部力量和身体平稳性，这有助于小 R 运动能力的提高。

小 R 爬下台阶后，老师立刻表扬小 R：“小 R 好厉害呀，自己想出了好办法成功地走下了台阶。挑战成功！前面还有一座有一点点难度的独木桥，小 R 敢不敢再挑战一次呢？”小 R 并没有回答老师的话，而是一边听着一边坚定地走向了目标。小 R 挑战了第一座拱桥后，爬上第二座拱桥的顶端就没那么难了。在爬行到桥面顶端（桥顶距地面 65cm）时，小 R 迟疑了一下，由于第二座拱桥的下桥处是一个向下 15°的斜面，小 R 尝试着迈出右腿，却发现这样一来，自己没有办法往前进，于是又收回了右腿，并将手再往斜坡处伸得远一些。小 R 试着挪动另一条腿，慢慢地直起身子，发现自己会往下滑。小 R 又收起脚，跪在桥面上（如图 7-2-1 所示）。

在一旁的老师问：“要帮忙吗？”小 R 摇摇头，手再往斜坡处伸远点儿，又一次放下腿，慢慢地坐在另一条腿上，仍然没有办法往前进。在一旁的老师又一次问：“要帮忙

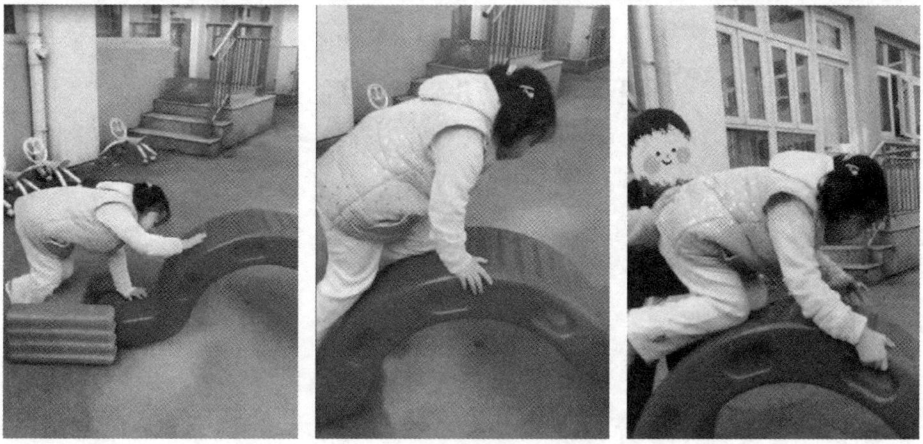

图 7-2-1 努力过“桥”的脑瘫幼儿

吗?”小 R 没有用动作或声音回答，于是老师走上前，扶住小 R 的胳膊，小 R 慢慢地坐在了桥面上，靠着自己的力量一点一点地往前挪，想抬自己的右脚，每次只抬到半空。老师又一次上前，和小 R 一起把脚抬起来，放在斜坡上，小 R 挪动着身体慢慢地前进……缓缓地踩到桥底后，小 R 用力往前走去（如图 7-2-2 所示）。站在一旁的老师用掌声给予小 R 鼓励。

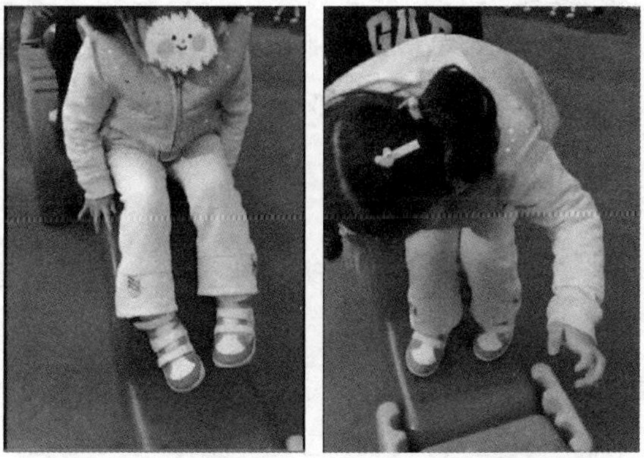

图 7-2-2 自己努力调节运动姿势的脑瘫幼儿

4. 初步效果

老师会根据小 R 的兴趣，积极引导鼓励，让小 R 乐意参与到各种运动中，尝试着完成更多有助于下肢锻炼的运动和力所能及的事情。这也改善了小 R 只有单一动作无语言回应的情况。小 R 不轻言放弃和不服输的态度，值得肯定，这样的态度需要老师继续培养、引导，使其能正面自己未来可能会遇到的各类问题，积极地去面对和接受不同的挑战。老师要用语言正面强化的方式多引导和鼓励，坚定幼儿“自己什么都可以尝试”的决心与信心。

案例 2

提升自闭症幼儿生活自理能力

1. 案主背景

姓名：小 W

年龄：4 岁

性别：男

类型：自闭症

行为表现特征：

小 W 就读幼儿园之前在医院诊断为自闭症，表现为无语言、不和小朋友交往等。小 W 的主要照料者为妈妈和外婆。在妈妈和外婆的精心照料下，小 W 的情绪还算稳定。小 W 现在就读于幼儿园的融合班级。刚来时，他对一切都感到陌生，洗手、吃饭、如厕等常规问题都需要老师一对一地进行重复指导。他十分抗拒使用马桶，大便时不愿意坐在马桶上，常常有憋尿、憋大便的情况。妈妈和外婆反映，他在家中也十分抗拒使用马桶，长期使用尿布。这给小 W 的活动造成了一定的不便。

小 W 还常常出现重复刻板的动作，如反复开关教室的门、反复拉书包的拉链等。他的语言能力发展比较缓慢，经过机构的语言训练，现在能说一些重复简单的词语、语句，但是还是有点儿含糊不清。小 W 喜欢运动，走、跑、跳、钻、爬等大运动能力发展较好，对于运动器材如滑板车、脚踏车、羊角球等都十分感兴趣，并且喜欢尝试各种器材的不同玩法。

2. 理论依据

根据小 W 的实际情况，运用自闭症与沟通障碍儿童的治疗与教育（TEACCH，简称“结构化教学法”）来对他进行指导比较合适。TEACCH 最初是由美国北卡罗来纳大学在“自闭症与沟通障碍儿童的治疗与教育计划”中提出来的。结构化教学法也称系统教学法，主要是根据儿童学习的特点（视觉辨别及记忆、听觉辨别及记忆），有组织、有系统地安排学习环境、学习材料和学习程序，并运用实物、图片、照片、数字、符号、文字这些可视化媒介来标明学习的内容和步骤，帮助儿童理解环境的要求和教师、家长的要求，在高度结构化的环境中学习。

3. 具体策略

运用生活自理流程图来进行辅助。生活自理流程图是结构化教学的内容之一，以详细的流程图可以培养孩子独立的自我照料能力，因此使用了生活自理系列图卡，帮助训练孩子的生活自理能力。自闭症幼儿有视觉加工优势及刻板行为的特点，而自理流程图正是利用了自闭症幼儿的行为特点，将自理动作分解，做成图片。在每天练习之后，自闭症幼儿自然而然地会养成习惯，掌握所有动作流程，这对自闭症幼儿的后续发展起到重要作用。

（1）如厕流程的视觉化，帮助幼儿养成如厕习惯。

利用自闭症幼儿的视觉优势和具象思维，把如厕活动划分为几个小步骤，每个小步骤用图片表示出来，并附上奖励内容的图像，通过图片提示的方法帮助幼儿完成整个任务，并以此来增加自闭症幼儿对未来事件的预测感。

将如厕活动分解为九个步骤：到卫生间—脱下裤子—坐到马桶上—排便—擦拭—站起来—冲厕所—提裤子—洗手。每个步骤都用图片表示，教师每天都让小 W 指认这九步流程（如图 7－2－3 所示）。

图 7－2－3　教师指导自闭症幼儿认识如厕流程

在日常活动中，教师会将图片按步骤排好后，反复请小 W 观察模仿这些图片并向他解释图片的意思（如图 7－2－4 所示）。

图 7－2－4　认真看如厕流程图的自闭症幼儿

当教师发现小W有脸涨红、夹腿、握拳等动作时，便会拿出马桶的图片示意小W是否需要上厕所。小W进入厕所后，教师立刻给予语言上的鼓励，同时拿出下一步脱裤子的图片示意小W脱裤子。起初小W不愿意脱裤子，在老师的帮助下，他完成了这一步。教师及时给予手势的鼓励，再出示坐马桶上的图片。当小W顺利完成如厕时，教师会给他贴纸奖励。按照一系列如厕流程图片所示的步骤完成几次以后，小W渐渐没那么抗拒如厕了（如图7-2-5所示）。

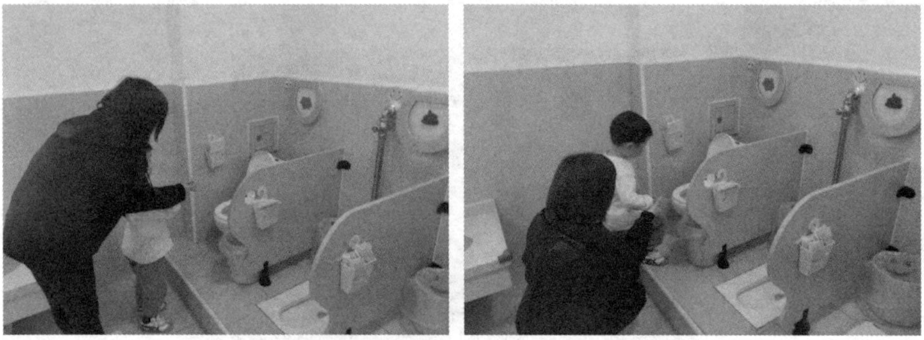

图7-2-5　教师引导自闭症幼儿如厕

（2）如厕环境的结构化，减少外界干扰。

明确的界限有助于帮助孩子认识到如厕行为与厕所之间的联系，因此，教师把如厕流程图张贴在墙壁上，引导小W发现如厕行为与厕所的联系。为了让小W不再抗拒坐马桶，当小W如厕时，教师在马桶圈上套了柔软的马桶圈套。

为了建立一个安全和没有过多刺激的环境，教师还在盥洗室增加了一些脚垫，安装了两侧扶手，同时播放轻音乐干扰抽马桶的声音，缓解了小W对于抽马桶声音的恐惧。

4. 初步效果

通过一学期的努力，小W记住了如厕的顺序，并且愿意在成人陪伴下如厕。

（1）记住了如厕的顺序。刚开始使用如厕流程图时，小W需要老师或家长的协助。等他熟练了一些的时候，教师尝试让他自己试试看。当发现有动作漏掉时，老师或家长再提示哪一张图卡上的动作漏掉。经过反复练习，在期末时小W已养成习惯，学会了按照九个动作流程如厕。

（2）愿意在成人的陪伴下如厕。通过减少环境的刺激和干扰，小W开始愿意在成人的陪伴下如厕。每次如厕后教师会及时进行鼓励，强化他的行为。在家中，教师请家长也创设安全少干扰的环境，利用详细的流程图继续巩固小W的如厕行为。

（二）促进特殊幼儿语言领域发展案例

下面将分别呈现促进语言发育迟缓幼儿和自闭症幼儿语言领域发展的教育案例。

案例1

提高语言发育迟缓幼儿的语言能力

1. 案主背景

姓名：小H

年龄：5岁

性别：男

类型：语言发育迟缓

行为表现特征：

小H在小班时由儿童医院诊断为发育迟缓，平时主要由外婆带养。刚入园时他只会叫“外婆”，基本没有其他词汇，常常哭闹，对于老师的指令也无法理解。家长对于这种情况非常着急。小班上学期，小H开始在特教中心进行康复及个别化训练。家长还为其报名，参加语训机构的语言训练课程。

进入中班，教师发现小H能说很多口语词汇，自主表达的语言多了，可以讲3～4个字的句子。他能明确表达“爸爸”“妈妈”“爷爷”“奶奶”“我要”“我不要”“这个”“那个”“再见”等，发音清晰度有所提高。当无法表达时，可以通过手势或其他肢体语言进行沟通。小H语言理解能力较好，能够理解一般指令。

2. 理论依据

陶行知先生提出的“小先生制”倡导儿童可以一边当“学生”，一边当“先生”，以教人者教已，这既是一种教学方式，也是一种学习方式。中班的孩子已经具有同伴意识，喜欢和小朋友一起游戏，有经常一起玩的小伙伴。当普通幼儿与班上或园内的学前特殊儿童在一起时，在他们充当同伴的“小先生”或“小老师”去帮助学前特殊儿童时，这些儿童的自我效能感会被激发出来。而特殊幼儿在“小先生”或“小老师”的帮助下拥有更多与同伴接触、学习交流的机会。

同时，《指南》中明确提出“幼儿的语言能力是在交流和运用的过程中发展起来的”，我们要为幼儿创设自由、宽松的语言交流环境，创造说话的机会，使其体验到语言交往的乐趣。在角色游戏中，鼓励幼儿自由、自主、自发地开展活动。不同情境中不同的角色能激发幼儿说话的愿望，巧妙地引导幼儿发音，有效提高幼儿的语言能力。

3. 具体策略

（1）同伴当“小先生”引领。

在游戏过程中，“小先生”球球始终带着小H，向他介绍并一起开展游戏。有了“小先生”的帮助，小H在游戏时不再是游离在外。通过同伴的语言介绍，小H对游戏中其他幼儿的行为有所了解。开展游戏时，小H通过学习模仿同伴的对话促进语言能力的发展。

当角色游戏开始时，球球牵着小 H 的手来到了老师面前说："我带着小 H 逛街去。"说完，球球就牵着小 H 走到了孩子们搭建的场地中。"你看，这个是碰碰车游乐场，你要玩的话要在这里排队。"球球一边介绍，一边拉着小 H 往前走。这时，小 H 被旁边的小医院吸引，并没有跟着球球走。

球球走了回来，拉着他的手说道："这是医院，你想玩吗?"小 H 并没有回答，而是继续往前走。球球走上前去继续拉着小 H 的手。

(2) 在游戏情境中学习语言。

在游戏中，幼儿有着轻松、愉悦的情绪，与同伴的交往机会多。角色游戏对幼儿语言发展也有很好的推进作用，我们鼓励幼儿参与此类游戏，通过不同情境、不同角色的扮演，学习沟通技巧。

当他们走到娃娃家门口时，小 H 拿起了娃娃的餐具。这时嘟嘟说道："你不可以随便拿我们家的东西，你可以来做客。"小 H 并没有回应，而是自顾自地玩着餐具。这时，球球说道："我们一起进去做客吧!"说完，拉着小 H 坐了下来。

"你们想吃什么，我做给你们吃。"嘟嘟说道。"我要吃面。"球球回答道。小 H 没有说话。"小 H，你要吃什么？要吃面吗?"老师问道。"要。"小 H 回答。"那我们和嘟嘟说'我要吃面'。"老师慢慢地说。"我——要——吃——面。"小 H 重复道。"好的，我马上去准备。"嘟嘟回答道（如图 7-2-6 所示）。

图 7-2-6　普通幼儿和小 H 在娃娃家中"吃面"

4. 初步效果

(1) 交流意愿增强。现在游戏时间，常常可以看到小 H 参与游戏，同伴也愿意带着小 H 一起游戏。虽然小 H 的角色意识不强，但在游戏中，小 H 慢慢从独自游戏到能和同伴一起玩。一会儿去看表演，一会儿是小医生，一会儿又是小司机。在游戏中，小 H 主动与同伴交流的情况逐渐增多。

(2) 运用语言能力获得提升。在游戏中，小H有时会模仿同伴说话，有时则会表达“我要××”。通过借玩具和工具，以及“问路”“买卖商品”等角色扮演游戏，小H运用语言的能力得到锻炼，也体验到一起游戏的快乐。

案例2

提高自闭症幼儿的语言能力

1. 案主背景

姓名：小A

年龄：5岁

性别：男

类型：自闭症

行为表现特征：

小A目前在中班就读，平时说话的频率比较低，在对话时常常会重复别人说的内容。他在班里基本不与同伴一起玩耍，喜欢重复性地玩一件玩具或做一件事情，有时会不停地开关门、摆动身体。在学习活动中，往往不关注老师所说的内容，不回应老师的问题，不与老师、同伴互动，有时甚至离开自己的座位，去玩具橱找玩具玩，一人游离在外。

2. 理论依据

加德纳的多元智能理论认为，人的智能是多方面的，在一个领域表现为智能强项，在另一个领域可能表现为智能弱项。因此，我们要采取多元化的教学方法，使教学方法与学生的智能相匹配，发展他们的优势智能，激发他们的弱势智能，帮助他们以优势带动弱势的发展。对自闭症幼儿来说，语言与交往方面是他们的弱项，但视觉与听觉方面则是优势。要帮助他们把优势迁移到其他领域的学习中，并提供不同的表现机会，肯定不同的表达方式。

《指南》在教育建议中也指出，要尊重和接纳幼儿的说话方式，无论幼儿的表达水平如何，都要认真地倾听并给予积极的回应。

《上海市学前特殊教育课程指南》实施建议中提出，要结合情境，采用语言跟进、视觉支持等方法，多给残疾幼儿倾听与交流的机会。对自闭症的幼儿来说，教师首先需要激发幼儿沟通的愿望，其次要选择辅助的沟通方式。教师可以通过肢体动作、手势、图片等方式促进儿童各方面能力的发展。

3. 具体策略

(1) 感受集体教学的氛围。

自闭症幼儿在集体学习活动中普遍表现为自顾自地玩、跑、发呆或发出单一的“呀呀”声，有时完全不看授课老师。这时，最好让他们坐在离老师最近的位置保证他们能听清老师说的每句话，看清老师每个发音动作和肢体动作。当他们出现游离状态时，可以及时提醒，也可以安排一个配班老师坐在他们旁边，需要格外地关注他们的语言表达，包括无语言的交流。在给予帮助的同时，要不停地告诉特殊幼儿现在做什么，要怎么做。可能对普通幼儿只需要讲一遍，但对于他们，教师要不停地讲，反复地讲，让他们建立意识，最终激发他们的自我表达欲望（如图 7－2－7 所示）。

在开展以“我在马路边”为主题的语言活动“路灯”时，活动目标是学念儿歌，感受儿歌的情境，知道各种各样的路灯，了解路灯与人们生活的关系。

图 7－2－7　让自闭症幼儿感受集体语言教学氛围

活动开始时，老师出示路灯的图片让幼儿说一说观察到的路灯，并提问道：“你家附近有没有路灯？是什么样子的?”小朋友纷纷举手，说：“我们家小区里的路灯是黄色的。”“马路上路灯很高。”“公园里也有路灯。”等等。此时，小 A 有些坐不住，总是回头看后面。老师轻轻地拉了拉小 A 的小手，示意他坐好。过了一会儿，当孩子们念起儿歌时，小 A 离开了座位，独自走到他最喜欢去的娃娃家的角色游戏区域。老师看到后说道：“小 A 过来坐好。”向他招了招手并指了指他的座位。小 A 似乎有些听懂了，但并没有回来。于是，老师又重复了一遍。小朋友见状也一起说：“小 A 快回来，坐好。”这次小 A 回到座位坐下了。

(2) 图片或肢体动作帮助理解语言。

自闭症幼儿的听觉与视觉方面比较与众不同，因此在与自闭症幼儿沟通时，除了依靠语言，还可以通过身体动作、手势、图片等形式，激发他们开口的意愿，帮助他们学习语言（如图 7－2－8 所示）。

老师将路灯的图片拿到了小 A 面前，指着图片说：“这是路灯，路——灯——”小 A 重复了一遍。老师高兴地给小 A 竖起了大拇指：“小 A 说得真棒!”小朋友也给小 A 掌声鼓励。接下来，当孩子们念儿歌中“太阳刚下山，路灯亮一串”时，老师发现小 A 也跟着

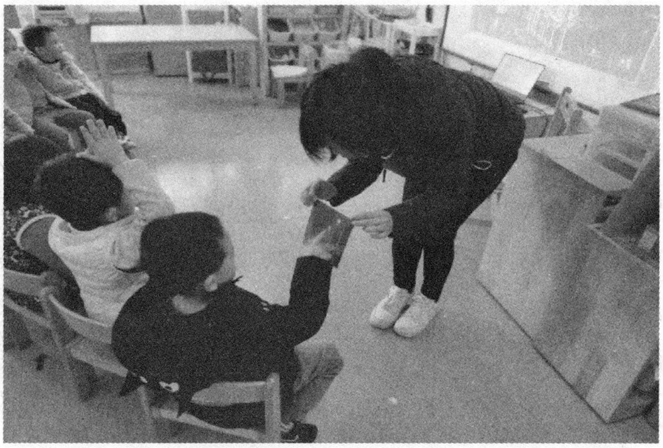

图 7-2-8　老师出示图片给小 A，鼓励他说话

念，虽然声音有些轻。坐在他身边的老师连忙给他竖起了大拇指。

（3）小步递进学习，树立语言自信。

在学习活动中，老师的提问都根据小 A 的实际发展水平设置。先从简单的词汇入手，再到简单的句子。当小 A 对老师的提问积极主动回应时，老师和小朋友就会积极地给予鼓励肯定。同时引导其仔细倾听同伴的回答，请他从重复模仿开始，然后创设情境练习。

4. 初步效果

（1）倾听能力有所提高。到学期快结束时，在进行集体教学活动时，小 A 虽然有时候还会离开座位或大声喊叫几声，但当老师就主动把他拉到身边，用卡片或手势来提醒他安静地坐下时，小 A 也能够坚持一段时间了。在集体教学的时候，遇到感兴趣的活动，他也能比较安静地倾听了。

（2）学习语言兴趣增强。老师会根据小 A 的能力，在进行语言活动时请他重复一些简短的语言。只要小 A 有对集体教学活动的反馈，老师立刻给予他在集体面前表现的机会并进行鼓励。小 A 也越来越愿意开口，对于语言的学习兴趣明显增强。

（三）促进特殊幼儿社会领域发展案例

在学前融合教育中，为促进特殊幼儿的社会领域发展，教师为其创建积极交往的环境，鼓励他们主动投入与同伴的交往中，并通过环境创设，建立促使特殊幼儿与普通幼儿交际合作的视觉支持系统。

案例

促进智力障碍幼儿社会领域发展

1. 案主背景

姓名：小 R

年龄：5 岁

性别：女

类型：中度智力障碍

行为表现特征：

小 R 是一名中度智力障碍幼儿，进入幼儿园前没有语言表达能力，有意愿想要表达时只会哭闹。对于集体环境不适应，不听从指令，需要一名成人随时陪同。

在幼儿园里做运动时，小 R 看到同伴手上的皮球会随手去拍，致使皮球掉在地上；大家在滑滑梯时，小 R 会突然冲到队伍的最前面，撞开排在第一位的孩子，自己爬上滑梯。

在生活活动中，午餐时，小 R 看到桌上已经准备好的餐食，直接站在桌边用手抓着吃；盥洗时，小 R 会用身体把正在洗手的孩子撞开，自己很享受地冲洗双手。

2. 理论依据

根据小 R 处理听觉信息较弱而处理视觉信息较强的特点，教师使用视觉支持系统理论。将视觉支持系统应用在特殊幼儿的发展中，就是将一些抽象概念用具体的图像表示出来，帮助那些对抽象的听觉信息理解较为困难的有发展障碍的幼儿。教师同时还运用陶行知的“小先生制”，让普通幼儿成为其“小先生”，来促进小 R 的社会领域能力发展。

3. 具体策略

（1）家园共育，视觉支持实践。

通过将日常生活的场景图示化，让小 R 明白，一旦在外面乘车，就要按照一定的坐车步骤和遵守相应的坐车规则。因为幼儿的社会领域发展绝非只限于幼儿园，所以要与家长协同，在家长的帮助下一起来对小 R 进行相应的社会性教育（如图 7－2－9 所示）。

图 7－2－9　乘坐交通工具的视觉支持

家长每天在接小R回家后，都会带着小R，一边将这个图示给她看，一边确认小R是否能完全按此步骤来坐公交车。

（2）同伴带领，习得社会行为规范。

如前所述，小R在刚进入幼儿园时，社会性规范行为很少，为此，我们请同伴带领，同时也借助视觉支持系统，将相关的行为规范张贴在教室里，便于小R更好地观察和模仿同伴行为。

在学前融合教育背景下，我们每天在教室里让小R看着张贴的行为规范图，同时请有意愿、有能力成为小R的“小先生”的幼儿将图片内容用动作表示出来，让小R懂得哪些事情可以做、哪些事情不可以做，久而久之形成“动力定型”，小R便越来越多地产生出符合社会规范的行为。

4. 初步效果

经过一个学年的学前融合教育实践，教师欣慰地看到了小R社会领域的向善变化。

（1）家园互动提高社会生存技能。对于比较重视幼儿社会领域发展的家庭来说，家长会积极与幼儿园携手，应时应景地创设各种社会生存训练环境。本案例的家长经常带孩子进行“乘车”练习，提升了幼儿主动学习乘车相关程序的意愿，也符合该幼儿当前社会领域发展所应达到的水平，满足了该幼儿的社会生存个体需求。

（2）同伴互动，习得社会行为规范。充分发挥同伴的“小先生”作用，有利于帮助特殊幼儿建立良好的同伴关系，这种良好的社会关系会让特殊幼儿更愿意亲近同伴，并在与同伴交往过程中，观察、模仿和习得规范的社会行为。与此同时，利用视觉支持系统，能让特殊幼儿通过视觉感官刺激，在鲜艳的色彩和丰富的材料中知晓行为的适宜性和非适宜性，从而能将规范的社会行为慢慢变成自己的一种习惯。

（四）促进特殊幼儿科学领域发展案例

下面将呈现语言发育迟缓幼儿的案例。

案例

促进语言发育迟缓幼儿科学领域发展

1. 案主背景

姓名：小H

年龄：6岁

性别：男

类型：语言发育迟缓

行为表现特征：

小 H 是一名语言发育迟缓的孩子，从小班开始进入学前融合的特教班，在特殊教育指导中心学习与接受训练后，由老师与其家长共同商讨各项教育对策和训练措施，家园协调一致，及时交流，发挥了互补作用，这促使小 H 较快地适应了集体生活，尤其在时间感和秩序感的获得上有一定的进步。

进入大班后，通过开学两周及家访的观察，我们发现小 H 在语言表达上进步很大，在字词的正确发音、语言表达的完整性上都有所发展。但小 H 在一日活动中，特别是在科学领域游戏活动中，遇到挫折就开始发脾气，常常一个人游离在外，在老师与同伴的带领提醒下，才能渐渐融入集体。

2. 实录

早上的个别化学习活动时间，是小朋友最喜欢的。小 H 来到了益智区。安安正准备玩“叠高楼”。于是安安对小 H 说：“小 H，我们一起玩‘叠高楼’，好吗?”小 H 很乐意地点头答应了。

他们先玩“石头剪子布”。第一次，安安出了剪刀，小 H 也出了剪刀，他俩几乎同时出；第二次，安安还是出了剪刀，可小 H 晚出，且出的是布，安安说：“我赢了!”小 H 点头接受。安安选择了上面有数字 9 的小旗子，将“9”作为这次“叠高楼”的楼层数。接着，安安先甩骰子，甩出了数字 2，安安便去取两块积木，准备将积木叠起来。此时，小 H 也去拿积木，安安急着说：“哎，小 H，不动。”小 H 马上不动，放下了刚拿好的积木。安安将两块积木叠好后，说：“现在轮到小 H 甩。”“好的。”小 H 高兴地应答。小 H 也甩出了一个数字 2，便取了两块积木并搭好。安安这次甩出了一个数字 5，正当安安取 5 块积木时，小 H 头转过去，看着其他小朋友。安安看见了，马上叫了下：“小 H。”小 H 将头转过来，看着安安数积木，“叠高楼”。后来，安安先叠好了“高楼”(9 块积木)，安安赢了。小 H 高兴地说：“1 比 0。”

3. 理论依据

我们根据《指南》的科学领域教育建议设计实践活动。《指南》中关于数学认知和理解数、量及数量关系的教育建议是引导幼儿感知和理解事物“量”的特征。我们结合日常生活，指导幼儿学习通过对照或数数的方式比较物体的多少。利用生活和游戏中的实际情境，引导幼儿理解数概念。通过实物操作引导幼儿理解数与数之间的关系。

4. 具体策略

(1) 参与同伴的竞赛性游戏。为小伙伴们更多地和小 H 一起个别化学习交流创造机会，尤其在益智区的下棋等竞赛性项目中，可以请能力较强的幼儿带领小 H 一起玩，让小 H 在与同伴的互动中体验成功的喜悦。

(2) 加强亲子间游戏。请家长在家里经常与小 H 进行下棋等小游戏，建立规则意识和竞赛意识，从中关注小 H 单位时间里的专注时间是否延长，给予鼓励与肯定。

5. 初步效果

(1) 数概念得到了强化。通过游戏，小 H 能将数字和实物联系起来，原先模糊的数概念逐渐清晰起来。同时还学会了初步的 1 与 0 的比较。

(2) 同伴交往得到加强。经过一学期的学前融合教育，在个别化学习活动中，小 H 更热衷于和小伙伴们一起玩“拼拼乐”“纸牌垒高”等要动手操作的竞赛性活动。活动中的小 H 专注时间延长了，竞赛意识也加强了。

（五）促进特殊幼儿艺术领域发展案例

下面将分别呈现促进视障幼儿和脑瘫幼儿艺术领域发展的案例。

案例 1

促进视障幼儿艺术领域发展

1. 案主背景

姓名：小 K

性别：男

年龄：6 岁

类型：视觉障碍

行为表现特征：

小 K 在小班时由儿童医院诊断为视觉障碍，说话的时候有点口吃，而且也不能单独行走，常常需要其他小朋友或者老师的帮助。小 K 认识字，但是不能说出字的准确含义。

到了大班，小 K 说话比以前流利了，而且也能独立行走，不需要别人的搀扶。小 K 也能理解一些简单字的含义，有时候能够通过声音辨别方向。观察发现，小 K 比较喜欢音乐，特别对那些节奏感强的歌曲，能跟着节奏一起跳舞。

小 K 有一个全职妈妈，经常会刺激小 K 更多地使用其他的感官系统，例如听、摸等，会时常带着小 K 听歌、玩乐器。

2. 理论依据

因为小 K 喜欢音乐，所以根据加德纳的多元智能理论，注意发挥他的音乐强项，以弥补视觉上的不足。我们在音乐活动中发现，小 K 在音乐游戏等活动中表现出来的能力与正常儿童没有明显差异，并且在节奏的模仿与旋律的听唱等方面，表现有时甚至优于普通幼儿。

另外，根据《指南》中的艺术领域的教育建议，通过教学活动让小 K 在音乐学习中掌握音乐基本知识，以及运用简单的乐器。

3. 实录

老师带来了几样打击乐器：沙锤、碰铃、双响筒。老师让小 K 先用手触摸这几样乐器，然后拿起沙锤摇了两下，再问小 K 这是什么乐器。小 K 很开心地说这是沙锤。让小K一起熟悉了这些乐器后，老师和小K做了一个游戏：听节奏和声音找人。

老师依次选择站在活动室的不同角落，分别使用不同的乐器敲击出小K已经熟悉的节奏，让小K通过节奏和声音的方向找寻他。先使用碰铃敲击出一些小K熟悉的节奏（这些节奏是以前小K了解并很感兴趣的节奏），然后让小K去找老师，并模仿敲击的节奏。通过这样的方式，鼓励和引导小K，激发小K参与到游戏当中，培养他的方向感和空间感，再逐渐让小K听某一特定的乐器找同伴，加强他与同伴间的交往和合作。如图7-2-10所示。

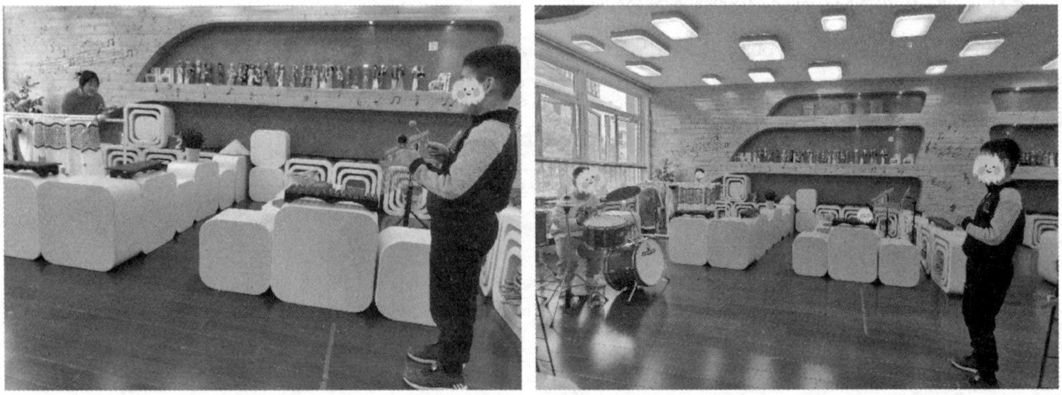

图7-2-10　教师引导视障幼儿进行音乐游戏

4. 初步效果

(1) 音乐节奏感增强。随着对音乐的兴趣不断增强，小K的音乐节奏感也在持续提升。教师据此创设更多的机会，进一步提升了小K对节奏的把握，同时提供机会鼓励小K去感受、欣赏和表达韵律节奏。

(2) 同伴互动增多。班级中更多幼儿喜欢和小K合作音乐游戏，有一起进行韵律节奏游戏的，也有进行“循声找人”的声音游戏的。与同伴一起游戏时，小K的脸上总会展现出笑容。

案例2

促进脑瘫幼儿艺术领域发展

1. 案主背景

姓名：小R

年龄：5岁

性别：女

类型：脑瘫

行为表现特征：

小 R 在入园前被医院评估为运动功能障碍，双下肢肌张力高，行走姿势异常。目前是中班幼儿，虽然被诊断为脑瘫患儿，但是她的智力情况属于正常。小 R 的走路姿势仍然脚跟着地，需要有成人在一旁提醒。因为走路姿势不稳，有时一些艺术类舞蹈等活动参与不了。

2. 理论依据

《学前儿童音乐教育》一书中提到，4～5 岁儿童的社会意识逐渐得以发展，恰当的音乐活动经验包括对个人身体的探索。节奏型的音乐是这一年龄阶段儿童表达他们音乐经验的最有效手段。这些音乐经验丰富了学前儿童的自我感受、理解和表达、表现方式。以音乐审美教育为切入口，把音乐作为促成幼儿身心全面、和谐发展的载体，不仅能够提升特殊幼儿的自尊心和自信心，也能给予他们与同龄人分享、交往的机会。

3. 实录

在幼儿园的艺术活动中，小 R 一个都不落下。在日常的活动中，随着优美的旋律学习发音、唱歌、动腿、动手，提高四肢协调能力、语言表达能力和运动技巧。

学校每年都会有各种各样的艺术节活动。小 R 经常摇摇晃晃地走上属于她的舞台，在舞台上用她的动作、姿态展现自信（如图 7－2－11 所示）。

图 7－2－11　自信的脑瘫幼儿

见到小 R 自信满满，他的父母充满信心："她和别的孩子是一样的。孩子找到自己的美和自信，就能看到希望，重拾信心，坚持下去。"

4. 初步效果

增强了自信心。小 R 在学前融合教育的背景下，在与同伴互动的过程中，感受到同伴对自己的肯定与赞扬。与此同时，家庭是儿童成长最主要的环境，小 R 的家长起到的积极作用是不可忽视的，幼儿园和家庭的有效合作、教师和家长的共同协商，都增强了小 R 的自信心，使她逐步形成了阳光的性格。

本章小结

本章在第一节中首先梳理了教育部颁布的《3～6 岁儿童学习与发展指南》对健康、语言、社会、科学以及艺术五大领域发展的定义及目标，继而据此阐发幼儿在这五大领域的学习与发展的意义所在。第二节则聚焦狭义特殊幼儿，既介绍了他们在五大领域发展中面临的挑战，又呈现了在学前融合教育中促进他们五大领域发展的实践案例。

思考与练习

1. 狭义特殊幼儿在语言领域面临的主要挑战体现在哪里？
2. 狭义特殊幼儿在科学领域面临的主要挑战体现在哪里？
3. 学前融合教育促进狭义特殊幼儿健康领域发展的主要策略是什么？
4. 学前融合教育促进狭义特殊幼儿社会领域发展的主要策略是什么？
5. 学前融合教育促进狭义特殊幼儿艺术领域发展的主要策略是什么？

第八章

与机构合作实施学前融合教育

本章导读

接受学前融合教育的幼儿中有一部分是狭义的学前特殊儿童，因此“医教结合”和“教康联手”便成了学前融合教育的两大重要特点。本章将聚焦托幼机构在实施学前融合教育时，如何与医疗机构和康复机构密切合作，进行良好互动，以此共同促进学前特殊儿童身心发展。

2022 年，国务院办公厅转发的《“十四五”特殊教育发展提升行动计划》明确提出要“积极发展学前特殊教育”。鼓励普通幼儿园接收具有接受普通教育能力的残疾儿童就近入园随班就读，推动特殊教育学校和有条件的儿童福利机构、残疾儿童康复机构普遍增设学前部或附设幼儿园，鼓励设置专门招收残疾儿童的特殊教育幼儿园（班），尽早为特殊儿童提供适宜的保育、教育、康复、干预服务。推进融合教育，全面提高特殊教育质量。因学前融合教育易受各种因素影响，以及特殊幼儿障碍的特殊性，对特殊幼儿实行有效的融合教育，需要采取更多的综合干预策略，需要由各类专业人员跨界组成团队合作实施。

第一节　与医疗机构的合作

“医教结合”是托幼机构实施学前融合教育的重要保障，因此，托幼机构须积极主动地寻求与相关医院和儿童保健所等医疗机构的紧密合作。我国各级政府机构已出台很多关于融合教育中的“医教结合”的文件，限于篇幅，在此仅以上海市教育委员会颁布的文件为例，一探我国为学前融合教育的“医教结合”保驾护航之全貌。

早在2010年，上海市教育委员会、上海市卫生局就下发了《关于开展特殊教育医教结合工作的通知》，明确了卫生部门与教育部门合作建立学前特殊儿童发现、诊断与安置工作管理网络、建设学前特殊儿童信息通报系统、加强“医教结合”队伍建设等任务，还进一步明确了卫生部门的业务管理职能。具体落实到选派听力、视力、智力、脑瘫、自闭症等方面的专家，为在教育机构中接受特殊教育的学前特殊儿童提供医学检测、评估、康复指导等服务，并开展教师培训与咨询；建设一支符合“医教结合”需要的指导医生队伍，对参与“医教结合”工作的指导医生开展培训，使其了解学前特殊儿童的生理、心理特点，提高其开展筛查、检测、评估、康复指导等工作的相关专业技术水平。

一、寻找相应的医疗机构

幼儿园在进行学前融合教育工作的过程中，可以根据各级政府文件精神，去了解当地具体有哪些医疗机构可以为学前融合教育工作提供直接的支持与帮助，这些医疗机构会担负怎样的职责。了解清楚后，进行“医教结合”学前融合教育时才可以做到心中有数。

（一）医疗机构的职责

我们寻找能够直接参与到学前融合教育的医疗机构时，往往会看这些机构是否能担负起管理和指导职责。

1. 管理职责

管理职责是指关联的医疗机构能对学前特殊儿童从发现到教育康复的全过程进行管理。

首先，医疗机构的全面管理体现在对视力障碍、听力障碍、智力障碍、脑瘫、自闭症幼儿等各类学前特殊儿童的早期筛查、发现、诊断、随访、康复干预、康复以及体检等方面。其次，医疗机构的全面管理体现在对本机构参与学前融合教育的“医教结合”工作的管理方面，配合教育部门，根据学前融合教育的需要安排相应医疗机构与相关托幼机构建立对口合作关系，明确医疗机构的“医教结合”工作职责和任务。最后，医疗机构的全面管理体现在组织医疗机构和医学专家为托幼机构提供医学服务，开展医疗机构的“医教结合”工作考核，不断提高“医教结合”服务水平。

2. 指导职责

医疗机构担负的指导职责分为两个部分：一是对教育机构的指导，二是对医生队伍的指导。

贯穿学前融合教育始终的“医教结合”工作需要一支相对稳定的专业队伍，参与学前融合教育的医疗机构担负着指导各区教育指导中心、区（县）特殊教育指导中心的职责，同时也会直接指导和服务托幼机构实施学前融合教育工作。医疗机构将会对教育机构的“医教结合”工作给予专业指导，以此提高托幼机构开展“医教结合”服务的专业水平和能力。

医疗机构还承担了指导医生队伍建设的任务。上述上海市教育委员会和上海市卫生局的文件强调了医疗机构需加强对从事障碍儿童检测、确诊服务的医护人员的培训，提高相关人员的专业化水平。此外，还对从事检测、确诊服务的医生具备的资质提出了具体要求：相关医生应具备执业医师资格，具有相关专业检测资格，具有中级以上专业技术职称。与此同时，各区（县）卫生部门根据各类学前特殊儿童的实际需要和“医教结合”工作的要求，以及区域内各类医学专家的分布情况，建设一支由精神卫生、儿童发育、康复、儿保等方面的医学专家组成的队伍，对相关医护人员的专业服务进行指导。市卫生行政部门聘请视力、听力、儿童发育、康复、精神卫生、骨科等相关领域最具权威的专家成立“特殊教育医学专家委员会”，对全市“医教结合”工作开展服务指导。

（二）医疗机构的分布

各医院为儿童设立的听力中心（科）、眼科、儿童保健、康复等科室是学前融合教育的主要参与者，由各类专科医生担任特殊教育指导医生并承担相关具体工作。

1. 关联医疗机构举例

学前特殊儿童的障碍类型和程度的确诊工作具有很强的严肃性和科学性，学前融合教育实施过程中托幼机构必须本着对每个学前儿童负责的态度做好相关工作，规范管理。因此，需要寻找适宜的医疗机构和有资质的专科医生实施确诊工作，按照相关的专业标准对儿童的障碍状况做出准确的判断。为向实施学前融合教育的托幼机构一线教师以及特殊幼儿家长提供参考，在此仅以上海市为例，介绍为学前特殊儿童提供评估诊断服务的定点医院。

2010 年，上海市根据障碍儿童的类别和各相关医疗机构的专业技术特色，指定上海交通大学医学院附属新华医院、复旦大学附属眼耳鼻喉科医院、上海交通大学医学院附属上海儿童医学中心、上海市眼病防治中心、上海市精神卫生中心、复旦大学附属儿科医院、上海市儿童医院七家技术力量雄厚的医院为障碍儿童诊断、报告定点医疗机构。七大医院为不同障碍类型的学前特殊儿童评估诊断的具体服务项目见表 8－1－1。

表 8－1－1　上海市障碍儿童诊断、报告定点医疗机构服务项目一览表

定点机构	视力障碍	听力障碍	智力障碍	肢体障碍	言语障碍	自闭症	精神障碍	其他障碍
上海市眼病防治中心	★							
复旦大学附属眼耳鼻喉科医院	★	★			★			
上海交通大学医学院附属上海儿童医学中心		★	★	★	★	★		★
上海市儿童医院		★	★	★		★		★
复旦大学附属儿科医院		★	★	★		★		★
上海交通大学医学院附属新华医院		★	★	★	★	★		★
上海市精神卫生中心						★	★	

2. 一线城市医院举例

在此仅以北京和广州专门诊治自闭症幼儿的重点医院为例，进行简单介绍。

北京大学第六医院、安定医院和北京儿童医院是北京市诊治自闭症幼儿颇具权威的三所医院。

从表 8-1-2 可见，广州肩负自闭症幼儿评估和康复干预工作的医院虽然类型不尽相同，但除了越秀区儿童医院，其他清一色为三甲医院，都是水平较高的优质医院。

表 8-1-2　广州市诊治自闭症幼儿的主要医院

医院名称	城市	医院级别	医院类型
广东省人民医院	广州	三甲	综合医院
广州医科大学附属脑科医院	广州	三甲	精神病医院
广州市妇女儿童医疗中心	广州	三甲	儿童医院
中山大学附属第三医院	广州	三甲	综合医院
广东省妇幼保健院	广州	三甲	妇幼保健院
中山大学孙逸仙纪念医院	广州	三甲	综合医院
广州医科大学附属第一医院	广州	三甲	综合医院
暨南大学附属第一医院	广州	三甲	综合医院
广州市越秀区儿童医院	广州	二级	儿童医院

二、医疗机构提供的服务

根据前述上海市教育委员会和上海市卫生局的文件精神，定点医疗机构具有以下职责：按照障碍儿童诊断技术规范（检测工具）及工作流程开展障碍儿童确诊工作，出具上海市卫健委统一定制的障碍儿童诊断报告；开展与障碍儿童相关类别的检测与评估技术规范的研究，提高评估的规范性和科学性，为障碍儿童的矫治与康复提供个性化医学指导意见。

医疗机构为学前融合教育提供的服务贯穿学前特殊儿童从入园到毕业离园的全过程。图 8-1-1 显示的是医疗机构为学前融合教育提供服务的全过程。

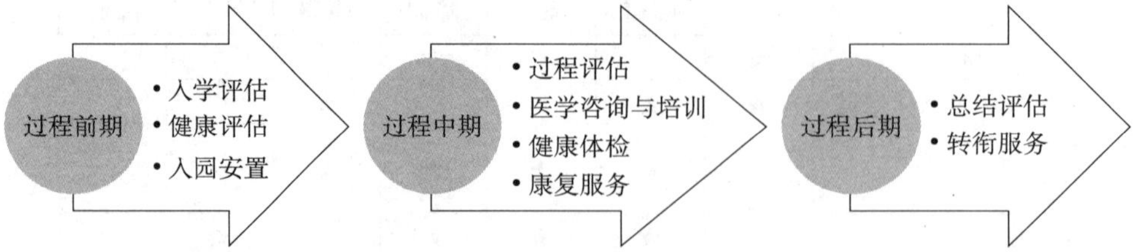

图 8-1-1　医疗机构全过程的服务内容

（一）过程前期合作

医疗机构在学前融合教育实施的过程前期，可提供入学评估、健康评估及入园安置等服务。

1. 入学评估

入学评估是为即将开始接受学前融合教育的学前特殊儿童实施的医学评估，旨在通过评估对学前特殊儿童的障碍类型做出诊断，同时全面了解学前特殊儿童的健康情况，为学前特殊儿童的医疗康复及入园安置提供依据。在学前特殊儿童入学前，幼儿园登记申请入园学前特殊儿童的基本信息，区（县）特殊教育指导中心向家长（监护人）发放入学健康评估通知书。定点医疗机构按需完成障碍诊断，并向家长提供障碍诊断报告。在完成障碍诊断的基础上，医疗机构向家长发放健康评估告家长书，由定点医疗机构完成学前特殊儿童的健康评估。由医学、特教相关学科组成的市级专家团队为学前特殊儿童实施综合评估，专家组成员根据学前特殊儿童障碍诊断、健康评估的结果，会同学前特殊儿童所在的幼儿园教师，与家长（监护人）、学前特殊儿童进行面对面的沟通，综合评估结果以及学前特殊儿童现场表现，对学前特殊儿童的教育安置及教育康复等提出意见和建议。

2. 健康评估

健康评估是对学前特殊儿童实施教育、康复服务的起始环节。通过健康评估，能够全面了解学前特殊儿童的障碍类别与程度、体格生长发育和神经心理行为发育状况，以及其他相关疾病和社会适应能力，对学前特殊儿童的健康与发育水平形成基本判断。在此基础上，对学前特殊儿童提出个别化的教育、康复、保健等意见与建议，可以提高学前融合教育的科学性和针对性。幼儿园可以与医疗机构共同制定学前特殊儿童健康评估实施方案并组织实施，按障碍类别成立相关专业学前特殊儿童入学健康评估专家组，组织安排相关评估定点医疗机构开展学前特殊儿童健康评估医务人员的培训、质量控制和相关材料收集、信息汇总上报等工作。医疗机构负责选派具备执业医师资格、具有相关专业检测资格以及中级以上专业技术职称的医务人员开展相关医疗服务，并加强对从事学前特殊儿童检测、确诊医护人员的培训，按要求出具障碍诊断报告和上海市学前特殊儿童入学健康评估表，并做好相关信息上报工作。教育部门负责与卫生部门共同制定学前特殊儿童入学评估实施方案，组织特教专家加入学前特殊儿童评估专家组，开展对学前特殊儿童的综合评估，对学前特殊儿童提出个别化的康复、疾病康复干预、保健、入学安置建议，落实各项学前特殊儿童评估和安置工作。

3. 入园安置

学前特殊儿童入园前，医疗机构可以与接收他们的幼儿园一起，根据家长和特教指导中心等提供的特殊幼儿信息，组织召开“医、家、校”入园会议，开展学前特殊儿童评估，共同制订个别化入园计划，提出入园服务建议。入园服务侧重于帮助特殊幼儿提高生活自理能力，使其适应幼儿园集体生活。医疗机构可与家长、早教中心、接受幼儿的幼儿园合作制订和实施个别化入园计划，入园后，根据特殊幼儿的需求，与幼儿园一起提供相应的入园服务。

（二）过程中期合作

过程中期合作可体现在过程评估、医学咨询与培训、健康体检、康复服务等方面。

1. 过程评估

过程评估是指学前特殊儿童入园后对其进行的持续性追踪评估。它可以帮助教师及相关服务人员及时获取反馈信息，调整幼儿园课程内容，改进方法，提高教学质量。

不同类别的学前特殊儿童需要定期前往定点医疗机构进行听力言语、视觉功能、智力发展水平、运动功能等项目的医学诊断与评估，每个学前特殊儿童每年进行一次健康体检；幼儿园在日常教学过程中采用多种方式为学前特殊儿童开展过程性教育评估，使个别化教育建立在医学评估和教育评估的基础之上。

过程评估关注学前特殊儿童所处的环境和他们的最近发展区。与此同时，还关注学前特殊儿童的动态需求，通过评估可以看到学前特殊儿童的变化，同时也能提高家长、教师的期望值和参与度。过程评估通常以非正式评估方式为主。教学康复阶段评估主张在教育干预中对学前特殊儿童进行评估，形成“评估—计划—教学—再评估”的循环，在不断的评估和干预过程中提升学前特殊儿童学习和发展的潜力。日常教育与康复过程评估由幼儿园及相关医疗机构共同负责，教师与专业的医生、康复干预师等相关专业人员依据学前特殊儿童的教育与康复需求，开展不定期的评估。在障碍状况复测中，由定点医疗机构为学前特殊儿童定期复测，以监控其障碍状况。

2. 医学咨询与培训

幼儿园可以请医疗机构医生对教师进行培训，使其掌握必要的医学知识与技能，提高教师的专业化水平，帮助他们采用科学、正确的方法对学前特殊儿童开展康复干预，采用正确的方法使用、维护和保养辅助器具。开展家长培训和咨询，可以使家长形成对学前特殊儿童的正确态度，减轻不必要的顾虑，主动积极与幼儿园合作，采用正确的方法帮助学前特殊儿童。比如，在对听力障碍幼儿提供帮助时，教师可以根据这类幼儿的特点为其提供贴心的服务：多观察，少“关注”，即座位始终在最前排；排队出操、列队总是站在最后，避免这些听障幼儿的人工耳蜗被挤落；课堂上多留意这类幼儿的表现，了解他们是否能听懂，但不过多询问，注意保护他们的自尊心。

在对每个学前特殊儿童做出综合评估、提出合理的安置及教育建议的同时，专家们还承担着重要的咨询指导任务。一方面，专家们来自各个专业领域，通过与教师、家长的沟通与交流，以及对特殊幼儿的评估与观察，能够比较全面地了解幼儿在认知、语言、情绪、社会发展、身心缺陷等方面的情况，可以对学前特殊儿童的发展状况做出比较准确的判断，对学前特殊儿童的安置以及后续的教育康复提出合理的建议；另一方面，家长、教师通过与专家沟通和交流，能够近距离地与专家探讨幼儿在教育、康复、日常生活中碰到各种问题，专家也可借此机会指出家长、教师对学前特殊儿童或学前融合教育存在的种种不正确想法，耐心细致地对学前特殊儿童平时所表现出来的各种现象做出科学的解释，使家长、教师形成对学前特殊儿童的正确认识，找到解决问题的方法，增进教师与家长的相互理解和合作，达成共识。

3. 健康体检

医疗机构还可以与幼儿园合作开展学前特殊儿童保健工作。医院每年会定期为幼儿园的特殊幼儿开展健康体检，检查项目既有面向所有幼儿的普适性健康体检，也有面向心脏病、癫痫等疾病的幼儿深度体检，协助幼儿园建立幼儿健康档案；根据体检结果，对每个学前特殊儿童的健康状况进行分析，对患有各种疾病的学前特殊儿童提出个别化的保健工作建议，有些需要按时服药，有些需要进行饮食调整，有些需要对运动量进行控制，等等。幼儿园根据医院的建议，通过设计运动安全课程、饮食饮水方案、改善教育方式等提供对特殊幼儿的保健服务。此外，医院还可与幼儿园一起合作，组织教师、家长、医生见面会，解读幼儿体检报告，分析特殊幼儿中的高发病和常见病，并就日常生活中如何护理等问题进行专题辅导。每年由主任医生定期领衔儿内科、五官科、眼科、神经内科、口腔科、康复科等科室的专业医生进入幼儿园，开展个别咨询与专家义诊活动。保健教师需要监测学前特殊儿童生理状况，与医疗机构专家合作安排学前特殊儿童合理的膳食，进行简单的康复干预等。

4. 康复服务

康复服务是医疗机构与幼儿园进行“医教结合”的重要服务内容，体现了学前融合教育的特点。幼儿园必须将康复服务纳入课程范围，在实施的过程中，要实现医疗机构康复与幼儿园康复的对接，加强教育机构与医疗机构的合作、教师与医生的合作，实现优势互补。在医学评估的基础上，针对每个学前特殊儿童的实际需要制订个别化康复计划，充分利用医疗机构和幼儿园的康复资源，为学前特殊儿童提供有针对性的康复服务，增强幼儿园康复工作的科学性和有效性。幼儿园可以进行的康复课有言语康复、艺术康复（音乐康复干预、美术康复干预、陶艺泥工）、运动康复、心理康复（沙盘康复干预、游戏康复干预）等。

（三）过程后期合作

学前特殊儿童毕业时，医疗机构与实施学前融合教育的幼儿园将进入过程后期的合作。

1. 总结评估

总结评估指的是对学前特殊儿童的毕业/转衔阶段的评估，是从一种安置形式转入另一种安置形式时所需要进行的评估。它包括从一个学段到另一个学段（如学前阶段到小学阶段）、从一种安置形式到另一种安置形式、从幼儿园到机构、从幼儿园到家庭等多种情况。特殊幼儿所在幼儿园汇总、整理幼儿障碍复测及健康评估资料，离园前由医疗机构进行最后一次医学评估作为最终结果。

2. 转衔服务

学前融合教育需要团队协助进行特殊幼儿的转衔服务。在幼儿园教育的基础上，还须充分整合医院资源和家庭资源，这已成为国内外研究实践的共识。在幼儿园至小学的转衔服务中，入小学前，家长和幼儿园提供特殊幼儿的信息，特教指导中心根据学前特殊儿童的需求，组织家长、幼儿园和小学（辅读学校）召开医家校转衔会议，开展学前特殊儿童评估，制订个别化转衔计划，提出转衔服务建议。转衔服务侧重于帮助学前特殊儿童做好从以游戏为主的幼儿园生活到以学习为主的小学生活的身心准备。家长、幼儿园和小学（辅读学校）合作实施个别化转衔计划后，小学（辅读学校）根据特殊幼儿的需求，提供相应的入学转衔服务。

综上所述，医疗机构为学前融合教育所提供的服务贯穿于学前特殊儿童从入园到离园的全过程。

第二节　与康复机构的合作

“教康结合”理念的提出，表明了学前融合教育不仅要使学前特殊儿童在接受普通教育上得到最大程度的保障，而且还要根据他们的实际需求提供最有力的支持和帮助，使所有的狭义特殊幼儿都能接受更好的学前融合教育。康复机构是对各类学前特殊儿童实施融合教育过程中不可或缺的因素，对于提高学前特殊儿童的融合教育水平、促进他们的全面发展，起着积极作用。

一、寻找相应的康复机构

根据目前我国学前融合教育的发展水平，仅仅依靠医院的康复干预是不够的。由于康复领域师资的短缺，很多社会康复机构承担了绝大部分的康复任务，为各类有身心障碍的学前儿童提供了各种康复服务。目前政府在直接服务供给方面缺乏充分的投入，社会康复机构成为医院康复的补充。政府试图通过对服务对象的现金补贴实现服务购买，借此促进民间康复机构等社会力量的参与，满足学前儿童康复干预的社会需要。幼儿园在推进学前融合教育工作时要积极寻求各类康复机构的帮助与支持，当然，在寻求帮助与支持之前，首先要明确康复机构的职能有哪些，康复机构可以为幼儿园提供哪些服务支持。

除了内蒙古和西藏，我国其他地区包括港澳台地区，都有适合学前特殊儿童的康复机构，但数量上还存在着极大的不均衡。适合学前特殊儿童的康复机构主要集中在北京、上海、广东和深圳。偌大的青海省只有一家；宁夏回族自治区和云南省只有三家；新疆维吾尔自治区只有五家，还集中在乌鲁木齐市。在全国特别是在大西北、大西南增加更多的学前特殊儿童康复机构已刻不容缓。

二、康复机构提供的服务

康复机构的服务可体现在配合实施学前融合教育幼儿园，增加学前特殊儿童参与幼儿园生活和学习的机会，为他们提供展现自我的机会，并通过与教师的合作为学前特殊儿童制订有效的活动安排计划。康复机构提供的干预服务主要体现在如图 8-2-1 所显示的五个方面。

图 8-2-1　康复机构提供服务的维度

（一）感觉动作干预

康复机构所进行的感觉动作干预，主要针对学前特殊儿童在视觉、听觉、味觉、嗅觉、触觉等感觉通路，以及从环境中获得信息和对信息加工处理时遇到的困难进行的干预。如果实施学前融合教育的幼儿园中有幼儿出现以下情况时，可请康复机构协助进行感觉动作的干预。

- 视觉和听觉等某一或某几个方面感觉存在异常。
- 经常出现类似的异常行为，或有自伤行为，或频发的自我刺激行为。
- 完成动作有困难。
- 害怕别人触摸或者喜欢别人触摸。
- 害怕爬高或者害怕眩晕。

康复机构应力图使特殊幼儿在接受干预时能够感受愉悦，改善感觉通路和动作方面的失调，同时应注意与特殊幼儿有良好的互动，有效提高幼儿的感觉运动能力。

（二）认知康复干预

部分针对学前特殊儿童的康复机构会对认知发展困难的学前特殊儿童进行认知康复干预。不少家长更重视的是传统观念下的结果——跟学业相关的知识，往往不清楚所谓的认知是什么样的结构层次，针对儿童的特点如何考虑教学目标，进行科学合理的教学安排。对学前特殊儿童的认知康复干预是一个由易到难、由简到繁的渐进过程。要顺利开展认知干预，接受康复干预的特殊幼儿须具备一些最基本的认知能力，这些能力也是进行后续教学和干预的先决条件。特殊儿童认知康复干预可分为图 8-2-2 所示的三个部分：基础性认知康复干预、基本认知能力康复干预、高级认知能力康复干预。

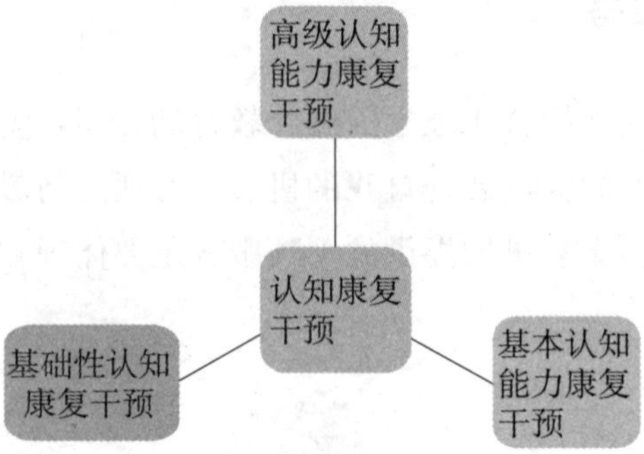

图 8-2-2 对学前特殊儿童的认知康复干预

1. 基础性认知康复干预

基础性认知康复干预主要包括认识颜色、形状。颜色是认识客观事物时首先感知到的基本属性。形状是对事物轮廓的概括。这样的认知康复干预有利于学前特殊儿童理解和掌握日常生活中的物品，促进他们初步学会推理、分析、概括等高级思维能力的萌芽发展。

2. 基本认知能力康复干预

基本认知能力康复干预主要包括注意力、观察力和记忆力等认知能力的干预。注意力是指心理活动对一定对象的指向和集中。注意力是认知加工活动得以正常进行的基础，也是认知能力最基本的要素之一。观察是有目的、有计划、比较持久的知觉。观察的目的是获得大量的对外界事物的具体鲜明的感观理解。有效的观察是提高智力的前提。记忆是人脑对过去经验的反映，是积累和保存社会经验的过程。通过对学前特殊儿童基本认知能力的康复干预，能够促进他们在生活中更敏感地感知经历过的事情、体验过的情绪、做过的动作等。与此同时，通过识记、保持和回忆的康复干预，能够让他们对获得的生活经验和知识具有持久性记忆。

3. 高级认知能力康复干预

高级认知能力康复干预主要包括分类、推理和概念形成等能力的干预。分类是将属性相同的许多事物组成群集。按照不同的属性或标准，可以对事物进行不同的分类。分类是个体最基本的认知能力，对数学能力、语言能力的发展也具有同样重要的意义。推理是一种高级的思维活动，指有一定的知识储备后，用一个或者几个线索进行推断再得出一个新的判断。概念形成是掌握具体概念的方式，即通过分析综合、抽象概括等思维活动，从个别到一般，从具体到抽象，逐步把握同类事物的共同关键特征。轻度智力障碍幼儿或自闭症幼儿通过高级认知能力康复干预，能在物体的分类、初步的逻辑推理能力以及具象思维发展方面获得一定的提高。

（三）语言康复干预

语言康复干预是指语言康复师与特殊幼儿进行一对一的个训，以及对家长、老师和其他相关人员进行培训和指导。语言康复干预会根据幼儿的年龄以及幼儿现阶段的主要问题制订不同的康复干预计划。如果是对年龄较小、还没有口语能力的儿童进行语言康复干预，康复师会利用一些玩具和幼儿做游戏，在游戏过程中提供丰富的语言刺激，创造沟通机会，引导幼儿用手势、图片或声音进行沟通并做出积极回应。如果是对有口语能力但言语上存在问题的幼儿进行康复干预，康复师会教授幼儿正确发音的方式和方法，并挑选适合幼儿能力水平的发音干预材料进行巩固练习。而如果是对单纯语言发育迟缓的幼儿进行康复干预，康复师则会通过图片、游戏等刺激材料，帮助幼儿练习语法、描述事物或理解问题。

（四）情绪行为康复干预

大多数自闭症幼儿都伴有情绪发展障碍，具体表现在容易情绪失控和不合时宜地表现情绪。康复机构会通过分析这些特殊幼儿情绪行为产生的过程及原因，帮助他们进行正确的情绪理解、情绪表现和情绪控制。与此同时，还会进行针对性训练，提高学前特殊儿童的抗挫折能力，使其逐渐提高自我控制能力，减少问题情绪行为的发生。

（五）运动康复干预

不少特殊幼儿特别是脑瘫幼儿在运动方面存在着障碍。具体表现为：不会走、跑、跳等粗大动作，不会自己拿筷（勺）子、不会扣扣子、不能系鞋带等精细动作。为此，运动康复干预会针对特殊幼儿的这些障碍，设计日常生活的情境，通过每日生活中的训练，来促进其粗大动作和精细动作的发展。

综上所述，在“教康结合”理念的引领下，实施学前融合教育的幼儿园应该与康复机构联手，进行优势互补，全面促进学前特殊儿童的身心发展。

本章小结

本章分别就幼儿园在实施学前融合教育的过程中，如何寻求医疗机构和康复机构的合作和帮助做了介绍。第一节就医疗机构的职责和提供的服务进行了较为详尽的陈述，第二节就全国的康复机构分布及其所能提供的服务加以阐述。

思考与练习

1. 学前融合教育为何有必要进行“医教结合”?
2. 学前融合教育为何有必要进行“教康结合”?
3. 如何进行有效的“医教结合”?
4. 如何进行有效的“教康结合”?

学前融合教育课程建构与实践案例——幸福之家融合幼儿园

一、课程理念

1.《3～6岁儿童学习与发展指南》

《指南》的制定是以为幼儿后继学习和终身发展奠定良好素质基础为目标。幸福之家融合幼儿园在《指南》的学习、解读与反思中，不断调整、研究属于自己的园本化教育理念，并在园本课程开发的实践行动中，以促进幼儿德、智、体、美各方面的协调发展为核心，遵循3～6岁幼儿学习与发展的基本规律和特点，建立对幼儿发展的合理期望，逐步将“园本化”融合教育特色与课程相结合，实施科学的保育和教育内容，理解和尊重幼儿发展的个体差异，支持和引导幼儿从原有水平向更高水平发展，以此彰显幸福之家融合幼儿园的办学理念和目标。

2.《上海市学前特殊教育课程指南（试行稿）》

学前特殊教育旨在促进残疾幼儿身心全面发展，激发其优势潜能，促使其缺损功能及时有效地康复。幸福之家融合幼儿园以该课程指南精神为引领，在研讨中进一步树立起融合教育的理念，明确“全纳与融合”，使每一名幼儿都能享受公平而有质量的教育；明确“尊重个体发展”，懂得保护个体的发展特性，以推动个体更全面地发展；明确“以幼儿为中心”，遵循幼儿发展主体能动性，以此充分体现幼儿园融合教育的理念。同时，该课程指南为融合教育、特殊教育园本化课程的建立和实施提供了更坚定的方向。

3.“活教育”理论

陈鹤琴先生提出的“活教育”理论目标是学做人。学前融合教育对于所有幼儿的培养目标即是让其学做社会人。在学前融合教育的一日生活学习中，鼓励幼儿能做的事尽量自己去完成，让幼儿能够逐步具备良好的规则意识和生活自理能力，具备基本的社交意识和社交技能，使特殊幼儿逐渐成为一个自主自立的社会人，使普通幼儿通过与特殊幼儿的朝夕相处逐渐成为懂得理解、关心、接纳、包容的社会人。

陈鹤琴先生倡导让儿童来教儿童，让儿童来指导儿童，让儿童来鼓励儿童，效果比成人所能获得的更好。儿童教儿童是一个教学相长、双赢的过程。在这一过程中，没有明确的教与被教的感觉，同伴间是平等的，且角色时常互换，其实就是儿童之间的对话。对于普通幼儿来说，可实现“以教人者教已”的目的；对于特殊幼儿来说，在对话中可以体现主体性。同伴间的学习是主动的、积极的、愉悦的，这种对话式的教育是最好的教育。独具特色的学前融合教育模式可以鼓励幼儿在一日生活中合作、参与、互动，使其获得归属感、成就感、积极的社会关系和友谊，促进幼儿的学习和发展，以发挥最大潜能，使所有幼儿成为自信自强的社会人。

4. 园所文化

幸福之家融合幼儿园成立于2007年，是一所将普通幼儿和特殊幼儿进行1∶1融合的幼儿园，幼儿园以生活教育为基础，以社会性发展为目标，对特殊幼儿采用非隔离的教育策略，使他们融合于主流的教育方式，让普、特幼儿同伴同学，在幼儿园的一日生活中实现身心的全面发展；同时，尊重个体差异，让所有幼儿得到合适的教育，使每个幼儿都得到最佳成长机遇和对社会生活的最佳适应。

二、融合教育目标

（一）幸福之家融合教育幼儿发展目标

1. 社会领域

（1）愿意与人交往，能与同伴友好相处，具有自尊、自信、自主的表现；懂得关心尊重他人。

（2）喜欢并适应群体生活，遵守基本的行为规范，具有初步的归属感。

2. 健康领域

（1）具有健康的体态，情绪安定愉快，具有一定的适应能力。

（2）具有一定的平衡能力，有一定的力量和耐力，动作协调、灵活。

（3）具有良好的生活与卫生习惯，有基本的生活自理能力；具备基本的安全知识和自我保护能力。

3. 语言领域

（1）认真听并能听懂常用语言，愿意讲话并能清楚地表达，具有文明的语言习惯。

（2）喜欢听故事、看图书，具有初步的阅读理解能力，具有书面表达的愿望和初步技能。

4. 科学领域

（1）亲近自然，喜欢探究，有初步的探究能力，能在探究中认识周围事物和现象。

（2）初步感知生活中数学的有用和有趣，感知和理解数、量及数量关系，形状与空间关系。

5. 艺术领域

（1）喜欢自然界与生活中美的事物，喜欢欣赏多种多样的艺术形式和作品。

（2）喜欢进行艺术活动并大胆表现，具有初步的艺术表现与创造能力。

（二）自闭症谱系障碍幼儿发展性目标

（1）具有初步的自理能力。依据幼儿自身能力给予不同形式的辅助，以形成文明卫生习惯。

（2）具有基本的运动能力。能参加力所能及的户外或室内运动，增强体质。

（3）具有初步的自我意识。对自己的名字有回应，认识自己的常用物品，失去平衡时能自我保护。

（4）学习基本的情绪管理。保持情绪的基本稳定，能用恰当的方式表达自己的情绪。

（5）习得初步的交往技能。认真倾听，对他人的行为能做出反应，并用语言或动作表达自己的意愿。

（6）了解并遵守基本的社会规则。听从指令，能在他人的提醒和示范下遵守日常生活的规则。

（7）具有初步参与学习活动的兴趣。愿意参加集体活动，感受集体活动的乐趣。

（8）喜欢接触大自然，能观察自然环境，适应自然环境的变化。

（9）愿意感受美和表达美。能用自己喜欢的方式进行表现和表达。

（三）自闭症谱系障碍幼儿功能性目标

通过幼儿园一日活动中的合作、参与、互动，为特殊幼儿提供融合教育经验，改善自闭症幼儿的社会功能，提高社会适应能力，让其成为具有社会性的人，最终能够实现生活自理、生活自立。使其获得归属感、成就感、积极的社会关系和友谊，促进幼儿学习和发展，以发挥全部潜能和智力，提高思维理解能力，为学龄期持续接受学校融合教育做好准备。借助同伴榜样示范、家庭资源利用、生活情景教学等方式，培养幼儿社会交往及解决问题的能力。

（1）培养语言能力，为建立自己与同伴和他人良好的沟通关系打好基础。

（2）培养自我意识，把自己放在与他人的关系中认识、理解和把握。

（3）开发多元智能，拓展认知领域，发展思维能力，提升解决问题的能力。

（4）塑造社会行为，培养符合社会规范的行为，易被其他个体所接受。

（5）培养社会情感，学习人际交往，实现基本自我服务能力。

（6）创设环境支持，借助同伴榜样示范、家庭资源利用、生活情景教学，在一日活动中合作、参与、互动。

三、课程内容

（一）学前融合教育的活动形式

1. 生活活动中的学前融合教育

在生存与适应社会的过程中，生活能力是必须具备的基础能力。相对于特殊幼儿来说，普通幼儿自我服务的意识和能力都较强。普通幼儿作为榜样，可以担当引领、示范的角色，在带动特殊幼儿完成生活活动目标的同时，获得自豪感，培养责任感，为日后的发展打下良好的基础。

2. 集体教学活动中的学前融合教育

（1）游戏化的教学方式。

以尊重幼儿的兴趣需要及发展为前提，以不同形式、不同内容的活动为媒介，突出游戏在集体教育活动中的地位，从而吸引幼儿参与到活动中来，化被动学习为主动学习。

（2）个性化的教育方式。

教师在组织集体教育活动的时候常常会注重是否达成活动目标，重视幼儿知识技能的掌握，忽略了幼儿的特殊需求。因此，教师可以采用半融合或全融合的教育模式，根据幼儿的不同层次制订符合幼儿能力的个别化教育计划，如个别特殊幼儿水平差异过于明显，教师可安排个性化指导通道，组织特殊幼儿开展有针对性的教学活动。

3. 区域活动中的学前融合教育

区域活动作为幼儿园一日活动中的重要组成部分，可以使幼儿通过与环境、材料、同伴之间的互动获得多方面经验，对于促进幼儿的全面发展具有至关重要的作用。

（1）提供丰富、多样的区域活动材料。

特殊幼儿的语言沟通能力较差，喜欢用行为代替语言。因此，教师要最大限度地提供多样性材料，支持和满足幼儿通过直接感知、实际操作、亲身体验来获取经验。陈鹤琴指出，大自然、大社会都是活教材。在设置基础区域的同时，要丰富生活体验区、自然材料区，充分发挥环境的隐性教育作用，让幼儿在小生活中获得大成长。

（2）通过普特互动，增强幼儿的社交能力。

特殊幼儿也需要同伴之间的互动，但往往缺乏交往动机、交往技巧。在区域活动中，教师可以引导特殊幼儿通过观察、模仿普通幼儿进行同伴互动、分享交流，提高自主交往能力。鼓励普通幼儿主动帮助特殊幼儿参与游戏，真正达到普特互动的目的，在区域活动中体验交流分享带来的快乐，同时增强普通幼儿的自豪感和责任感。

4. 户外活动中的学前融合教育

特殊幼儿与普通幼儿有些能力差距较大，因此要提高学前融合教育工作质量，就必须对户外活动的内容和组织方式进行一定程度的调整。在户外活动中，可用“一套方案，两种策略”的方式分别兼顾普通幼儿和特殊幼儿，满足其发展需要。

（1）调整户外活动目标。

结合《指南》中提出的“动作发展”方面的三个目标，根据当前特殊幼儿的动作发展情况，在普通幼儿动作发展目标的基础上进行适当调整。

（2）调整户外活动内容。

根据当前班级幼儿的实际发展水平，设立潜在发展目标，在兼顾普通幼儿和特殊幼儿共同发展的基础上，选择幼儿适宜的活动内容。

（3）调整教学方法。

在活动过程中创设生活化情境，形成一种贴近幼儿生活情境的氛围，让幼儿沉浸在情境中，受到感染和暗示，从而进行模仿和学习。

户外活动可以让所有幼儿愉快地进行锻炼，提高了幼儿的参与性。同时，对于特殊幼儿来说，无论动作发展水平如何，都能积极地参与到活动中来，愿意锻炼、喜欢锻炼。

（二）学前融合教育的特色课程

1. 奥尔夫音乐教育

奥尔夫音乐教育重在音乐体验，幼儿通过触觉、视觉、听觉、运动知觉、空间感知觉等多重感官刺激，用自己的整个身体来表达、想象和创造。一切能引起幼儿多感官参与的形式都可以融入奥尔夫音乐活动中，声势、律动、语言、歌唱、儿歌念白、舞蹈、朗诵、欣赏、乐器演奏、故事、绘画、戏剧等这些内容是在奥尔夫音乐活动中经常用到的。除此之外，我园还加入了生活中的元素作为教育媒介，极大地调动了幼儿对音乐活动的兴趣，能让幼儿自发地表现和创造音乐，增强他们在音乐活动中的合作与探究、沟通与交流，培养幼儿用肢体感知音乐并用面部表情、语言、身体姿态等表达情感的能力，发展幼儿耳、眼、身体和大脑之间相互协调、相互交流的能力以及表现音乐的能力，最终使幼儿得到自我的成长。

幸福之家融合幼儿园践行奥尔夫音乐教育思想已有10年，将奥尔夫音乐教育理念与幸福之家融合幼儿园的教育理念相结合，依据幼儿的身心成长特点，以音乐中最简单、最容易被幼儿感知、最能引发幼儿参与兴趣的元素为切入点，然后自然地引发幼儿参与其中，从而真正感受奥尔夫音乐活动带来的愉悦体验。

实践案例：“找朋友”活动

班级	小班	活动类型	奥尔夫音乐律动活动
主教老师	赵娜	辅助老师	丁乙、满丽丽
领域	奥尔夫音乐	课程时长	20 分钟

一、设计思路

《找朋友》是一首轻快活泼的歌曲，歌词短小，内容简单，歌曲结构工整，非常适合小班的小朋友演唱、表现。本次活动以律动为主线，根据音乐节奏配合形象直观的表演，帮助幼儿理解歌词，让幼儿在互动中增加与同伴的身体接触，并采用开放式提问、经验迁移、自由结伴等方式，启发幼儿跟随音乐用动作创造性地表现出歌曲内容，体验与同伴之间互相接触、亲密无间的愉悦之情。

二、幼儿情况

本次活动共有幼儿 20 名，其中特殊幼儿 3 名，普通幼儿 17 名。以下为普通幼儿和 3 名特殊幼儿的学情分析：

幼儿	活动参与	常发情绪行为	备注
普幼	能积极参与活动，根据活动内容进行互动	无明显情绪行为	须提醒遵守回答问题时要举手的规则
涛涛	在集体活动中参与积极性高，规则理解能力较好，可独立参与简单的活动	活泼好动，但是常常会打断老师的讲话。无严重的情绪行为问题	在打断老师讲话时，要及时给予正确的引导
果果	集体活动中愿意参与，但是由于专注力维持时间较短，常需要成人的提醒	当有小朋友拿走他的东西时，会有哭闹和喊叫的情绪行为问题	及时告诉果果用正确的方式表达
明明	可以听得懂日常的简单指令，对同伴的关注较弱，参与集体活动的动机弱，常常需要大人较多的辅助	无明显常发情绪行为	给予更多的关注，及时提供语言辅助和动作辅助

三、结构化环境

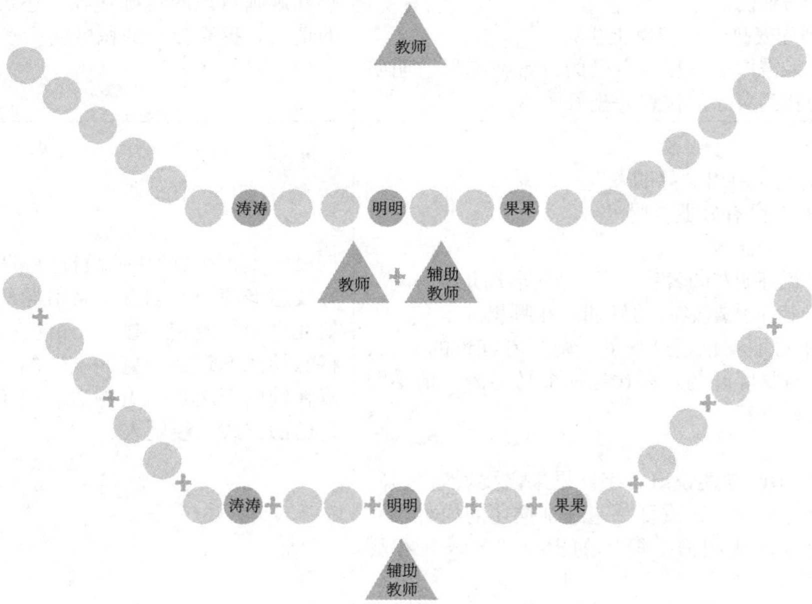

续前表

<table>
<tr><td colspan="2">四、教学目标</td></tr>
<tr><td>普幼</td><td>知识目标：理解歌词内容，学会边唱歌边根据歌词做出相应的动作
能力目标：能根据节拍与好朋友做点头、握手、拥抱等动作
情感目标：体验与同伴之间互相接触、亲密无间的愉悦</td></tr>
<tr><td>涛涛</td><td>知识目标：理解歌词内容，尝试边唱歌边做动作
能力目标：能在老师的口头提醒下，与好朋友做拍手、点头、握手、拥抱的动作
情感目标：体验与同伴之间互相接触、亲密无间的愉悦</td></tr>
<tr><td>果果</td><td>知识目标：初步理解歌词内容，能在老师的口头提示下做出相应的动作
能力目标：能模仿同伴完成拍手、点头、握手、拥抱的动作
情感目标：愿意与他人肢体接触，感受与同伴互动合作的乐趣</td></tr>
<tr><td>明明</td><td>知识目标：喜欢听音乐，感受歌曲欢快的旋律
能力目标：在老师的口头提示下做出拍手、点头、握手、拥抱的动作
情感目标：愿意与他人拉手，感受与同伴互动的乐趣</td></tr>
<tr><td colspan="2">五、教学重难点</td></tr>
<tr><td colspan="2">重点：理解歌词内容，学会边唱歌边根据歌词做出相应的动作
难点：能根据节拍与好朋友做点头、握手、拥抱等动作</td></tr>
<tr><td colspan="2">六、活动准备</td></tr>
<tr><td colspan="2">经验准备：幼儿有两人一组面对面站立做律动的经验
物质准备：音频《找朋友》</td></tr>
<tr><td>七、活动过程</td><td>设计意图</td></tr>
<tr><td>（一）活动前准备
1. 教师带领幼儿进行活动前律动《开始跳跳跳》
教师边跳边用语言提示幼儿做动作，及时鼓励动作较好的幼儿。涛涛可模仿完成律动，有时需提醒不要离开自己的站位。果果可模仿大部分动作，偶尔会站着不动发呆。明明需要在其注意力分散时及时用语言提醒，双脚跳的动作需辅助。
2. 请幼儿在预先安排好的位置上坐好
涛涛、果果需用语言提示自己的位置在哪里。明明需用肢体辅助找到自己的位置并坐好。</td><td>每次奥尔夫音乐活动前都有重复的律动，重复是幼儿在音乐环境中建立安全感的有效方法。对于特殊幼儿来说，听到《开始跳跳跳》的音乐前奏响起就知道要做律动，是培养秩序感和规则意识的良好途径。还可以调动幼儿的情绪，提高参与的积极性。</td></tr>
<tr><td>（二）导入环节
1. 通过谈话交流，引出“好朋友”
师：“小朋友们有没有好朋友呀？”
幼：“有。”
师：“可以说一说好朋友的名字吗？”（请几名幼儿说一说）
2. 根据描述，找一找赵老师的好朋友在哪里
师：“赵老师把好朋友也请过来了，她穿着红色的上衣、黑色的裤子，身材胖胖的，喜欢扎一个马尾辫。请小朋友们猜一猜是谁呀？”
幼：“是×××。”
（涛涛可根据教师的描述说出名字。果果需要看着教师，一边用手指着好朋友一边重复一遍刚刚描述的内容，并引导他说出名字。明明需要简单的指令“×××在哪里”，要求明明指一指）</td><td>创设情境，通过说一说自己好朋友的名字和寻找赵老师的好朋友，来引导幼儿了解每个幼儿之间是既相互独立又相互联系的个体。特殊幼儿不理解“好朋友”的含义，但是可以在辅助下用眼睛看一看，用手指一指，用自己的方式关注别人。</td></tr>
</table>

续前表

七、活动过程	设计意图
3. 播放音乐，说一说歌曲的名字 师："小朋友们知道这首歌曲的名字吗？" 幼："《找朋友》。" （涛涛可模仿其余幼儿进行仿说。果果需要根据教师的提示进行仿说。明明可在引导下说出"朋友"）	
（三）教学环节 1. 播放音乐 教师在第1、2小节边拍手边在圈内按节拍走一走，第3、4小节站在一个幼儿面前并用手指一指该幼儿，第5小节教师做点头的动作，第6小节教师与该幼儿握手，第7、8小节两人互相拍手，第9小节两人互相抱一抱 师："赵老师找了一个好朋友，他是谁呀？" 幼："×××。" 师："赵老师和好朋友在做什么呢？" 幼："点头。"（请幼儿演示） 幼："握手。"（请幼儿演示） 幼："抱抱。"（请幼儿演示）	● 运用示范模仿法，幼儿可以直观地看到歌词与动作之间的联系。 ● 拍手、踏步、点头、握手都属于一般生活动作，是幼儿最先发展的动作，将这些动作作为切入点，不仅可以让幼儿很快地参与到活动中，还可以帮助幼儿积累丰富的表达动作的词汇。
2. 教师慢速唱歌曲，带领幼儿熟悉动作 动作建议：第1、2小节一拍一拍手，第3、4小节双手食指向前指一指，第5小节做点头的动作，第6小节右手握拳向前伸做握手的动作，第7、8小节拍手，第9小节两臂弯曲在胸前交叉拍肩。 （涛涛在动作转换时需要提醒。果果可完成　步指令，需要在每个动作之前单独提醒。明明听到音乐会无意识地晃动，需要肢体辅助）	放慢速度演唱歌曲，有利于幼儿更加清晰地了解歌词含义、观察动作内容。熟悉动作内容和顺序，幼儿才可以开展良好的音乐合作。
3. 教师慢速唱歌曲，带领幼儿熟悉歌词 教师边带领幼儿做律动，边强调歌词，在"朋友""点点头""握握手""抱抱"处刻意停下来，等待幼儿回应歌词。 （涛涛可模仿其余幼儿进行仿说。果果需要根据教师的提示进行仿说。明明可在引导下说出"朋友""点点头""抱抱"）	肌肉记忆会帮助幼儿更好地记忆歌词内容，填充式的歌词接唱更容易被特殊幼儿接受。
4. 播放音乐，带领幼儿随乐做律动 歌曲重复两段，第一段教师用语言提示幼儿动作，第二段教师边唱歌边做律动，并要引导幼儿尝试演唱歌曲 （涛涛可做动作模仿，但动作与音乐的节拍不符，可适当提醒。果果需要听指令完成动作。明明需要提示看老师并提供肢体辅助）	教师从简洁精准的语言提示到无声的肢体语言，是以辅助的消退，帮助幼儿内化动作与音乐的联系。

续前表

七、活动过程	设计意图
5. 初步尝试合作律动，感受互动合作的乐趣 教师请出在导入环节时描述的好朋友，两人面对面站立并手拉手。请幼儿两人一组面对面站立并手拉手。教师和辅助教师引导幼儿做互动律动。 动作建议：前奏时两人拉手左右摇晃，第 1、2 小节拍一拍手，第 3、4 小节伸出食指指一指对面的小朋友，第 5 小节做点头的动作，第 6 小节两人伸出右手握手，第 7、8 小节两人互相拍手，第 9 小节两人互相抱一抱，间奏时两人拉手转圈圈。 （涛涛可做到两人拉手摇晃，但需提醒摇晃的力度和幅度要适当。果果有时会松开手，需提醒。明明需要辅助拉手）	奥尔夫音乐活动重视人与人之间的合作与交流，在熟悉音乐、动作的基础上，通过目光、体态和身体接触，才可以开展个体与个体间的合作。
6. 跟随音乐节奏，完整合作律动 涛涛大部分动作可跟随模仿，动作的节奏性有待提高。果果需要辅助完成动作。明明需要肢体辅助。	奥尔夫音乐活动的建构模式从掌握基本动作后开始合乐，然后加入合作，由简到难，不断提升幼儿的挑战体验。
（四）活动延伸 探索并创编和小朋友互动时表达情感的方法，除了点头、握手和拥抱，还有哪些动作表达词汇？	奥尔夫音乐活动以最大可能性激发和培养幼儿的创造力，经过扎实的前期动作经验的输入，才可能创编出新的动作。

八、附：音乐

找朋友

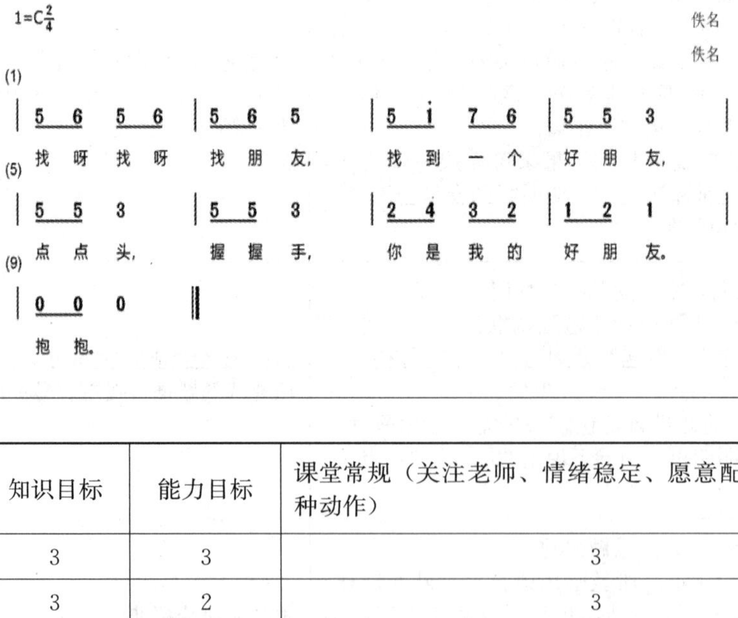

九、课后评量

姓名	知识目标	能力目标	课堂常规（关注老师、情绪稳定、愿意配合老师做出各种动作）
普幼	3	3	3
涛涛	3	2	3
果果	2	2	2
明明	2	2	2

注：0 分：一点儿不会。1 分：在肢体协助下完成。2 分：口头提示下完成。3 分：独立完成。

续前表

十、课后反思
本首歌曲歌词浅显易懂，易于幼儿理解，所以孩子们乐意唱一唱、动一动。特殊幼儿在普通幼儿的榜样引领下，能逐渐参与到活动中来。通过这节活动，我吸取了一些经验，但也有不足的地方。在引导幼儿唱出歌词环节，教师主导唱得太多，留给幼儿自由发挥的空间太少，应多鼓励幼儿独立演唱歌曲。在合作互动时，要注意引导幼儿在肢体接触时的礼仪规范，鼓励幼儿大胆与同伴交往，感受音乐活动的乐趣

2. 多元体能

多元体能活动应先给予幼儿精确测评（皮博迪运动发育量表、家庭感知觉观察量表、自主活动观察表），获取幼儿测评结果后，为幼儿制订适合其自身发展的体能运动计划（计划参考《指南》健康领域目标、皮博迪运动发育量表训练计划及被测评幼儿运动障碍特点）。

不同于其他感觉统合训练与传统体育活动，多元体能是利用各类大型运动器械与精巧教具，通过游戏化的方式，锻炼幼儿的行走、奔跑、攀登、钻爬、投掷、抓握等基本动作能力，改善幼儿肢体协调力差、感知觉异常、全身及手部力量发展不足等问题，让幼儿在运动中得到愉悦的体验，从而多方面刺激他们的感官，补偿缺失、薄弱的运动技能。

多元体能活动形式分为集体融合活动与特殊幼儿一对一提升活动，体能教学目标与实施路径不仅仅局限于多元体能教室内由多元体能教师执行，亦可贯穿于幼儿的一日生活中由其他教师完成，如集体户外活动、上下楼梯、放学早晚操等。教师可根据幼儿体能计划给予单独辅助与补偿训练。

多种不同的体能运动游戏与活动方式，让幼儿在运动中得到锻炼的同时，还可以发展其与同伴的互动和沟通能力，从而使幼儿更好地融入班级体育游戏及各项活动中，使体能运动成为日常生活中有规律和令人愉快的一部分，把运动变成生活方式而不是干预。

实践案例："快乐彩虹伞"活动

班级	小班	活动类型	多元体能小组融合游戏
主教老师	王丹丹	辅助老师	范存金、王新超
领域	多元体能	课程时长	20 分钟
一、设计思路			
《幼儿园教育指导纲要（试行）》指出："教育活动内容的组织应充分考虑幼儿的学习特点和认识规律，各领域的内容要有机联系，相互渗透，注重综合性、趣味性、活动性，寓教育于生活、游戏之中。"本着该教育理念，我们设计了以彩虹伞为主要器械的活动。小班幼儿喜欢色彩鲜明且低结构化的玩具，彩虹伞刚好符合该年龄段幼儿的兴趣爱好，活动内容丰富，极具趣味性。对于特殊儿童来说，能够与同伴进行平行游戏，在活动中增加注视同伴的频率，逐渐发展自发性模仿游戏行为。模仿能力的发展在很大程度上提高了特殊儿童的社会交往能力，而通过游戏的形式也能够发展幼儿的肢体力量。			

续前表

二、幼儿情况

本次活动共有 6 名幼儿，其中特幼 3 名，普幼 3 名。以下为 6 名幼儿的学情分析：

幼儿	活动参与	常发情绪行为及基本状况	备注
普幼	能积极参与课堂，根据课程进行课堂互动	无明显情绪行为	无
涛涛	规则理解能力较好，可与教师进行简单的语言交流与眼神互动	涛涛调整情绪的能力较好，参与活动的动机强，得到社会性奖励时会很开心。但在活动中的注意力维持时间较短，需要提醒。维持平衡的能力较弱	无
果果	能独立完成一步指令，能够模仿同伴或在教师的引导下完成活动	果果缺乏自信，易害羞，性格内敛，与教师眼神交流时易躲闪。肌肉张力较低，喜欢倚靠、坐、趴等静态动作。移动速度（跑、跳、钻、跨）缓慢，四肢力量弱	及时给予幼儿肯定，增强其自信心
明明	需要在辅助教师的及时提醒下完成活动环节，活动参与度一般	明明在认知、理解部分表现较弱，一些游戏规则难以理解，因此缺乏游戏意向。该幼儿情绪控制能力较弱，不及时满足其需求会出现哭闹的情况。手部小肌肉力量发展较弱，在精细类活动中需进行个别指导	教师随时关注，及时给予语言及动作辅助

三、结构化环境

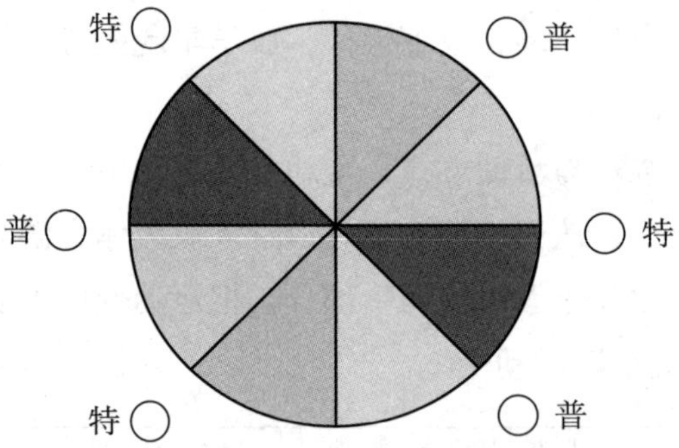

四、教学目标

普幼	体能目标：能根据指令灵活调整手部力量及频率操作彩虹伞 知识目标：充分认知彩虹伞，知道伞波动的幅度与手部力量有关 情感目标：体验和同伴一起玩彩虹伞的乐趣，乐于参与活动
涛涛	体能目标：能根据指令及时调整手部力量及频率操作彩虹伞 知识目标：充分认知彩虹伞，知道伞波动的幅度与手部力量有关 情感目标：体验和同伴一起玩彩虹伞的乐趣，乐于参与活动
果果	体能目标：能抓握彩虹伞，通过模仿同伴动作完成活动 知识目标：在观察后能准确说出彩虹伞的基本特征 情感目标：体验和同伴一起玩彩虹伞的乐趣，乐于参与活动

续前表

四、教学目标	
明明	体能目标：练习抓握彩虹伞，在活动中保持手不松开 知识目标：能在引导下能说出彩虹伞的基本特征 情感目标：体验和同伴一起玩彩虹伞的乐趣，乐于参与活动
五、教学重难点	
重点：学会控制彩虹伞，可以根据指令做出对应动作 难点：能在短时间内快速抖动上肢并能手握伞边不松手	
六、活动准备	
经验准备：手部有抓握意识 物质准备：彩虹伞一张、海洋球数个 环境准备：多元体能活动室	
七、活动过程	设计意图
（一）课前准备 1. 组织幼儿围成半圆站，点名答到，师幼相互问好 2. 师幼共同唱儿歌《拉个圆圈走走》，并根据儿歌内容做出对应动作	拉近师幼距离，帮助幼儿更快地投入活动中
（二）导入环节 1. 出示彩虹伞的一角，以猜谜的方式引发幼儿的好奇心 师："猜猜今天老师带来了什么？" 幼："是一块毛巾吗？" 师："它可比毛巾大多了，它的名字叫作彩虹伞。" 2. 师幼共同观察彩虹伞的颜色、形状 师："我们一起看看，彩虹伞是什么样子的？" 小结："彩虹伞是大大圆圆的，而且上面有各种不同的颜色。" （引导特殊幼儿认真观察并大胆说出彩虹伞的基本特征）	启发幼儿的参与意图，激起幼儿的好奇心，给予幼儿大胆表达的机会
（三）教学环节 1. 手握彩虹伞并自由上下扇动，让幼儿产生玩彩虹伞的兴趣。 师："让我们一起和彩虹伞打个招呼吧！" （提醒特殊幼儿手要握紧彩虹伞）	自由操作器械，体验其中的乐趣，激发幼儿的参与兴趣
2. 能够控制手部力量并根据儿歌内容操作彩虹伞。 （1）以提问的形式引出活动，知道浪花的大小与力量大小有关。 师："看彩虹伞好像大海，而它上下扇动，就像大海上的浪花一样。请小朋友们想想，怎样才能掀起小浪花或大浪花呢？" 小结："用力扇动就是大波浪，轻轻扇动便会出现小波浪。" （2）能够根据口令内容控制手部力量操作彩虹伞。 师："一起来试试，当老师说大风吹起大浪花时，小朋友们便用力扇动彩虹伞；当老师说小风吹起小浪花时，大家便要轻轻扇动。" 小结："小朋友们学得真快，这么快就知道了如何掀起浪花。" （鼓励涛涛、果果跟随教师念儿歌、操作彩虹伞。提示明明模仿同伴动作完成该环节，必要时进行肢体辅助）	创造主动的游戏环境，鼓励幼儿动脑思考解决问题，充分发挥教师的主导作用、幼儿的主体作用，调动幼儿的学习积极性

续前表

七、活动过程	设计意图
3. 尝试短时间内快速上下挥动双臂，能够将海洋球捡回，感受操作彩虹伞的乐趣 （1）将海洋球放置于彩虹伞上模拟小鱼，体验象征性游戏的乐趣。 师："大家看，海面上出现了好多小鱼，让我们帮助小鱼在大海中跳一支舞吧！" （2）尝试短时间快速上下挥动双臂，体验游戏乐趣。 师："看小鱼们跳得多开心，我们再用点儿力，让小鱼们跃出海面吧！" （3）将海洋球捡回放置于彩虹伞内。 师："糟糕了，刚才有些小鱼不小心跳到沙滩上了，让我们一起帮助它们回到大海的怀抱吧！" 小结："还好有了小朋友的帮助，小鱼们又重新回到了大海的怀抱。" （随时关注涛涛情绪，防止幼儿过于兴奋；鼓励果果大胆尝试与同伴游戏；语言提醒明明双手要握紧彩虹伞，必要时进行肢体辅助）	在第二环节的基础上提升游戏难度，在游戏中掌握动作技能
4. 师幼共同进行放松活动后结束 师："看，在大海上有好多各种颜色的小船，让我们坐到小船上去大海深处看看吧！" （幼儿跟随教师做划船姿势，左右摇晃身体，模拟在大海中漂泊的样子） 小结："今天我们不仅和彩虹伞做了游戏，还帮助小鱼重回大海，现在让我们回到教室里休息一下吧！" （提醒果果、明明模仿同伴或教师的动作划小船）	此环节为放松活动，放松肢体的同时提升幼儿的模仿意识
（四）活动延伸 请幼儿思考彩虹伞还能怎么玩	通过一物多玩的形式拓展幼儿发散性思维

八、课后评估

	能够手握彩虹伞，按老师指令做出相对应的动作	快速反应自我性别，区分光线的强弱	课堂常规（关注老师，情绪稳定，愿意配合老师做出各种动作）
普幼	3	3	3
涛涛	3	3	2
果果	3	2	2
明明	2	2	2

注：0分：一点儿不会。1分：在肢体协助下完成。2分：口头提示下完成。3分：独立完成。

九、课后反思

活动过程流畅，幼儿参与度高，并且完成了活动重难点的学习。能力较弱的幼儿也能够在教师或同伴的引导帮助下共同进行活动，体验集体游戏的乐趣。但在快速抖动彩虹伞时，部分幼儿情绪兴奋，还出现了尖叫的情况，情绪难以自控。可以通过降低扇动彩虹伞的频率或添加过渡环节（例如海面现在是风平浪静的），引导孩子放平彩虹伞，帮助幼儿平复心情，使整个活动更加完整。

（三）学前融合教育的一日生活常规

我国教育家陈鹤琴先生说："凡是孩子自己能做的事，让他自己去做。"这不仅对培养孩子的独立性、自理能力很重要，同时也培养了孩子的责任感，使孩子能对自己的生活、行为负责。小班阶段是幼儿园的开始阶段。在这个阶段，孩子的可塑性大，模仿欲强，对一切事物感到新鲜好奇。常规教育关系到孩子以后的学习和各项能力的培养。只有抓好常规方面的教育，正常的教育教学活动才能正常有序地开展。

幼儿的基本情况介绍

我们以小二班为例，该班级一共有幼儿 20 名，包括 3 名自闭症谱系障碍幼儿、17 名普通幼儿。

涛涛，男孩，4 岁半，活泼好动，可以与成人进行基本的对话，也可以主动发起沟通行为，但是对于同伴的回应相对较弱。集体活动中参与积极性高，但是常常会打断老师说话。平时的生活中容易与小朋友争抢玩具。

果果，男孩，4 岁半，性格安静、内敛，易害羞，喜欢与人打招呼，但无法维持一来一往的对话。愿意参与集体活动，但是由于专注时间较短，常需要成人的提醒。生活中，当小朋友拿走他的随身物品时会有哭闹的情绪行为问题。

明明，男孩，3 岁半，可以听得懂日常的简单指令，对同伴的关注较弱，平时如果没有成人引导，常常一个人在教室"闲逛"，兴趣相对狭窄。参与集体活动的动机弱，常常需要大人较多的辅助。想要某个物品的时候，一般自己去拿，无法拿到时会拉大人的手请求帮助。

1. 生活活动常规

入　园

幼儿培养目标：

（1）能高高兴兴入园，与家长礼貌道别。

（2）与老师和小朋友主动问好。

（3）能配合晨检，自己插好晨检牌。

（4）可以自己脱衣服，将衣物放在指定的地方，更换室内鞋。

（5）掌握正确的洗手方法，摆放好毛巾和杯子。

IEP1（涛涛）：

能对小朋友的问好有回应。

IEP2（果果）：

（1）能在成人的提醒下对小朋友的问好有回应。

（2）在成人的提醒下脱衣服，将衣物放在指定的地方，更换室内鞋。

IEP3（明明）：

（1）能在成人的提醒下向老师和小朋友问好。

(2) 能在成人的提醒下对小朋友的问好有回应。

(3) 能在成人的辅助下脱衣服，并将衣物放在指定的地方，更换室内鞋。

IEP1（涛涛）个别化支持：

涛涛早晨入园时能够主动与老师打招呼，但对同伴的问好回应较少，针对这个情况，班级老师经过一段时间的观察，发现涛涛对同伴的回应较少的一个原因是同伴向他问好时，他常常东张西望，为此班级老师经过研讨后，采用手势或者语言提示的方式引导幼儿关注并回应对面打招呼的同伴。每当幼儿能够回应同伴的问好时，老师都会及时给予涛涛喜欢的拥抱、鼓励等社交强化。

在涛涛所在的班级中，每天会有两名幼儿担当文明礼仪宝宝跟入园的幼儿问好。当涛涛准备进班时，文明礼仪宝宝萍萍会跟涛涛说："涛涛早上好！"老师用手势及时提醒涛涛看向萍萍，并小声提示："萍萍……"涛涛会接着说："萍萍早上好！"每当涛涛回应同伴的问好后，老师都会抱抱涛涛并给予鼓励："哇，涛涛跟萍萍打招呼了！"

喝　水

幼儿培养目标：

(1) 知道喝白开水的好处，会主动喝水。

(2) 认清自己的水杯标志，会自己取水杯，能用自己的水杯喝水。

(3) 不喝生水，愿意定时饮水，口渴时随时喝水。

(4) 掌握正确的喝水方法，不洒水，不玩水杯。

(5) 养成安静、有序喝水的良好习惯。

(6) 喝完水后能将杯子放回原处。

IEP1（涛涛）：

喝水时不说笑，不边走边喝，不玩水，不浪费水。

IEP2（果果）：

(1) 能够在成人的提醒下定时喝水。

(2) 能够在成人的提醒下安静、有序地喝水。

IEP3（明明）：

(1) 可以用语言表达出喝水的需求，如"我要喝水"。

(2) 接水后能够找到自己的位置。

(3) 能够安静、有序地接水。

(4) 能够正确地取放水杯。

IEP3（明明）个别化支持：

明明想喝水时会自己去拿水杯，但是不会告诉老师他的需求，并且因为无法区分自己和他人的水杯而经常拿错。

针对这种情况，老师们在明明每次走到饮水机旁想喝水时，会口头示范“我要喝水”，明明会仿说“我要喝水”。接着老师就会引导明明去拿自己的水杯。当明明无法辨别自己的水杯时，老师会通过视觉提示的方式让明明去看着自己水杯的照片，找到自己的水杯。

明明接好水后，老师会引导明明回到自己的位置喝水。在明明无法找到自己的位置时，老师会通过手势提示、同伴引导的方式帮助明明回到自己的位置。

班级集体喝水时，明明因为缺乏排队的意识，常常推挤小朋友。针对这种情况，老师在班级接水处的地面上，贴上圆点或小脚丫等视觉提示，引导明明关注地面上的视觉提示标志进行排队，从而能够安静、有序地接水。

进　餐

幼儿培养目标：

（1）跟随老师进行餐前活动，协助老师摆放桌花。

（2）能排队自主取餐，主动保持一定的安全距离。

（3）用餐时保持安静，能吃完自己的一份饭菜，并进行“光盘”行动。

（4）能做到不挑食，细嚼慢咽。

（5）餐后将桌面、地面整理干净，养成良好的卫生习惯。

（6）进餐后主动擦嘴巴、洗手、漱口，拿好小椅子在教室门口玩玩具、阅读图书等。

如厕、盥洗

幼儿培养目标：

（1）男女生分厕，能主动保持与小朋友之间的距离，知道要排队。

（2）男生小便时不弄脏裤子，女生小便后会正确使用纸巾。

（3）饭前便后手脏时，能主动洗手。

（4）知道挽袖子，按照洗手七步法正确洗手。

（5）知道节约用水，不玩水，洗手后将水龙头关紧。

（6）会正确使用毛巾，能够用正确的方法将手擦干净。

IEP1（涛涛）：

（1）能够主动洗手，不玩水。

（2）洗手时会主动挽起袖子，按照洗手七步法正确洗手。

IEP2（果果）：

（1）在老师的口头提醒下按照洗手七步法洗手，不玩水。

（2）洗手时能够在成人的提醒下挽起袖子。

（3）不在厕所逗留、玩耍。

IEP3（明明）：

（1）在有需要的时候能够用语言表达如厕的需求，如“我要小便”。

（2）如厕时能够在成人的手势提示下去男厕。

（3）如厕后能够在成人的口头提示或者手势提示下洗手。

（4）有同伴时，如厕后能够在成人的提醒下参照同伴洗手的方式去洗手。

IEP3（明明）个别化支持：

明明在幼儿园有如厕的需求时常常会直接跑到厕所，而不会告诉老师。如厕时，有时候跑到男厕，有时候又会跑到女厕。如厕后不会主动洗手。

老师通过观察分析后发现，明明每次想小便的时候都会有脱裤子的动作，但是欠缺表达需求的能力。之后，每次明明想小便的时候，老师都会及时提供语言示范“我要小便”，明明会跟着仿说“我要小便”，然后老师再带着明明去厕所小便。

针对明明无法区分男女厕所的情况，老师除了在日常的班级教育活动中教导明明辨别男女厕所标志，还会在厕所墙上贴上男女的视觉提示。每当他如厕时，老师都会采用手势提示的方法引导明明找到男厕所。

针对明明如厕后不会主动洗手的情况，老师会在明明如厕后及时进行口头提示或者手势提示，提醒明明去洗手。当有同伴的时候，采用同伴示范的方式，提醒明明关注同伴洗手的动作和步骤，引导明明模仿同伴去洗手。

午　睡

幼儿培养目标：

（1）喜欢在幼儿园午睡，能独立入睡。

（2）能够自己脱衣服叠整齐，遇到困难会求助老师。

（3）将叠好的衣物和鞋子摆放到指定位置。

（4）午睡时，不打扰同伴。

（5）有便意、身体不适或发现同伴有异常情况时及时告诉老师。

（6）有序地穿好衣服、鞋袜，会简单叠好被子。

（7）养成健康、良好的午睡习惯，右侧卧或者仰卧安静入睡。

离　园

幼儿培养目标：

（1）保持愉快、稳定的情绪，等待家长来接。

（2）乐于自己整理仪表，管理自己的物品。

（3）离园时，会将玩具、材料、小椅子等收放整齐、归位，保持环境的整洁和有序。

（4）主动和老师小朋友道别，跟随家人离园，不独自离开，不跟陌生人走。

2. 区域游戏活动常规

幼儿培养目标：

（1）能根据自己的兴趣选择游戏。

(2) 知道区域名称，能说出自己在什么活动区玩什么。
(3) 在成人提醒下，能遵守游戏规则，不把区域材料随意带到其他区域。
(4) 能自主选择活动区的活动材料和游戏伙伴。
(5) 在成人指导下，不争抢、不独占玩具。
(6) 与同伴发生冲突时，能听从成人的劝解。
(7) 爱护玩具和其他物品，玩完玩具知道物归原处。
IEP1 (涛涛)：
(1) 能够与同伴发展出友谊，有自己的好朋友。
(2) 幼儿有高兴的或有趣的事情愿意与大家分享。
(3) 与同伴发生冲突时，能够在大人的帮助下较快平复情绪。
IEP2 (果果)：
(1) 在鼓励下愿意加入同伴的游戏中。
(2) 能够在老师的少许提示下遵守游戏规则。
(3) 可以在游戏中回应同伴。
IEP3 (明明)：
(1) 能够在老师的带领下加入同伴的游戏中。
(2) 能够在老师的部分提示下遵守游戏规则。
(3) 能够在老师的部分提示下回应同伴。

3. 运动活动常规

早　操

幼儿培养目标：
(1) 依次自然地进入活动场地。
(2) 积极、愉悦地参加早操活动，口令声音洪亮。
(3) 能按音乐的节奏正确进行队列练习，正操动作有力、到位。
(4) 不乱跑，能一个跟着一个走。
(5) 用轻器械进行操练后放回原处，注意爱护器械。
IEP1 (涛涛)：
(1) 能够主动参与早操活动：看老师、听口令、取放器械。
(2) 能够模仿老师做早操的大部分或者全部动作。
IEP2 (果果)：
(1) 做操时，能够找到自己的位置不乱跑。
(2) 能够跟随集体变换队形。
(3) 能够模仿早操的部分动作。

IEP3（明明）：

（1）做操时，能够在成人的口头或手势提示下站在自己的位置上不乱跑。

（2）能够在成人的手势提示下跟随集体变换队形。

（3）能够模仿早操的少部分动作。

IEP2（果果）个别化支持：

果果在早操时找不到自己的位置，经常需要成人的提醒。老师们经过观察分析，认为可能是因为果果还不理解要根据地面上的标志找位置。为此，老师们在小朋友每次准备做早操时，都会手势提示引导果果去看地面上的位置标志。后来，果果仅仅根据老师的口头提示（如“请站在圆点上”）也能找到位置。慢慢地，果果在做操时就能够找到自己的位置了。

果果变换队形时不知道要跟着前面的小朋友走，常常脱离队伍。老师们经过观察分析后发现，可能是因为果果不理解变换队形时要看着前面的小朋友。为此，老师们会让果果后面的小朋友采用身体辅助的方式，引导果果跟着前面的小朋友变换队形，并告诉果果要跟着前面的小朋友。渐渐地，在同伴的帮助下，果果能够跟着前面的小朋友变换队形了。

做操时果果很少跟随老师做早操的动作。老师经过观察发现，可能是因为果果的专注力不足，模仿意识弱，肢体不协调。为此，在环境支持上，老师将果果调整到离老师较近的位置，这样果果关注老师的频率有所增加；同时，针对果果模仿意识弱、肢体不协调等问题，老师会采用肢体辅助、语言提示等方式加深果果对动作的理解。就这样，果果在日积月累中逐渐能够模仿早操的部分动作了。

体育活动（分散游戏）

幼儿培养目标：

（1）喜欢玩呼啦圈、沙包等小型运动器械。

（2）自由选择喜欢的器械，在指定区域进行游戏。

（3）分散跑时能灵活地躲避他人的碰撞。

（4）游戏结束时将玩具放回原处，摆放整齐。

IEP1（涛涛）：

（1）能够与同伴合作钻、跳、滚呼啦圈，投掷、抛接沙包。

（2）分散跑时能灵活地躲避他人的碰撞。

IEP2（果果）：

（1）能够钻、跳、滚呼啦圈，投掷、抛接沙包。

（2）分散跑时能躲避他人的碰撞。

（3）游戏结束时，能在成人的口头提示下，将玩具放回原处，摆放整齐。

IEP3（明明）：

（1）在成人的辅助下，能够钻、跳、滚呼啦圈，投掷、抛接沙包。

（2）分散跑时能够在成人的提醒下躲避他人的碰撞。

（3）游戏结束时，能在成人肢体辅助下将玩具放回原处，摆放整齐。

体育游戏（集体游戏）

幼儿培养目标：

（1）喜欢和同伴一起做游戏，并能遵守游戏规则。

（2）愿意学习体育活动中的跑、跳、爬、攀岩、钻等基本动作，动作基本协调。

（3）听信号向指定的方向走、跑。

（4）在轮流游戏中能注意保持队形，不脱离队伍。

IEP1（涛涛）：

（1）在游戏中能够回应同伴。

（2）能够模仿同伴学习跑、跳、爬、攀岩、钻等基本动作，动作基本协调。

IEP2（果果）：

（1）能够在成人的口头提示下，听信号向指定的方向走、跑。

（2）在轮流游戏中，能在成人的口头提示下注意保持队形，不脱离队伍。

IEP3（明明）：

（1）能够在成人的肢体辅助下，听信号向指定的方向走、跑。

（2）在轮流游戏中，能在成人的肢体辅助下注意保持队形，不脱离队伍。

4. 教育活动常规

幼儿培养目标：

（1）活动过程中情绪饱满，对活动感兴趣。

（2）能在老师的引导下进行感知和操作活动，并运用各种感官参与活动。

（3）能听清老师的指令，并做出相应的回应。

（4）知道发言时要先举手，不随意打断别人。

（5）学习良好的倾听、表达、轮流等学习习惯。

（6）保持良好的坐姿。

（7）能正确使用和整理活动材料或用具。

IEP1（涛涛）：

（1）能在集体活动中安静地坐在自己的位置上，不随意走动。

（2）发言时知道要先举手，不随意打断别人。

IEP2（果果）：

（1）能够在成人的少许提醒下坐在集体环境中，不随意走动。

（2）能够在成人的少许提醒下参与集体活动。

IEP3（明明）：

（1）能够在成人的提醒下安静地坐在集体环境中。

(2) 能够在成人的辅助下参与集体活动。

(四) 学前融合教育的环境创设

《幼儿园教育指导纲要(试行)》明确要求:“幼儿园应为幼儿提供健康、丰富的生活和活动环境,满足他们多方面发展的需要,使他们在快乐的童年生活中获得有益于身心发展的经验。”在幼儿园,环境是重要的教育资源,教育工作者要利用环境对幼儿进行生动、直观、形象和综合的教育,让幼儿利用环境接受全方位的信息刺激,激发幼儿内在的积极性,让幼儿获得情感体验和知识的启迪。良好的环境支持每一名幼儿与他人之间的互动,减少自闭症谱系障碍幼儿在教学活动中焦虑行为的发生。要使自闭症谱系障碍幼儿真正完全融合到一日常规活动中,应该让他们有机会去和其他普通幼儿互动,并且参与到同龄普通幼儿相同或相似的活动中去,受最少的环境限制。良好的环境创设与利用能使幼儿在与环境的互动中获得各方面能力的发展,从而促进幼儿的全面发展。

1. 幼儿园整体环境创设

学前教育环境必须安全、健康、可调节、可移动,根据适合幼儿特点的原则创设。同时增加自闭症谱系障碍幼儿有效利用教育环境的时间与空间,发展他们从环境中学习的能力,增加其与同伴交往互动的机会,帮助其熟悉社会情境与学习交往技能,提高社会适应能力。

2. 建立资源教室

在幼儿园建设资源教室,要充分考虑自闭症谱系障碍幼儿优势发挥和功能补偿的需求,以增强自闭症谱系障碍幼儿融入社会的能力为目的;要遵循儿童身心发展规律,突出针对性和有效性,根据每一个儿童的特殊需要,及时调整更新配置,及时调整活动内容。资源教室是为参与融合的自闭症谱系障碍幼儿及其他有特殊需要的学生、教师和家长提供的个性化教育场所。

3. 融合班级的环境创设

在学前融合教育教学中,环境创设是针对每一个幼儿而言的,而不仅仅是针对普通幼儿的,所以既要考虑到普通幼儿的需要,也要考虑到自闭症谱系障碍幼儿的需要。可以利用环境结构化的方式将班级环境进行合理布置,如用玩具柜等进行分区,根据幼儿发展特点和班级特色进行布置装饰,每个活动区都要有明确的标识和相应的进区规则,给予比较明显的视觉提示以增加幼儿对环境的理解能力,使其能够自主地选择活动区游戏;结合主题活动进行活动区材料填充,同时根据自闭症谱系障碍儿童的个别化教育计划设立任务盒子,在融合的环境下开展有针对性的游戏活动。

下文是关于环境创设的案例:

小班下学期主题三:“大大小小”

主题价值

什么是大?什么是小?各有说法。其实,事物的大小是一种相对的概念,是通过比较得出来的。在“大大小小”主题中，鼓励幼儿和爸爸比大小，将喜欢的动物比大小，观察发现物体的形态、大小、变化……通过不同形式的活动，不断启发幼儿主动观察和动手操作，感受新发现带来的喜悦——原来平凡的生活中有这么多不平凡的趣味！要想知道物体是大是小，就得比一比，原来“大”和“小”是可以变化的。

本主题活动中，要引领幼儿在与环境的交互作用中获得关于“大”“小”概念的感性经验，逐渐养成爱观察、会比较、愿意思考的良好学习习惯。

主题目标

（1）积极、主动地观察，运用多种感官感知大小不同的事物；能正确区分三角形、正方形、圆形，进一步感知图形的特征。

（2）了解“大”和“小”是具有相对性的；懂得火灾时的自救方式；能走过宽 20 厘米的平行线，能正面钻过障碍物，会在指定范围内听信号向一个方向跑或躲闪跑，动作协调、灵活。

（3）尝试用清晰的语言讲述自己的探索和发现，能口齿清楚地朗诵儿歌，能用连贯的语言讲述故事中的主要情节，喜欢听故事、看图书，乐于和同伴交流阅读的感受。

（4）愿意与同伴分享自己的发现，感受人与人之间的爱和关怀，喜欢做力所能及的事情，树立自我服务的信心。

（5）尝试用简单的泥工、剪贴、绘画等技能表现大大小小的事物，积极参与音乐活动，能根据音乐节奏创造性地用动作、表情等表现对音乐的理解，愉快地演唱歌曲，能在教师的引导下仿编歌曲。

主题环境创设

次主题一：大动物、小动物

（1）提供大大小小的动物玩具、玩偶，供幼儿观察、操作。

（2）在阅读区添置一些有关大大小小动物的图书，供幼儿阅读。

（3）搜集有关巨大的动物和较小的动物的图片资料，布置在活动室中。

次主题二：大人国、小人国

搜集各种瓶子、盒子、大小套娃等布置在科学区内，准备大大小小的鞋子布置在生活区内，让幼儿比一比、试穿，进行对比游戏。

次主题三：变大变小

（1）在科学区为幼儿提供望远镜、放大镜、气球、小型充气筒，供幼儿观察，使用。

（2）在科学区提供胖大海、木耳、银耳等比较容易泡发的食材，供幼儿操作，观察。

（3）家长将食材膨胀变化前后的样子拍下来，做成“食物变变变”图片，布置在活动室，丰富幼儿对食物变化的认知。

活动区设计

《幼儿园教育指导纲要（试行）》明确指出，游戏是幼儿的基本活动。要使幼儿在游戏中得到发展，就必须提高游戏质量，而影响游戏质量的一个重要因素就是游戏材料。丰富而适宜的游戏材料，能为每一个孩子提供活动的条件和表现的机会。在融合幼儿园中，除了提供基础材料，还要为有特殊需要的幼儿提供有针对性的材料支持。

下面以搭建游戏为例进行说明。

搭建游戏是一种创造性的游戏，是幼儿主动、自由地利用各种不同的搭建材料塑造物体形象、反映周围生活的一项活动。在搭建游戏中，幼儿根据自己的兴趣玩积木、玩插塑玩具，进行各种操作练习。他们运用拼插、垒高、砌接等方法搭建物体，不仅能丰富感知和亲身体验，还可以发展空间想象力、创造力、动手能力和搭建技能。幼儿在轻松自然、平等友好的游戏氛围中，学会与他人一起分工协作完成活动，这促进了幼儿的社会性发展，培养了幼儿与他人合作和解决问题的能力。

（1）活动目标。

①对搭建游戏感兴趣，喜欢探索不同的玩法及搭建、拼插方式，体验游戏过程的快乐。

②学习连接、延长、围合、加宽、垒高等主要搭建技巧，能够搭建简单的三维物体。

③能基本遵守搭建区的规则，如轻拿轻放、不乱扔、相互合作等。

④愿意用语言与别人交往，喜欢应答，并能注意倾听他人讲话。

⑤遇到困难不害怕，会寻求帮助，并能在教师的鼓励和帮助下坚持做完一件事，获得成功。

⑥对不同的搭建材料进行简单分类。能够按照图片提示逐步学会将积木、辅助材料分类摆放。

⑦对周围环境中形象突出和色彩鲜明的事物感兴趣，从环境景物，包括真实的建筑物及自己搭建的建筑物中获得美的感受。

（2）环境准备。

提供远离通道，相对独立、宽敞的环境，方便幼儿运动与搭建。当人多时，有延伸活动的空间和材料。

（3）材料准备。

①大型搭建类：彩色 EVA 软体积木、原木色 EVA 软体积木、原木色实木积木。

②小型搭建类：积塑插接类玩具、乐高积木。

③模型玩具：人物、动物、车辆等。

④废旧物品：包装盒、奶粉罐、一次性纸杯等。

（4）活动内容：大房子、小房子。

①活动目标。

a. 能根据动物的体型大小，搭建大大小小的房子。

b. 初步掌握垒高、围拢等搭建技巧，能够搭建简单的三维建筑。

c. 对搭建房子感兴趣，体验游戏过程中的快乐。

②指导建议。

a. 观察比较搭建材料的大小。

b. 自由选择材料，为大动物搭出宽敞的“家”，为小动物搭出小巧的“家”。

c. 搭建完成后，提醒幼儿要用比一比的方法来说明自己作品的大小。

IEP1（涛涛）：

愿意和同伴一起搭建大大小小的房子。

IEP2（果果）：

在成人的引导下，学习用垒高、围拢等搭建技巧搭建大大小小的房子。

IEP3（明明）：

能够在辅助下跟随成人仿搭积木，能接受其他小朋友在旁边玩游戏。

IEP1（涛涛）个别化支持：

涛涛具备一定的搭建能力，但是不会主动地和同伴玩搭建游戏。老师们经过观察分析，发现可能的原因是涛涛社交动机不足，并且没有体验到和同伴一起游戏的快乐。

根据这种情况，区域活动时，老师会尝试组织或开展一些小组游戏，如比比哪组搭得高、哪组的房子最漂亮等，引导涛涛参与到小组游戏中。每当涛涛能够和同伴一起搭建时，老师都会鼓励并肯定涛涛的主动游戏行为。

IEP2（果果）个别化支持：

果果平时喜欢到搭建区玩游戏，不过游戏方式单一，也不会运用已有技能搭建出房子造型。老师们经过观察分析，发现果果虽然有搭建的兴趣，但是搭建技能不足。针对这种情况，老师采用示范说明、视觉提示等方式，引导果果学习搭建的方法，搭建出更加丰富的造型。在本节活动中，老师为果果提供了装有搭建步骤、搭建成品造型图片的任务盒子，引导果果先观察搭建成品造型图片，然后根据搭建步骤提示卡，逐步学习如何搭建大大小小的房子。

活动结束后，老师将任务盒子投放到搭建区供果果继续学习搭建房子的方法。经过一段时间后，果果逐渐能自主搭建出之前学习的房子造型了。之后老师会更换任务盒子中房子造型图片和步骤图，直到果果可以撤除视觉提示卡自主搭建不同的房子。

IEP3（明明）个别化支持：

区域游戏时，明明在没有成人引导的情况下经常一个人在教室里“溜达”。每当有小朋友在旁边玩游戏时，他常常会捂住耳朵，有时也会直接走开；当成人引导明明参与到搭建游戏时，他也只是把积木搭高然后推倒，如此反复。经过老师的观察分析，发现原因在于明明缺乏搭建的技能，他体验不到搭建的乐趣和成就感。

为此，老师会在搭建游戏时单独指导明明跟随老师一步一步进行仿搭。当明明搭建出一个小房子时，老师及时给予鼓励和肯定，身边的同伴也会跟着一起表扬明明搭建的作品。明明得到大家的表扬后很开心，就这样慢慢喜欢上了搭建游戏，也体验到了搭建的乐趣。待明明跟随仿搭的技能娴熟以后，再进一步学习整体仿搭、看图仿搭等更加复杂的搭建技能。

针对明明不愿意有小朋友在身边游戏的现象，经过老师们的观察和分析，发现可能的原因是明明的听觉比较敏感，不喜欢小朋友玩游戏时吵闹的声音。

因此，老师们一方面会提醒小朋友在游戏时轻声交流，另一方面采用系统脱敏等方式让明明逐渐能够接受小朋友在其附近玩游戏。刚开始，老师会让明明在搭建区外围玩玩具，明明并不排斥。可是当老师想引导明明加入集体时，明明会捂住耳朵想要离开，这时，老师会引导明明看小朋友搭建的作品，并引导小朋友拿着明明喜欢的积木邀请明明参与搭建游戏。令人惊讶的是，明明竟然接受了小朋友的邀请，这个时候，老师及时表扬明明“会跟小朋友一起玩游戏啦”。就这样，明明慢慢地可以和小朋友一起玩游戏了。虽然有时候还是会捂住耳朵，但是明明却没有离开过。

（5）组织策略。

①利用有趣的故事、图片、话题等，引发幼儿的搭建兴趣。

②引导幼儿运用不同搭建方式或辅助材料丰富搭建内容，通过游戏不断增加生活知识和经验。

③注重个体差异，接纳和鼓励富有个性的搭建方式，使每位幼儿都获得成就感。

④当幼儿需要时，以伙伴的身份与幼儿一起搭建，一同享受创造的乐趣。

⑤鼓励幼儿主动讲述自己的作品或与伙伴交流与分享，如搭建后相互讲述和欣赏。

⑥当幼儿遇到困难向教师求助时，应对幼儿给予充分的支持和鼓励，如天天的高楼总搭不好，在教师的帮助和具体指导下，他终于成功了。

⑦引导幼儿利用搭建作品做游戏，使建构区的游戏内容不断丰富和深化，如用搭建好的大房子和小房子玩小动物做客的游戏。

⑧请幼儿自己收放搭建材料，并在收放过程中按照图示分类摆放好，感受规则的意义。

（6）活动延伸。

①描述、记录（照片或图册）、保留，并结合墙饰等展示幼儿的搭建作品，使幼儿体验成就感和满足感，进一步激发幼儿对搭建的兴趣。

②请家长参与并观看幼儿的搭建游戏及作品，引导家长了解搭建游戏对幼儿发展的价值，请家长带幼儿观察周围有特点的建筑物，有条件家庭可在家里为幼儿创设搭建游戏的环境。

四、课程评价及其意义

幸福之家融合幼儿园的课程评价从内容上可以分为幼儿园基本条件评价、教育过程质量评价和儿童学习与发展状况评价。幼儿园的各类评价均以幼儿发展为主，尊重幼儿身心发展的规律和学习特点，以游戏为基本活动，关注个别差异，促进每个幼儿的发展。

通过评价，我们可以实现以下内容：

1. 提升幼儿园办园基本条件

帮助幼儿园了解整体课程实施的进展和成效。帮助教师解决在教学实践中遇到的问题和困难。了解人力资源和财务资源的需要，支持课程的持续发展。

2. 提升教师教学质量

帮助教师了解幼儿的学习进展和身心发展情况，及早为有特殊需要的幼儿提供适当的辅导和照顾。检讨课程计划与教学策略，进行适当的调整，切合幼儿发展需要。加强与家长的沟通。

3. 促进幼儿发展

让幼儿能够了解自己在学习上的表现和进展，在教师和家长的协助和鼓励下培养对学习的兴趣。

4. 提高家长在教育中的参与度

让家长更能了解孩子在园内生活和学习的进展情况，建立家长对孩子的合理期望。

为了了解孩子能力的基线水平（孩子的优势和弱势、已经具备的能力），每一个有特殊需要的孩子进入幼儿园后，需经过为期一个月左右的入园评估。第一周主要以环境适应为主，评估老师入班观察了解孩子的适应情况。第二、三周会对幼儿进行全方位的能力评估。评估采用的测评工具为太田阶段评价法、强化物调查表、婴儿-初中生社会生活适应能力评估量表、《学前儿童教育发展评量手册》、PEP-3 孤独症儿童心理教育量表、体能运动发育评估等。经历第四周评估，老师将会根据评估结果为幼儿制订为期半年的个别化教育计划。

半年之后幼儿园会对幼儿进行第二次评估，以了解孩子的学习进展情况，便于制订下半年的个别化教育计划（具体评估安排以幼儿的实际表现情况为准）。

评估结束之后，幼儿园会根据孩子的能力评估结果为其分配适合的课程（两节个训课或者一节个训课、一节小组课或者两节小组课）。感统体能提升课会根据评估结果进行课程安排，在班级、个训、小组课程中实施，或在感统教室中实施。

参考文献

一、中文参考文献

（一）书籍

［1］胡塞尔．逻辑研究（第一卷）［M］．倪梁康，译．上海：上海译文出版社，1994.

［2］朗格朗．终身教育导论［M］．滕星，滕复，王箭，译．北京：华夏出版社，1988.

［3］坎特威茨，罗迪格，埃尔姆斯．实验心理学：掌握心理学的研究［M］．郭秀艳，等译．上海：华东师范大学出版社，2001.

［4］Bowe. 婴幼儿特殊教育：出生到五岁［M］．傅秀媚，译．台北：五南图书出版股份有限公司，1998.

［5］陈佑清．教育目的论［M］．武汉：湖北教育出版社，1994.

［6］陈云英，等．特殊教育学基础［M］．北京：教育科学出版社，2004.

［7］季佩玉，简栋梁，程益基．聋教育师资培训教材［M］．北京：中国盲文出版社，2000.

［8］邓猛．融合教育与随班就读：理想与现实之间［M］．武汉：华中师范大学出版社，2009.

［9］第斯多惠．德国教师培养指南［M］．袁安，译．北京：人民教育出版社，1990.

［10］丁启文．中国残疾人［M］．北京：华夏出版社，1990.

［11］方俊明．当代特殊教育导论［M］．西安：陕西人民教育出版社，1998.

［12］方俊明．特殊教育学［M］．北京：人民教育出版社，2005.

［13］冯建军．生命与教育［M］．北京：教育科学出版社，2004.

［14］顾定倩．特殊教育导论［M］．大连：辽宁师范大学出版社，2001.

［15］国家教委基础教育司．特殊教育文件、经验选编［M］．北京：人民教育出版社，1989.

［16］何华国．特殊幼儿的早期疗育［M］．台北：五南图书出版股份有限公司，2006.

［17］何金娣，贺莉．残障儿童心理生理教育干预案例的研究［M］．上海：上海教育

出版社，2005.

[18] 洪宝书．教育本质与规律 [M]. 成都：成都科技大学出版社，1992.

[19] 黄志成，等．全纳教育：关注所有学生的学习和参与 [M]. 上海：上海教育出版社，2004.

[20] 景观宗．学前一体化教育：让有特殊需要儿童在融合中成长 [M]. 上海：上海教育出版社，1999.

[21] 劳凯声．教育法学 [M]. 沈阳：辽宁大学出版社，2008.

[22] 雷江华．学前特殊儿童教育 [M]. 武汉：华中师范大学出版社，2008.

[23] 李秉德．教育科学研究方法 [M]. 北京：人民教育出版社，1986.

[24] 李林静．特殊儿童养护 [M]. 重庆：西南师范大学出版社，1994.

[25] 联合国教科文组织．全纳教育共享手册 [M]. 陈云英，杨希洁，赫尔实，译．北京：华夏出版社，2004.

[26] 联合国教科文组织国际教育发展委员会．学会生存 [M]. 北京：教育科学出版社，1996.

[27] 林宝贵．特殊教育理论与实务 [M]. 台北：心理出版社，2001.

[28] 刘春玲，江琴娣．特殊教育概论 [M]. 上海：华东师范大学出版社，2008.

[29] 刘大椿．科学哲学通论 [M]. 北京：中国人民大学出版社，1998.

[30] 刘文君．普通逻辑导论 [M]. 武汉：华中师范大学出版社，1992.

[31] 柳树森．全纳教育导论 [M]. 武汉：华中师范大学出版社，2007.

[32] 特恩布尔 R，特恩布尔 A，尚克，等．今日学校中的特殊教育 [M]. 方俊明，汪海萍，等译．上海：华东师范大学出版社，2004.

[33] 鲁洁．教育学 [M]. 南京：河海大学出版社，1988.

[34] 毛连塭．特殊教育行政 [M]. 台北：五南出书出版股份有限公司，1989.

[35] Moore. 融合可以这样做：379 个学前融合教学策略 [M]. 刘学融，译．台北：心理出版社，2013.

[36] 朴永馨．特殊教育概论 [M]. 北京：华夏出版社，1991.

[37] 朴永馨．特殊教育学 [M]. 福州：福建教育出版社，1995.

[38] 朴永馨．特殊教育辞典 [M] .2 版．北京：华夏出版社，2006.

[39] 邱上真．特殊教育导论 [M]. 台北：心理出版社，2004.

[40] 教育学基础 [M]. 北京：教育科学出版社，2003.

[41] 宋龄梅．教育测量学 [M]. 武汉：华中师范大学出版社，1991.

[42] 宋专茂，陈伟．心理健康测量 [M]. 广州：暨南大学出版社，1999.

[43] Hooper，Umansky. 幼儿特殊教育 [M]. 杨碧珠，译．台北：心理出版社，2009.

[44] 孙建荣，冯建华，等．憧憬与迷惑的事业：美国文化与美国教育 [M]. 北京：中国社会科学出版社，2000.

[45] 孙绵涛．教育行政学（修订本）[M]. 武汉：华中师范大学出版社，1998.

[46] 孙绵涛．教育政策论 [M]. 武汉：华中师范大学出版社，2002.

[47] 台北编译馆．特殊儿童教育 [M]. 台北：正中书局，1991.

[48] 台湾特殊教育学会．特殊教育课程与教学 [M]. 台北：心理出版社，1987.

[49] 汤盛钦．特殊教育概论 [M]. 上海：上海教育出版社，1998.

[50] 汤盛钦，曾凡林，刘春玲．教育听力学 [M]. 上海：华东师范大学出版社，2000.

[51] 涂艳国．中国儿童教育 30 年 [M]. 长沙：湖南师范大学出版社，2008.

[52] 王东华．我们是这样教育孩子的：9 位中国杰出父母的成功经验 [M]. 北京：中国妇女出版社，2001.

[53] 王坤庆．现代教育哲学 [M]. 武汉：华中师范大学出版社，1996.

[54] 王世忠，雷江华，曹晓宁，等．学校管理概论 [M]. 武汉：中国地质大学出版社，2004.

[55] 王文科．特殊教育导论 [M]. 台北：心理出版社，2000.

[56] 吴武典．特殊教育的理念与做法 [M]. 台北：心理出版社，1994.

[57] 吴增强．多动症儿童心理辅导 [M]. 上海：上海教育出版社，2006.

[58] 肖非，王雁．智力落后教育通论 [M]. 北京：华夏出版社，2000.

[59] 徐白仑．视障儿童随班就读教学指导 [M]. 北京：华夏出版社，1992.

[60] 杨全印，孙稼麟．学校文化研究：对一所中学的学校文化透视 [M]. 北京：教育科学出版社，2005.

[61] 袁振国．当代教育学 [M]. 3 版．北京：教育科学出版社，2004.

[62] 藏乐源．教师学 [M]. 天津：天津人民出版社，1987.

[63] 张福娟．特殊教育史 [M]. 上海：华东师范大学出版社，2000.

[64] 张焕庭．西方资产阶级教育论著选 [M]. 北京：人民教育出版社，1964.

[65] 张宁生．残疾人高等教育研究 [M]. 沈阳：辽宁人民出版社，2000.

[66] 张宁生．听力残疾儿童心理与教育 [M]. 大连：辽宁师范大学出版社，2002.

[67] 杨广学，张巧明，王芳．特殊儿童心理与教育 [M]. 北京：北京大学出版社，2017.

[68] 张训诰．特殊教育的省思 [M]. 台北：五南图书出版股份有限公司，1999.

[69] 赵锡安．聋人双语双文化教学研究 [M]. 北京：华夏出版社，2004.

[70] 周兢．学前特殊儿童教育 [M]. 大连：辽宁师范大学出版社，2002.

［71］周念丽．自闭症幼儿的社会认知：理论、实验及干预的研究［M］．上海：上海教育出版社，2006.

［72］周念丽．学前融合教育的比较与实证研究［M］．上海：华东师范大学出版社，2008.

［73］周宗奎．儿童社会化［M］．武汉：湖北少年儿童出版社，1995.

（二）论文

［1］蔡春美，张明贞．学前阶段特殊教育问题之调查研究［J］．特殊教育研究学刊，1985（1）．

［2］曹阳明，葛红军．试论儿童心理缺陷与审美矫正［J］．江西教育科研，1994（5）．

［3］崔芳，于松梅．美国学前特殊儿童转衔服务及启示［J］．现代特殊教育，2010（1）.

［4］陈爱华．加拿大特殊教育的现状、特点及对我国的启示［J］．外国中小学教育，1998（1）．

［5］陈勤惠．绘画应用在游戏治疗中［J］．国教天地，2000（7）．

［6］陈云英．融合教育的元型［J］．中国特殊教育，2003（2）．

［7］陈云英．发展特殊教育的经济意义［J］．中国特殊教育，1998（4）．

［8］邓猛，潘剑芳．关于全纳教育思想的几点理论回顾及其对我们的启示［J］．中国特殊教育，2003（4）．

［9］邓猛．特殊教育管理者眼中的全纳教育：中国随班就读政策的执行研究［J］．教育研究与实验，2004（4）．

［10］邓猛，周洪宇．关于制定《特殊教育法》的倡议［J］．中国特殊教育，2005（7）．

［11］邓猛，朱志勇．随班就读与融合教育：中西方特殊教育模式的比较［J］．华中师范大学学报（人文社会科学版），2007（4）．

［12］高民．特殊教育实践中的生存教育观［J］．中国特殊教育，1998（3）．

［13］葛新斌．人道主义是特殊教育的思想基础［J］．中国特殊教育，1997（2）．

［14］葛新斌．人的发展平等：特殊教育的基本理念［J］．中国特殊教育，1998（2）．

［15］龚兴英．日本教师资格制度的特点及其启示［J］．比较教育研究，2004（5）．

［16］郭福荣，冀一志，王肖萍，等．关于世界特殊教育大会的报告［J］．特殊教育研究，1994（3）．

［17］何东昌．在全国特殊教育工作会议上的讲话［J］．特殊教育，1988（4）．

[18] 洪雪立．聋哑学校语言教学商讨 [J]．人民教育，1954（8）．

[19] 华瑛．盲童家庭教育调查与对策 [J]．中国特殊教育，1998（2）．

[20] 黄燕平，张洪胜．随班就读聋生个案报告 [J]．中国康复，2002（2）．

[21] 黄志成．从第五届国际特殊教育大会看融合教育的发展 [J]．现代特殊教育，2001（3）．

[22] 黄志成．试论全纳教育的价值取向 [J]．外国教育研究，2001（6）．

[23] 黄志成，王伟．英国全纳教育研究的现状 [J]．外国教育研究，2002（3）．

[24] 黄志成．全纳教育展望：对融合教育发展近 10 年的若干思考 [J]．全球教育展望，2003（5）．

[25] 金平．中国特教发展与全纳教育 [J]．特殊教育研究，1997（1）．

[26] 兰继军．论特殊教育的价值取向与西部特教资源的重组 [J]．中国特殊教育，2003（2）．

[27] 兰继军，李国庆，柳树森．论全纳教育的教育原则 [J]．中国特殊教育，2003（6）．

[28] 雷江华．论因残施教 [J]．山东特教，1997（4）．

[29] 雷江华，邬春芹．我国一体化教育模式探讨 [J]．现代特殊教育，1998（9）．

[30] 雷江华．我国特殊教育质量标准的历史回顾与剖析 [J]．中国特殊教育，2002（4）．

[31] 雷江华，张洁．今日美国之特殊教育法规 [J]．特殊教育，2003（3）．

[32] 雷江华．随班就读学校教育工作评价的基本思路 [J]．现代特殊教育，2004（2）．

[33] 雷江华．全纳教育之论争 [J]．教育研究与实验，2004（4）．

[34] 雷江华，姚洪亮．全纳教育教师资格认定制度探微 [J]．中国特殊教育，2005（7）．

[35] 雷江华，邓猛．融合教育发展过程中应处理好的几个关系 [J]．香港特殊教育论坛，2006（8）．

[36] 雷江华，连明刚．香港“全校参与”的融合教育模式 [J]．现代特殊教育，2006（12）．

[37] 雷江华，邓猛．听觉障碍儿童融合教育语言教学模式论析 [J]．中国特殊教育，2007（2）．

[38] 李春燕．聋儿康复教育 [J]．中华综合临床康复杂志，2004（10）．

[39] 李冬梅．残疾人高等教育的发展历程及现状 [J]．中国残疾人，1999（3）．

[40] 李国歌．美国开端计划的历史发展进程 [J]．云南农业大学学报（社会科学），

2016 (1).

[41] 李慧聆，张双．随班就读：北京市的实验和经验 [J]. 中国残疾人，1998 (1).

[42] 李萌，王娜，田宝，等．国际功能、残疾和健康分类架构在智力残疾标准制订中的应用探讨 [J]. 中国康复理论与实践，2004 (6).

[43] 李秀，张文京．学前特殊儿童转衔教育研究综述 [J]. 中国特殊教育，2005 (1).

[44] 李雅蓉，刘春玲，王和平．美国特殊儿童幼小转衔服务研究 [J]. 现代特殊教育，2018 (16).

[45] 李义胜，蔡俊．全纳教育：普通学校对特殊儿童的融合 [J]. 现代特殊教育，2003 (5).

[46] 连明刚．融合教育：理论与实践 [J]. 香港特殊教育论坛，2004 (1).

[47] 刘翠航．美国教师资格证书体系评析 [J]. 外国教育研究，2004 (11).

[48] 刘颂，王辉．特殊儿童家长参与的权利：英美两国有关特殊教育立法的评述 [J]. 特殊教育研究，2000 (2).

[49] 卢乃桂．融合教育在香港的持续发展：兼论特殊学校角色的转变 [J]. 中国特殊教育，2004 (11).

[50] 卢子洲．特殊教育培养目标的理论基础 [J]. 教育研究与实验，1999 (4).

[51] 罗亦超，雷江华．特殊学校学生家庭需要之研究 [J]. 教育研究与实验，1999 (4).

[52] 欧阳文．构建高校成人学历教育质量标准体系的思考 [J]. 机械工业高教研究，1999 (2).

[53] 朴永馨．我国盲、聋学校培养目标的特色 [J]. 特殊教育研究，1994 (1).

[54] 朴永馨．教育康复中的一个基本观点 [J]. 中国听力语言康复科学杂志，2003 (1).

[55] 朴永馨．融合与随班就读 [J]. 教育研究与实验，2004 (4).

[56] 齐晓栋，邹景进，杨静．儿童行为与情绪障碍的家庭干预效果回顾 [J]. 中国特殊教育，2006 (9).

[57] 钱丽霞．唇读与听残儿童随班就读：部分地区听残儿童随班就读调查有感 [J]. 特殊儿童与师资研究，1994 (4).

[58] 钱志亮．当今中国特殊教育组织形式之分析 [J]. 中国特殊教育，1997 (2).

[59] 全培德．实施随班就读的几点思考 [J]. 上海教育，1992 (4).

[60] 申仁洪．全纳性学习环境的生态化建构 [J]. 中国特殊教育，2004 (1).

［61］汤盛钦．特殊教育世界大会巡礼［J］．特殊教育研究，1994（3）．

［62］佟月华．美国融合教育的发展进程［J］．济南大学学报（社会科学版），2002（1）．

［63］胡森．论教育质量［J］．华东师范大学学报（教育科学版），1987（3）．

［64］王雁．早期干预的理论依据探析［J］．中国特殊教育，2000（4）．

［65］王义坤，吴亮．美国残疾儿童的学前特殊教育政策及其启示［J］．残疾人研究，2019（4）．

［66］王湛．振奋精神，扎实工作，努力实现我国特殊教育事业的新发展：在第三次全国特殊教育工作会议上的讲话［J］．现代特殊教育，2001（7）．

［67］韦小满，袁文得．关于普小教师与特教教师对有特殊教育需要学生随班就读态度的调查［J］．中国特殊教育，2000（3）．

［68］温毅斌．“受教育权”的实质是“受教育平等权”：透析齐玉苓被冒名顶替案的司法解释［J］．上海教育科研，2003（7）．

［69］伍国雄，冯志文．特殊学校暨资源中心：知识管理［J］．香港特殊教育论坛，2004（1）．

［70］吴武典．从特殊儿童的教育安置谈特殊教育的发展：台湾的经验与省思［J］．中国特殊教育，1997（3）．

［71］冼杞烈．特殊教育主流化下，主流学校的需要［J］．香港特殊教育论坛，2003（1）．

［72］谢敬仁．扩大随班就读规模，提高随班就读质量［J］．现代特殊教育，2003（10）．

［73］徐怀评，任建华．素质教育浅议［J］．教育研究，1996（12）．

［74］阎素芬．现代化进程中的残疾儿童少年教育问题［J］．青年研究，1994（12）．

［75］银春铭．英国和瑞典的特殊教育情况［J］．外国教育资料，1984（4）．

［76］银春铭．是实施“全纳”还是坚持特殊教育：两种相反观点的论争［J］．特殊教育研究，1997（1）．

［77］余强．美国学前阶段特殊教育全纳安置模式述评［J］．外国教育研究，2008（8）．

［78］昝飞，刘春玲．中日特殊教育比较与思考［J］．中国特殊教育，2001（1）．

［79］张富洪．走进有生理缺陷学生的情感世界［J］．教书育人，2003（10）．

［80］张万波，袁桂林．影响教育质量因素的分析［J］．教学与管理，1999（10）．

［81］张焱．音乐治疗干预高功能孤独症儿童行为训练的个案研究［J］．中国特殊教育，2005（8）．

［82］张志和，余烈．张謇特殊教育思想初探［J］．特殊教育研究，1995（1）．

［83］赵微．英国培养普通师资具有特教技能［J］．中国特殊教育，1998（4）．

［84］周文彬，王静．关于我国特殊教育学校职能转变的思考［J］．中国特殊教育，1997（4）．

［85］朱益明．教育质量的概念分析［J］．比较教育研究，1996（5）．

（三）网络资源

［1］中研网讯：我国智力障碍临床发病率将近1% 部分为遗传．（2014－12－23）［2015－12－12］．http：//www.chinairn.com/news/20141223/112740535.shtml.

（四）学位论文

［1］刘彤．美国“开端计划”历程研究［D］．保定：河北大学，2007.

［2］罗勤．儿童福利机构学前特殊教育模式的回顾与展望［D］．武汉：华中师范大学．

［3］石丽娜．美国联邦政府学前残疾儿童教育政策的发展历程研究（1965—2012）［D］．长春：东北师范大学，2015.

二、英文参考文献

（一）书籍

［1］EIDELMAN S，KACZMAREK L，MAUDE S. Early childhood intervention：shaping the future for children with special needs and their families［M］．New York：Praeger，2011.

［2］WASHINGTON V，BAILEY U J O. Project Head Start：models and strategies for the twenty-first century［M］．New York：Garland Publishing Inc.，1995.

［3］WEINER R，KOPPELMAN J. From birth to 5：serving the youngest handicapped children［M］．Washington：Capitol Publications Inc.，1987.

（二）杂志或报告

［1］American Association on Mental Retardation. Mental retardation：definition，classification，and system of supports［R］．10th ed. Washington，D. C.：AAMR，2002.

［2］ASSAEL D E. Handicapped Children's Early Education Program：1983－84［R］．Washington，D. C.：U. S. Department of Education，1984.

［3］BOWMAN B T. Who is at risk for what and why［J］．Journal of Early Intervention，1992，16（2）：101－108.

［4］CALVERT D R，OLSHIN G M，DEWEERD M J，et al. Office of education describes model projects for young handicapped children［J］．Exceptional Children，1969，36（4）：229－248.

［5］CARR J. Six weeks to twenty-one years old：a longitudinal study of children with

Down's syndrome and their families [J]. Journal of Child Psychology and Psychiatry, 1988, 29 (4): 407-431.

[6] DECKER M E. Handicapped Children's Early Education Program: 1985 - 86 [R]. Washington, D. C.: U. S. Department of Education, 1986.

[7] DURKIN M, The epidemiology of developmental disabilities in low-income countries [J]. Mental Retardation & Developmental Disabilities Research Reviews, 2002, 8 (3): 206-211.

[8] FACON B, FACON-BOLLENGIER T, GRUBAR J C. Chronological age, receptive vocabulary, and syntax comprehension in children and adolescents with mental retardation [J] . American Journal on Mental Retardation. 2002, 107 (2): 91-98.

[9] GALLAGHER J J, DANAHER J C, CLIFFORD R M. The evolution of the National Early Childhood Technical Assistance Center [J]. Topics in Early Childhood Special Education, 2009, 29 (1): 7-23.

[10] GALLAGHER J J. The beginnings of federal help for young children with disabilities [J]. Topics in Early Childhood Special Education, 2000, 20 (1): 3-6.

[11] HARNSHAW J B, SCHEINER A P, MOXLEY A W, et al. School failure and deafness after "silent" congenital cytomegalovirus infection [J]. New England Journal of Medicine, 1976, 295: 468-470.

[12] HEBBELER K M, SMITH B J, BLACK T L. Federal early childhood special education policy: a model for the improvement of services for children with disabilities [J]. Exceptional Children, 1991, 58 (2): 104-112.

[13] HESTENESA L L, CARROLL D E. The play interactions of young children with and without disabilities: individual and environmental influences [J]. Early Childhood Research Quarterly, 2000, 15 (2): 229-246.

[14] HESTER P P, BALTODANO H M, HENDRICKSON J M, et al. Lessons learned from research on early intervention: what teachers can do to prevent children's behavior problems [J]. Preventing School Failure, 2004, 49 (1): 5-10.

[15] KARNES M B, STAYTON V D. Model programs for infants and toddlers with handicaps [J]. Delivery Systems, 1988, 43.

[16] MACMILLAN D L, SIPERSTEIN G N, GRESHAM F M. A challenge to the viability of mild mental retardation as a diagnostic category [J]. Exceptional Children, 1996, 62 (4): 356-371.

[17] MARTIN S L, RAMEY C T, RAMEY S. The prevention of intellectual im-

pairment in children of impoverished families: findings of a randomized trial of educational day care [J]. American Journal of Public Health, 1990, 80 (7): 844-847.

[18] REAVES J, BURNS J. An analysis of the impact of the handicapped children's early education program. Final Report [J]. Mycopathologia, 1982, 152 (3): 113-123.

[19] SALVADOR-CARULLA L, BERTELLI M. "Mental retardation" or "intellectual disability": time for a conceptual change [J]. Psychopathology, 2008, 41 (1): 10-16.

[20] SCHALOCK R L, BORTHWICK-DUFFY S A, BRADLEV V J, et al. Intellectual disability: definition, classification, and systems of supports [J]. American Association on Intellectual & Developmental Disabilities, 2010, 33 (5): 259.

[21] SIGMAN M, RUSKIN E, ARBEILE S, et al. Continuity and change in the social competence of children with autism, down syndrome, and developmental delays [J]. Monographs of the Society for Research in Child Development, 1999, 64 (1): 1-114.

[22] U. S. Department of Education. 27th annual report to congress on the implementation of the "individuals with disabilities education act" [R]. Washington, D. C.: U. S. Department of Education, 2007.

[23] U. S. Department of Health, Education, and welfare. handicapped children's early education program public law 91-230, Part C, Title V [R]. Washington D. C.: HEW, 1971.

教学支持说明

（教学课件）

中国人民大学出版社教育学科秉承“出教材学术精品，育人文社科英才”的出版宗旨，多年来，出版了大批高质量的教育学、小学教育、学前教育专业教材和学术著作。

我们为本教材制作了相应的PPT教学课件，任何一位采用本书作为授课教材的教师均可免费获得该课件。为了确保该课件仅为授课教师获得，烦请您填写如下材料，并将相关信息通过E-mail发送给我们，我们将在收到相关信息后通过E-mail给您发送该课件。欢迎您加入我们的QQ群（教育新视野交流群，群号为159813080），或登录我社官方网站（www.crup.com.cn），注册并认证成为教师会员，以获得更好的服务。

我们的联系方式：

地址：（100872）北京市中关村大街甲59号文化大厦1202室

中国人民大学出版社

电话：（010）82502724　62514775（传真）

E-mail：ggglcbfs@vip.163.com

QQ群：159813080

兹证明＿＿＿＿＿＿大学/学院＿＿＿＿＿＿院/系＿＿＿＿＿＿专业＿＿＿＿＿＿学年第＿＿＿＿＿＿学期开设的＿＿＿＿＿＿＿＿＿课程，采用中国人民大学出版社出版的＿＿＿＿＿＿＿＿＿＿＿＿＿＿＿＿＿＿＿＿（书名、作者）作为本课程教材。授课教师为＿＿＿＿＿＿，授课班级共＿＿＿＿个、学生＿＿＿＿人。授课教师需要与本书配套的教学课件。

联 系 人：＿＿＿＿＿＿＿＿＿＿＿＿＿＿＿＿

通信地址：＿＿＿＿＿＿＿＿＿＿＿＿＿＿＿＿

邮　　编：＿＿＿＿＿＿＿＿＿＿＿＿＿＿＿＿

电　　话：＿＿＿＿＿＿＿＿＿＿＿＿＿＿＿＿

E-mail：＿＿＿＿＿＿＿＿＿＿＿＿＿＿＿＿

系/院主任：＿＿＿＿＿＿（签字）

（系/院办公室章）

＿＿＿＿年＿＿＿月＿＿＿日